KB123458

근대전환기 금칙어 연구

숭실대HK+ 메타모포시스 인문학총서 15

근대전환기 금칙어 연구

오지석 저

보고사
BOGOSA

간행사

숭실대학교 한국기독교문화연구원은 1967년 설립된, 명실공히 숭실대학교를 대표하는 인문학 연구원으로 발전하여 오늘에 이르렀다. 반세기가 넘는 역사 동안 다양한 학술행사 개최, 학술지 『기독교와 문화』(구 『한국기독문화연구』)와 '불휘총서' 30권 발간, 한국기독교박물관 소장 자료의 연구에 주력하면서, 인문학 연구원으로서의 내실을 다져왔다. 2018년에는 한국연구재단의 인문한국플러스(HK+) 사업 수행기관으로 선정되어 또 다른 도약의 발판을 마련하였다.

본 HK+사업단은 "근대전환공간의 인문학-문화의 메타모포시스"라는 아젠다로 문학과 역사와 철학을 아우르는 다양한 인문학 연구자들이 학제간 연구를 진행하고 있다. 개항 이래 식민화와 분단이라는 역사적 격변 속에서 한국의 근대(성)가 형성되어온 과정을 문화의 층위에서 살펴보는 것이 본 사업단의 목표이다. '문화의 메타모포시스'란 한국의 근대(성)가 외래문화의 일방적 수용으로도, 순수한 고유문화의 내재적 발현으로도 환원되지 않는, 이문화들의 접촉과 충돌, 융합과 절합, 굴절과 변용의 역동적 상호작용을 통해 형성되었음을 강조하려는 연구 시각이다.

본 HK+사업단은 아젠다 연구 성과를 집적하고 대외적 확산과 소통을 도모하기 위해 총 네 분야의 기획 총서를 발간하고 있다. 〈메타모포시스 인문학총서〉는 아젠다와 관련된 연구 성과를 종합한 저서

나 단독 저서로 이뤄진다. 〈메타모포시스 번역총서〉는 아젠다와 관련하여 자료적 가치를 지닌 외국어 문헌이나 이론서들을 번역하여 소개한다. 〈메타모포시스 자료총서〉는 숭실대 한국기독교박물관에 소장된 한국 근대 관련 귀중 자료들을 영인하고, 해제나 현대어 번역을 덧붙여 출간한다. 〈메타모포시스 교양문고〉는 아젠다 연구 성과의 대중적 확산을 위해 기획한 것으로 대중 독자들을 위한 인문학 교양서이다.

이 책 『근대전환기 금칙어 연구』는 다양한 한국 기독교 문화 가운데 근대전환기부터 지금까지도 유지되고 있는 금칙어를 연구한 결과물이다. 〈메타모포시스 인문학총서〉 15권으로 기획된 이 책은 본 사업단의 연구 주제 가운데 하나인 '문화의 메타모포시스'를 여실히 보여주는 성과물이다. 열다섯 번째 인문학총서 간행에 애써 주신 오지석 교수님께 감사드린다.

동양과 서양, 전통과 근대, 아카데미즘 안팎의 장벽을 횡단하는 다채로운 자료와 연구 성과를 집약한 메타모포시스 총서가 인문학의 지평을 넓히고 사유의 폭을 확장하는데 기여할 수 있기를 기대한다.

2024년 3월

숭실대학교 한국기독교문화연구원 HK+사업단장

장경남

머리말

한국역사에서 19세기와 20세기 중반까지는 서양의 문물과 사상이 밀물처럼 들어왔습니다. 그에 따라 서양 문화와 사상의 무차별적 이식과 자발적 수용 그리고 주체적 이해와 변용과 확장이 무수한 갈등, 쟁점과 담론들이 만들어졌습니다. 이 시기의 문화현상을 '메타모포시스'로 이해하고자 합니다. '메타모포시스'는 일반적으로 변태, 변형, 변통을 뜻합니다. 달리 말하면 이 개념은 한국의 근대전환기 문화를 설명하기 위한 비유적 개념입니다. 또한 숭실대학교 한국기독교문화연구원 인문한국플러스(HK+) 사업단의 연구단의 아젠다이기도 합니다.

한국 기독교에서 한국의 근대전환기 서양의 문화와 사상의 만남을 통해 그동안의 삶의 방식과 다르지만 단절만 있는 것이 아니라 일정 부분이 이어지는 현상을 볼 수 있었습니다. 이 책에서도 한국 기독교 문화의 다양한 모습 속에 한국 사회, 특히 한국 기독교계에도 근대전환기는 물론 지금까지도 예외 없이 유지되고 있는 '금칙어(禁飭語)' 연구를 통해서 근대전환기와 현대에 이르는 문화의 메타모포시스에 대한 생각을 드러내고자 하였습니다. 또한 몇 편의 글을 통해 인간의 통과의례인 관혼상제(冠婚喪祭) 가운데 하나인 혼인(婚姻)·혼례(婚禮)·혼인윤리(婚姻倫理)의 문제를 다루면서 서양의 문화의 이식, 주체적 수용과 변용 그리고 확장의 모습을 그려보고자 했습니다. 그리고 기독교로 개종을 통해 전통적 가치와 서양 윤리 사상의 만남을 주체적으로 수용하는 모습에 주목하였고, 서양 선교사의 논리학 교육 속에서 체계적인 서양사상의 전달과 우리 문화 수용의 양태를 바라볼 수 있었습니다. 그래서 여기에 내놓은 내용이 한국 기독교 문화와 기독교 윤리 연구자들에게 연구에 조금의 실마리라도 제공한다면 의미가 있지 않을까하는 두려운 마음으로 말씀드려봅니다.

이 책이 나올 수 있도록 격려를 아끼지 않고 기다려 주신 숭실대학교 한국기독교문화연구원 인문한국플러스 사업단장 장경남 교수님, 아젠다를 처음부터 함께 생각하고 연구 해온 김지영 교수님, 동고동락을 해온 심의용 교수님, 부족한 글과 문제의식을 짚어주신 방원일 교수님, 따뜻한 마음으로 지켜봐 주시고 응원해 주시는 윤영실, 윤정란 교수님, 오선실 교수님, 마은지 교수님, 천춘화 교수님, 김성희 교수님, 이다온 교수님, 그리고 아낌없이 조언해 주는 신응철 교수님과 성신형 교수님, 동료 선후배 선생님들과 김남수 팀장님과 서예영 과장님께 감사의 마음을 전합니다. 또한 '금칙어' 연구를 할 수 있도록 동기 부여를 해준 루터대학교 이지성 교수님과 한국루터란아워의 따뜻한 마음을 잊을 수 없습니다.

긴 세월을 기도로 기다리고 힘을 주신 어머니, 장모님, 가족들과 늘 곁에서 묵묵히 지켜주며 격려를 아끼지 않은 아내 정실, 딸 윤효에게도 고마움과 미안함을 함께 전합니다.

이 책이 나오기까지 오래 기다리며, 힘을 써주신 보고사의 이경민님과 보고사 관계자 여러분들께도 고마운 마음을 전합니다.

2024년 3월
상도동 연구실에서
오지석

차례

제2부
한국근대전환기 기독교문화의 메타모포시스

근대전환기의 기독교 혼인윤리 성립과정 돌아보기
: 소안론과 배위량의 논쟁을 중심으로

근대전환기 한국기독교의 "혼인론"
: 숭실대학교 한국기독교박물관 소장본을 중심으로

송인서의 『칠극보감(七克寶鑑)』에 나타난 기독교 윤리의 변용 흔적

근대전환기 최초의 한글 논리학 교과서
: 편하설(C.F. Bernheisel)의 『논리략ᄒᆡ(論理略解)』

제1부

한국근대전환기 기독교역사 이야기 속의 금칙어

같은 곳을 바라보며 다른 길을 걸어간 이들

: 김창준 그리고 정인과

김창준과 정인과[1], 이 두 사람은 한국교회 초기 기독교의 활동이 가장 활발했던 서북지역(평안남도)출신이다. 이들은 모두 고향에서 예수교소학교(耶穌教小學校)를 졸업하고, 평양에 있는 숭실중학과 숭실

---

1 김창준 자료 : 이병헌 편저, 『三·一運動祕史』, 시사시보사, 1959.; 강서군지 편수회, 『江西郡誌』, 1967.; 공산권문제연구소, 『北韓總覽』, 1968.; 독립운동사편찬위원회, 『독립운동사』 8, 문화투쟁사, 1976.; 탁정언, 「김창준 목사의 생애와 사상」, 『한국기독교사연구』 25, 한국기독교역사연구소, 1989.4.; 사와 마사히코, 「김창준 목사의 생애와 사상」, 『한국기독교연구』 25, 한국기독교사연구소, 1989.; 한국기독교사연구회, 『한국기독교의 역사』, 기독교문사, 1990.; 조이제, 「김창준(金昌俊)목사의 생애」, 『감리교와 역사』, 한국감리교회사학회, 1990.; 김흥수, 「월북목사 김창준의 신학사상」, 『감리교와 역사』, 한국감리교회사학회, 1990.; 서중석, 『한국현대 민족운동사』, 역사비평사, 1991.; 김도형, 「민중신학 이전의 민중신학자 김창준」, 한계레신문사 편, 한겨레신문사, 1992.; 이재룡, 「3·1운동의 민족대표 金昌俊」, 숭실인물사편찬위원회 편, 『인물로 본 숭실 100년』 1, 숭실대학교출판부, 1992.; 유영렬, 『(기독교 민족사회주의자) 김창준』, 숭실대학교 출판부, 2006.; 유영렬, 『기독교민족사회주의자 김창준 유고』, 숭실대학교 한국기독교박물관, 2011.
정인과 자료 : 鄭鳳則, 「鄭仁果論, 人物二題」, 『四海公論』, 1936.6.; 김성묵, 「정인과목사님을 추모하면서」, 미간행문서.; 민경배, 『대한예수교장로회백년사』, 대한예수교장로회총회, 1984.; 숭실중고등학교, 『숭실인물지』, 1989.; 김학민·정운현, 『親日派罪狀記』, 학민사, 1993.; 김승태, 「정인과 목사」, 『한국기독교와역사』 3, 1994.; 김경하, 『태산을 넘어 험곡에 가도』, 한국장로교출판사, 1999.; 민경배, 『鄭仁果와 그 時代』, 한국교회사학연구원, 2002.; 최영근, 『기독교 민족주의 재해석: 일제강점기 정인과와 장로교단의 기독교 민족주의운동에 대한 비판적 성찰』, 대한기독교서회, 2021.

대학을 거치며 목사가 된다. 동향(同鄕), 동년배(同年輩), 동학(同學), 같은 곳을 바라보며 같은 마음으로 출발한 두 사람은 결국 역사의 질곡 속에서 다른 길을 선택하게 된다. 그리고 이 두 사람의 이름은 한국교회에서 드러내기 싫은 '금칙어(禁飭語)'로 감추어져 왔다. 아프고 부끄러운 과거 속에 숨겨져 있던 두 사람을 불러 내 본다.

김창준(金昌俊, 1890~1959)은 1919년 민족대표 33인 중 최연소로 3.1운동에 참여한다. 지속적으로 독립운동을 하던 중 체포되어 옥고를 치른다. 이후 유학길에 올라 감리교 목사가 된다. 귀국한 다음, 중앙교회를 시무하고 1933년 감리교 신학교의 전임교수로 교단에 서면서 한국교회의 대들보 역할을 하게 된다.

정인과(鄭仁果, 1888~1972)는 안창호계의 대표적 인물로 임시정부에서 요직을 거치며, 유학생활을 끝내고 귀국해 교회 교육을 본격적인 궤도에 올렸다. 그는 장로교 뿐 아니라 한국교회에서 없어서는 안될 행정가로, 명설교가, 농촌운동가로 명망을 쌓아갔다.

하지만 그즈음 두 사람의 행보를 돌이킬 수 없이 뒤 흔든 수양동우회 사건과 중일전쟁이 벌어진다. 1937년 중일 전쟁 발발 직전 시국이 경색되면서 벌어진 수양동우회 사건. 일본은 본격적으로 중국을 침략하기 앞서 3·1운동 이후 어느 정도 묵인하고 있던 민족개량주의 노선의 단체들을 탄압하기 시작했다. 정인과는 안창호 계열인 수양동우회의 지도적 인물이었기 때문에 구속되었다. 하지만 전향한 오문환의 회유를 받아들여 풀려났고 이후 본격적인 친일 활동에 나서게 되었다.

정인과는 동료들에게 '대한의 가룟 유다'로 불리며 친일 행적을 쌓아나갔다. 해방 후, 정인과는 반민족행위특별조사위원회에 개신교 목사 중 가장 먼저 검거되었다. 그는 자신이 준비한 자료와 건강상의 이유로 석방되었다. 이후, 1953년 7월 서울 상도동에 방우린보육원(신희망 보육원으로 개칭)을 설립 운영하였다. 그는 1960년부터 3년간 경기도 파주군 문산읍 법원리장로교회 담임목사로 있다가 은퇴한 뒤 역사의 자리에서 사라진다.

한편 1937년 중일전쟁 무렵의 김창준. 그의 옥고로 황폐해진 육체는 당시 폭력을 당하는 조국의 현실을 감당하기 힘들었다. 그는 한반도를 떠나 만주로 향한다. 해방 후 고국으로 돌아온 그는 기독교적 조국건설과 기독교적 세계주의 운동에 매진하다가 한계를 인식하고, 결국 1947년 '민주주의 민족전선(민전)'에 참여한다. 그리고 1948년 4월 평양에서 열린 '전조선정당사회단체 대표자연석회의(남북협상)'에 김구·김규식·조소앙 등 13명과 함께 참가했다가 월북하여 그대로 북에 남았다. 그 뒤 김창준은 북에서 조국통일민주주의전선 중앙위원회 초대 서기장, 최고인민회의 부의장을 지내면서 한국전쟁 때는 서울에서 남선기독교도연맹을 조직하고 그 위원장을 맡기도 하였다. 북한의 입장에서 한국전쟁의 참상을 유럽과 제 3세계에 알리고, 미군을 맹렬히 비판하는 등 활동을 벌이다가 1959년 뇌일혈로 사망했다.

한 사람, 김창준

기억조차 외면해야 했던 존재. 입에 담을 수 없는 사람. 애써 알려고 해서는 안 되는 용공목사 친공 목사였던 김창준은 1990년대부터 일부 학자들에 의해 재조명되기 시작하였다. 이제 사람들은 그를 기독교 민족사회주의자, 독립운동가로 부른다.

또 한 사람, 정인과

일제강점기 한국장로교의 마지막 파수꾼으로 평가를 받았던 그는 다른 이들처럼 흔한 고백록 하나 남기지 않았다. 글 몇 줄로 자신을 변호하지도, 교계에 돌아오지도 않은 채 시대의 무거운 짐을 지고 조용하게 퇴장했다. 그의 이름 한 줄이 『친일인명사전』에 남겨졌다.

한국교회의 자존심

: 한국교회는 한국 사람의 힘으로 한석진 목사 이야기

한국기독교 제1세대 교인이자 지도자였던 한석진(韓錫晋, 1868~1939). 그를 평가할 때 붙는 수식어는 '한국장로교 초대 목사 7인', '한국기독교개척자', '동경유학생교회의 개척자', '한국교회 토착화의 선구자' 등이다. 하지만 정작 한국교회사에 있어서 그의 자리는 초라하다. 반면에 그와 함께 목사가 된 길선주나 이기풍에 대한 관심은 여전히 이어지고 있다. 한석진에 대한 평가에 우리는 왜 인색해졌을까? 이에 대해 한석진의 주변 이야기들을 보면서 그 이유를 풀어 내놓으려고 한다.

이야기 하나 – "휘장을 걷어라"[1]

1911년 양반들이 출입하던 서울 안동교회(安洞教會)에 부임한 한석진은 교회당내의 남녀의 자리를 가로막았던 휘장을 과감히 걷어냈다. 한국교회는 초기부터 모든 교회가 부인석과 남자석을 만들어 남녀가

---

1 옥성득, 『(첫 사건으로 본) 초대 한국교회사』, 짓다, 2016, p.383. 〈예배실의 남녀 분리 휘장 철거(1908년부터 시작)〉, 옥성득 교수 블로그(옥성득 교수의 한국기독교 역사), 1911년 예배실 남녀분리 휘장/칸막이 처음 없앤 교회는 일본조합교회(2016.3.7.), https://1000oaks.blog.me/220647886619?Redirect=Log&from=postView.

서로 갈라 앉게 하고 그 사이를 휘장으로 막아 놓았다. 특히 양반 동네 북촌에 자리 잡은 안동교회는 그런 모습을 당연히 여겼다. 예배를 드리는 동안 남녀를 나눠놓은 휘장에 대해 한석진은 어느 수요일 저녁 예배 후 직원들을 불러 모아놓고 휘장을 걷어내라고 한다. 이에 선뜻 직원들이 나서지 못하자 이것은 한국이 뒤떨어진 풍습에 젖어 있어서 그런 것이며, 믿는 사람은 모두 주 안에서 한 가족이오 형제자매라고 설득하여 5백년 동안 이어져 온 남녀유별의 유산인 그 휘장을 걷어내었다. 이것은 한국교회에 있어서 희대의 스캔들이었다. 한국교회에서 남녀 사이의 휘장을 걷어낸 교회가 바로 대표적 양반교회였던 안동교회였으니 말이다. 이 일이 있은 뒤 한국교회는 남녀 사이를 가로막았던 휘장을 걷어내기 시작했다.

또한, 그는 일상생활에서 조금도 형식에 구애 받지 않았다. 신앙의 근본 문제나 인간의 도리를 이해하지 못하는 자들이 다만 교회의 헌법이나 권징조례만을 내세우는 태도에 대해 아주 질색을 하였다. 그는 일체 주위를 꺼리지 않으며 생명 없는 규칙이나 형식에 구애받지 않고 행동했다. 이런 거침없는 그의 행동은 그가 시무하던 안동교회에서 일부에게 반감을 불러일으켰다. 이에 한석진은 자신에 대해 반감을 가진 사람들에게 “자기 생각과 성미를 죽이고 일할 사람을 꼭 원하면 하나님께 그런 사람을 구하여 주시기를 새로 주문하시오”라고 말한 뒤에 곧바로 사임하였다.

이야기 둘—모름지기 선교사란

한석진은 백홍준과 서상륜을 통해 예수를 소개받고 예수를 믿었다. 그러나 교인이 되는 것에 주저하였다. 때마침 의주에 선교 차 머물고 있던 마포삼열과 게일 선교사를 통해 세례교인이 된다. 그 후 마포삼열 선교사와는 평생 동지로 한국교회를 세우는 데 힘을 쏟았다.

하지만 한석진은 선교사와 한국교회의 관계문제에 있어서 마포삼열과의 친분은 별개로 하며 자신의 입장을 피력하는 데 주저하지 않았다. 그는 선교사가 본국교회의 노회나 총회의 적을 가지고 있으면서도 선교지인 한국에 와서 치외법권 같은 특수한 권리를 가지고 행사하는 것은 부당하다고 주장한다. 다시 말해 선교가 한국에 선교하기 위하여 왔으면 마땅히 본국 선교회의 파송장을 한국에서 선교하려는 지역노회에 제출하고 한국장로회 헌법과 신조와 권징조례를 순종하겠다는 서약을 한 후에, 그 노회의 임명을 다시 받아야 한다고 주장한 것이다. 그뿐 아니라 선교사들이 선교부의 재정을 가지고 전도사업이나 교육, 의료사업을 할 때에도 자신들이 일선에서 직접 사용하면서 한국교회에는 일체 알리지 않고 집행할 것이 아니라 뒤에 앉아서 협조해야 한다고 주장했다.

또한 그는 선교사란 모름지기 선교지에 오면 그 나라의 사람과 문화를 이해하고 그에 동화되려는 노력을 경주해야 하며, 자신들의 나라가 문화적으로 앞선다고 우월감을 표하거나 선교지 현지인에게 존경과 숭배를 받으려 하거나 현지의 상황이 맘에 들지 않는다고 꺼리고 멀리하려고 한다면 선교사 자격이 없다고 강하게 주장했다.

세계 YMCA 사무총장 모트(Dr. John R. Mott)가 1925년 내한하여 조선호텔에서 국내주재 외국 선교사와 국내 대표적 한인 목사를 초청하여 한국의 선교문제와 한국교회의 발전에 대한 토의하는 자리를 마련하였다. 이에 한석진도 한인목사를 대표하여 참석하게 되었다. 대부분의 한인 목사들이 선교사들의 수고에 대해 고마움을 표시하고 한국

교회의 발전을 자랑하며 앞으로 더욱 재정적 원조를 부탁하는 발언을 했다. 하지만 한석진은 자신의 차례가 되자 자신의 '선교사론'을 설파한 뒤 그 자리에 함께 한 장로교 원로 선교사들을 가리키면서 "저 선교사들이 우리나라에 와서 수고를 많이 하면서 머리들이 희게 되었으니 진심으로 감사를 드리는 바입니다. 그러나 이제는 이분들이 우리나라에서 할 일은 다 하였으니 본국으로 돌아가던가 그렇지 않으면 하나님 앞으로 가셔도 좋을 줄 압니다. 이것이 참으로 한국을 위한 것입니다."라고 이야기하자 마포삼열 목사가 이에 대해 발언하려고 일어섰다.

그러자 한석진은 "마 목사 당신도 속히 이 나라를 떠나지 않으면 금후에는 유해무익한 존재가 됩니다. 마 목사는 처음부터 나와 함께 일한 친구요 동지로서 그를 진심으로 사랑하기 때문에 하는 말이니 용서하시기 바랍니다."라고 말을 마쳤다.

이러 저러한 일로 인해 한석진은 선교사를 배척하는 대표적 인사로 여기는 이들이 많았다. 하지만 그것은 그의 생각을 잘못 읽었기 때문이다. 그는 상전과 종은 친구가 될 수 없다고 생각했다. 선교사와 한국교인이 서로 친구가 되기 위하여 선교사들이 먼저 한국인의 위치에서 있어야 한다는 생각을 피력한 것이다. 국적이 어떻든 그리스도 안에서 하나가 되어 복음을 증거하고 신앙생활을 영위해 나아가자는 것이 그의 선교사론의 핵심이자 목회의 지론이었다.

남은 이야기들

"한국교회는 한국 사람의 손으로"라는 슬로건은 한석진을 설명하는 데 있어서 최적의 표현이다. 그는 최초의 세례 교인인 백홍준과 서상륜에게 전도를 받았으며, 평양을 동방의 예루살렘으로 불리게 하는 데 온 마음과 온 몸을 던진 사람이다. 그리고 불합리하고 관습적으로 따르는 것에서 탈피하여 새로운 교회, 세상을 만드는 데 힘을 쏟았다. 그는 장로교에만 자신을 가두어 두지 않고 한국기독교를 세우는 데 앞장 서는 데 주저하지 않았다.

그는 선교사들의 도움으로 한국교회를 세워가는 데에 회의를 품고 있었다. 그는 장대현(章臺峴)교회, 장천(將泉)교회, 안동교회, 마산교회, 신의주교회, 금강산기독교수양관 등을 건축할 때 선교사들의 원조를 받지 않고 오직 교인들의 손으로 짓는 데 힘을 쏟았다. 이와 관련해서 전해지는 이야기가 있다.

한석진은 마산에서 목회하는 동안 예수를 믿고 자기 심령의 구원을 받고 나아가서 복음을 전도하는 일에 남의 도움만을 바라며 선교사에게 의존하는 그러한 노예근성을 버리라고 외치면서 철저한 자유인(자주독립정신을 가진 사람)이 되라고 역설하였다. 이에 대해 이승규, 손덕우, 이상소 등 마산교회 장로들은 "우리가 이제까지 예수를 헛 믿었나 봅니다. 우리 조상 때부터 사대사상에 젖어서 국가적으로도 남의 노예가 된 것을 생각하면 비분함을 금치 못하는 데 예수를 믿는 일에도 외국 선교사에게만 의존하는 자주성 없는 노예상태로 믿어 왔으니 부끄러운 일이지요"라고 자신들의 생각을 밝히며 한석진을 도와 석조(石造)로 교회를 신축하였다.

또한 그는 1932년 장로교 헌법을 수정할 때 새로 여집사 제도를 제정할 것을 제의하고 가결 될 수 있도록 자기주장을 굽히지 않았다. 그가 끝까지 싸운 결과 총회에서 통과되어 채택되었다.

그는 한국기독교가 장감으로 나뉘어져 활동하기보다는 연합하여 활동하기를 바랐다. 그래서 그는 교파적 편견이나 고집이 없었다. 또한 지역색이 없었다. 그는 가장 먼저 장·감 양교파의 연합사업을 주장하였고 그에 그치지 않고 전국 기독교단체의 연합을 주장하였다. 그는 1926년 조선예수교연합공의회의회장이 되어 기독교단체들의 협동과 연합사업을 활성화하였다. 그의 이런 입장은 금강산 기독교수양관을 건축하고 그 명칭을 정할 때 장로교회에서 힘을 모아 지었으니 장로교수양관은 한국기독교단체 전부가 사용해야 할 것이니 기독교수양관(基督敎修養館)이란 명칭으로 충분하다고 역설하였다.

한석진은 선교사들의 가르침만을 유일한 길로 여기면서 옛 풍습에 얽매여 자유와 해방의 종교로서의 기독교를 전파하지 못하고 스스로에게 멍에를 지우던 당시의 한국교회뿐만 아니라 그러한 것을 찬란한 전통으로 여기며 전하고 있는 오늘 한국교회에게 "한국교회는 어떠해야 하는가"라는 물음을 던지고 있다.

상생相生, '루테로'의 후예後裔 그리고 교황의 '종자從者'

지난 20세기는 우리에게 "서로의 갈등과 충돌에도 불구하고 어떻게 해야 같이 살 수 있을까?"라는 화두를 던졌다. 그리고 그 화두는 세기가 바뀐 오늘에도 이어진다. 사람이란 동물은 쉽게 갈등하고 다투고 충돌한다. 그러다 보니 서로에게 쉽게 아물지 않는 상처와 오랫동안 지워지지 않는 흔적을 남긴다. 그것도 모자라 곱씹고 유전처럼 다음세대에 물려준다. 이러한 현실 속에서 우리는 상처를 준 이들과 함께 살아가야 한다. 이들과 더불어 살기위해 우리는 어떻게 해야 이 아픈 기억의 올가미에서 벗어날 수 있을까?

과거 한국개신교와 한국가톨릭 사이에 있었던 일들에서 이 물음에 답하기 위한 작은 실마리를 끄집어 내보려고 한다.

한국개신교와 한국가톨릭이 이 땅에서 물림과 엇물림이 있게 된 것은 개항 이후이다. 개항은 서세동점의 상징이기도 하다. 외부세계에 잘 알려지지 않았고 외부세계를 굳이 알려고 하지 않았던 우리 조상들에게 다른 세상과 교류할 수 있는 통로는 중국과 일본이었다. 하지만 그 이전까지 오랑캐라 여기고 상종하지 않던 서양인들과 일본인들 그리고 그들의 문물들이 밀물이 들이치듯 한반도에 들이닥쳤다. 이에 우리의 조상들은 몹시 놀랐고 혼란스러워했다. 개항은 한국기독교의 지형도에도 파란을 일으켰다. 그 이전까지 이 땅에서 기독교(그리스도교)라 하면 으레 천주교(가톨릭)였고 그것이 우리에게 전해진 전부였다. 그런데 개항이 되자 이미 서구사회에서 갈등과 충돌, 경쟁 관계에 있었던 가톨릭과 기독교의 제 종파들이 봇물 터지듯 밀려오기 시작했다.

개항 전에 기독교인이 될 수 있는 방법은 17세기부터 중국에서 전해진 한역서학서 가운데 교리서를 통해서 생긴 기독교에 대한 관심을 행동으로 옮기거나 먼저 교리를 이해한 이들의 전교를 통해서였다. 그리고 양대인(洋大人)이라고 불린 프랑스 선교사를 만나 천주교인이 되는 것이었다. 하지만 개항은 이런 상황을 뒤집어 놓았다. 기독교인이 천주교인 뿐만 아니라 '루테로(루터)'의 후예에 지나지 않는다고 여긴 예수교인도 있다는 것이었다.

개항기에 기독교인이 된 우리나라 사람들 상당수가 어느 나라 선교사를 만났는가에 따라 천주교인이 되거나 예수교인이 되었다. 다시 말해 한국인들은 유럽처럼 치열한 종교전쟁을 치른 전력 없이, 서로 치열한 경쟁도 또한 겪지 않은 상태에서 기독교인이 되었다. 그렇기 때문에 교리를 선택해서 개신교인이 되거나 천주교인이 된 것이 아니라 어떤 종교를 먼저 접촉하느냐가 그의 신앙을 결정하였다는 것이다. 그럼에도 불구하고 서구사회에서 빚어진 개신교와 가톨릭 사이의 갈등을 마치 금과옥조처럼 받들고 선교사들의 입장을 정통으로 여겨 서로를 반목질시하는 우둔한 형제의 슬픈 이야기가 이 땅에서도 시작되었다.

하늘을 한 이불로 삼아 살아온 이 땅의 사람들이 선교사의 가르침에 따라 한쪽에서는 자신의 교파를 예수의 진교(眞敎, 天主聖敎)라 여기며 개신교를 '열교(裂敎)'라 하고 개신교 형제들을 윤리적으로 타락한 '루테로(루터)'의 후예라 부르며 공격하였다. 개신교인들 가운데 상당수 또는 천주교를 거의 맹목적으로 공박하였고 천주교(가톨릭) 형제들을 '교황의 종자(從者)'라 비난했다. 그것만이 선교사들의 가르침을 잘 따르는 길이라고 착각에 빠져들었다. 우리 민족 모두 한 형제, 인류가 한 형제라는 사실을 망각하는 데 이르게 되었다. 모두 한 형제가 되라고 우리에게 가르침을 주신 그리스도의 뜻을 어기는 일이었음에도 불구하고 이 아둔한 형제는 스스로 정통적인 기독교인이라고 자부하는 데 주저하지 않았다.

이런 모습은 1902년부터 1903년에 걸쳐 황해도 일대에서 벌어졌던 '해서교안(海西敎案)'과 문서를 통한 교리 논쟁으로 나타났다. 문서를 통한 교리논쟁은 1903년부터 개신교에 의해 그 싹이 돋기 시작하고, 일단의 무리들이 천주교에서 개신교로 개종하면서 개신교에 대한 대립적 의식과 그 위기감이 증대하였다. 이에 천주교 측에서는 그 문제를 해결하고자 1898년 동중화(童中和)가 쓰고 홍콩 나자렛 요양원에서 간행한 '『예수진교사패(耶穌眞敎四牌)』'라는 책을 1907년 한기근 신부(개항기와 일제의 강점기 동안 천주교의 대표적 호교론자이자 논객)를 통해 한국의 실정에 맞춰 번안 번역하여 보급하면서 본격적인 문서를 통한 교리논쟁의 문을 열었다.

개신교 측에서는 그 이듬해 1908년 11월 감리교 목사인 최병헌이 『예수뎐쥬량교변론』을 쓰면서 천주교의 공격을 맞받아치면서 촉발된 문서를 통한 교리논쟁으로 나타났다. 이 교리논쟁은 '교안'과는 달리 계속해서 이어졌다.

이 두 상징적인 사건은 양측 서로에게 많은 상처와 아픈 기억을 남기게 되었다. 이것을 통해 한국의 개신교와 가톨릭이 서로를 상호 인식하는 데 있어서 남아있는 앙금의 원인을 살펴볼 수 있었다.

이 이야기들을 이제 다시 끄집어내는 것은 서로의 반목의 뿌리를 되새김질하려는 것이 아니다. 다시 말해 이것을 통해 적대감만 키우려는 것이 아니라는 것이다. 조선 후기 천주교의 수용을 연구한 어느 역사학자(조광)의 말처럼 "이제 이 땅의 그리스도교 형제들은 서로 싸울 이유가 없다. … 지금은 형제들 사이의 대화가 얼마나 중요한 지를 함께 생각하고 겨레 문화의 복음화를 위해 함께 노력할 때이다."

개항기와 일제 강점기에 발생한 갈등의 모습을 고스란히 간직하고 있는 "해서교안"이나 『예수진교사패』, 『예수면쥬량교변론』과 같은 것들은 한국사회의 종교적 갈등의 뿌리를 찾아 치유하며 새로운 관계 설정을 위한 자료로만 기억되고 남아있어야 할 것이다.

다시 말해 우리가 이것을 기억하는 것은 단지 다시 싸움터로 나가지 않는 데 머무는 것이 아니라 서로 상처준 이들이 함께 사는 길을 모색하기 위함이라 할 수 있을 것이다.

우리는 신구교가 함께 머리를 맞대고 서로 소통하며 쌓은 이해와 화해의 산물인 공동번역성서를 통해서 그 모색이 불가능하지 않다는 것을 발견하였다. 그 공동번역성서의 '머리말'의 일부를 소개하면서 글을 맺으려고 한다.

"신구교가 공동으로 성서를 번역하게 되었다는 것은, 20세기 후반기에 있어서 기독교뿐만 아니라 인류 전체에게 깊은 의미를 가진 큰 일이라 아니 할 수 없다. … 크게 보면 신구교 지도자들이 하느님은 한 아버지시요, 인류는 그의 한 자녀라고 하는 진리를 깊이 깨달은 결과라고 생각한다. 특히 우리나라 역사상 처음으로 신구교가 연합하여 우리말로 성서를 내놓게 된 것은 신구교 자체뿐 아니라 우리민족을 위하여 말로 표현할 수 없는 뜻깊은 일이다."

게으름, 그리고 절제

: 한국교회의 불편한 진실

2009년 한국사회는 자신들의 지도자를 '얼리버드', '삽 한 자루', '불도저'라고 부른다. 이 말들은 부지런한 어떤 것을 상징하는 것 같기도 하고, 뭔가 채워지지 않거나 비어 있는 상태를 가리키는 것 같기도 하다. 그런데 이 단어들과 함께 떠오르는 단어가 있다. '게으름'과 '절제'다.

'절제'라는 말을 인터넷 사전에서 찾아보니 '정도에 넘지 아니하도록 알맞게 조절하여 제한함'으로 설명되어 있다. 또 '게으름'은 '행동이 느리고 움직이거나 일하기를 싫어하는 태도나 버릇'이라고 설명하고 있다. 이것을 한자어로 표현하면 해태(懈怠) 또는(懈惰)라고 한다. 해태라는 말을 보면 '1. 게으름, 2. 〈법률〉 어떤 법률 행위를 할 기일을 이유 없이 넘겨 책임을 다하지 아니하는 일. 3. 〈가톨릭〉 칠 죄 가운데 하나. 선행에 게으른 것을 이른다.'라고 한다.

"빨리 빨리"로 우리를 설명하는 시대에 게으름과 절제를 이야기한다는 것은 뭔가 뒤바뀐 것이 아닐까하는 생각이 들지만, 이 두 마디가 우리사회 특히 한국교회의 모습을 잘 그려주는 것처럼 보인다.

넌, 도대체 왜 게으른거야!

개항을 하고 서양오랑캐[洋夷(양이)]라고 여기던 한 무리의 푸른 눈의 사람들이 이 땅을 찾았다. 그리고 그들은 우리를 예의없고, 게으르고 절제란 찾아볼 수 없는 사람이라고 혹평을 내놓았다. 잠시 둘러보거나 그들에게서 전해들은 이야기를 토대로 한 평가이니 마음에 두지 않아도 된다고 할 수 있지만, 적어도 일거리가 없어 일할 수 없는 상황 속에 있던 개항기의 우리의 모습이 그렇게 보였을 것이다.

예수교(개신교)의 부흥에 이바지 한 영계 길선주는 신학교를 다니면서 『해타론』(1904)이라는 책을 내놓았다. 여기서는 게으름을 해타라는 짐승으로 표현하고 있다.

길선주는 왜 게으름에 주목했을까? 이는 개화기의 개혁론자들이 가지고 있었던 의식, 일본처럼 그리고 서구처럼 되고 싶었지만 뒤처진 존재였던 우리의 모습, 다시 말해 문명화되지 못한 모습을 가장 잘 표현할 수 있었던 것이 '게으름'이었기 때문이다. '나태' 혹은 '의뢰심' 등으로 표현된 조선인의 게으름은 조선을 망국으로 이끈 원인으로 지적되었다. 이 게으름에 대한 담론은 산업화된 서구와의 비교를 통해서 생겨난 것이다. 유럽인들은 자신들의 역사적 성취를 근거로 비서구 세계를 야만·미개 사회로 폄하했다.

'게으름'은 야만스런 법률, 위생 관념의 결여, 미신 숭배 등과 더불어 서구가 비서구 사회의 야만성을 지칭할 때 사용하던 가장 고전적 매개였다.

문명화와 기독교를 하나로 보려고 했던 당시의 개신교인들 또는 지도자들은 게으름을 가장 먼저 치유해야 하는 병으로 보았던 것이다. 그리고 기독교를 전할 때 이런 게으름의 병이 사라진다고 보았다.

이런 흔적은 초기 미장로회 소속 선교사 스왈른의 「한국 기독교인의 인격 유형(Types of Korean Christian Character)」라는 논문의 '근면과 검소'라는 항목에 잘 드러난다.

> "일반적으로 볼 때, 한국인은 태생적으로 게으르다. 그 안에서 태어나 자란다. 느릿한 기질로 인해 그들은 육체적이든 정신적이든 간에 지속적이거나 시종일관된 노동에 종사할 마음을 완전히 잃어버리게 된다. 한국인은 필시 북동아시아 지역 민족 중에서 가장 게으를 것이다. … 그럼에도 불구하고 복음이 한국 신앙인의 인격에 너무나 급격하고 영속적인 변화를 가져와 자신의 주변 환경에 굴하지 않는 활력을 갖게 한 것을 우리는 알고 있다."

이런 시각은 한국사회를 계몽해야 한다고 개방과 개화를 외치는 지식인들과 기독교를 서구에서 들어온 문화의 보고라고 생각한 신앙인들의 가슴 한복판에 새겨져 이어졌고, 그런 전통 속에서 자란 이들에게 금과옥조가 되었다. 그래서 게으름을 꾸짖는 것을 한국교회의 좋은 전통으로 삼기도 한다. 하지만 현재 한국 사회를 게으른 노동자의 사회라 하지 않는다.

하지만, 지금 한국의 기독교인들은 과연 게으르지 않을까. 예수께서 우리에게 돌보라고 명하신 '사마리아인의 이웃'을 보살피지 않는 것과 사회나 교회 내 문제에 대해 소금과 빛의 역할을 하라 명하신 것을 돌이킬 때, 한국교회는 여전히 게으르다.

참고 또 참아보자! 근데 왜 참는데?

한국교회가 자랑스럽게 여기는 전통이 또 하나 있다면 그것은 일제 강점기 동안 사회를 건강하게 유지하는 데 일조한 '절제' 또는 '절제운동'이라고 일 것이다.

특히 현재도 한국교회의 특징으로 내세우는 금주 또는 절주에 큰 영향을 끼친 것이 '절제운동의 결과라 평가하기도 한다. 한국교회는 교회 내 교육서인 '공과'에 초기부터 지속적으로 '절제', '금주', '금연'에 대한 내용을 강조하였다. 특히 세계기독교여자절제회의 틴링의 방한으로 촉발된 절제운동은 한국 교회 내에서 교파를 초월해 진행되었다. 이런 것의 열매는 '금주실천일'을 정하고 , '금연'도 철저하게 실행하기로 결정한 데에서 발견 할 수 있다. 이러한 절제운동은 일종의 대사회운동의 일환으로 여겨지기도 하였다. 이런 절제에 대한 신봉은 1938년 장로회 총회가 신사참배를 가결한 뒤 뚜렷한 훼절 양상을 보인다. 대동아공영권이라는 이데올로기 앞에 절제운동은 기세 좋던 모습을 감추고, 그 모습도 일제가 전쟁동원을 위한 물자절약과 저축으로 변질되고 그러한 절제가 장려된다.

기독교인들의 신앙을 두텁게 하는데 사용된 '공과'(성인용, 유아용 할 것 없이)에도 이러한 모습은 여지없이 반영되어 교회가 전쟁물자비축과 동원을 위한 절약, 또는 절제로 이끌었다.

> '절제'는 사람이 살아가는 데 있어서 필요한 덕목이라는 것은 어느 누구도 부인하기 어렵다. 그 절제가 어떤 것을 지향하고 있으며, 무엇을 지양해야 하는가에 대한 뚜렷한 의식이 없을 때 이것은 미덕이 아니라 그리스도인으로 살아가는 데 있어서 대못이 아니라 불필요한 전봇대가 될 수 있을 것이다.

한 원로 기독교 사회자는 자신의 모습을 과시하거나 과대포장하는 데 열중인 한국교회를 향해 '절제'를 잃어버렸다고 쓴 소리를 했다.

그리스도의 사랑과 상관없는 것을 과대포장하는 데는 빨리 빨리, 그리고 성실하면서 그리스도의 참된 가치를 실현하는 데는 필요 이상으로 절제하거나 게으른 모습을 한국교회가 계속 이렇게 간다면 기독교인이 아닌 사람들이 한국기독교에 대한 관심과 호감, 그리고 발걸음을 게을리 하거나 지나치게 '절제'할지도 모르겠다.

위생衛生, 그 이데올로기의 양면

2009년 여름 세계 곳곳은 신종플루로 몸살을 앓고 있다. 사람의 이동 경로와 숫자에 따라 그 감염 정도가 판가름 난다고 한다. 그렇다 보니 이젠 나 혼자만 깨끗한 몸을 유지한다고 안심할 수 없다. 우리는 지난 여름 광우병 사태를 겪으면서 건강의 문제는 개개인의 독립적인 문제가 아님을 배웠다. 왜냐하면 나 혼자 통제한다고 해결되는 것이 아니기 때문이다. 단절과 고립만으로 살아갈 수 없고, 소통을 통해 문제를 해결할 수 있다는 교훈을 얻었다.

세상을 흔드는 신종플루, 아직도 우리 삶의 자리에서 잠재적 위협으로 자리 잡고 있는 광우병에 대한 것들을 생각하다보면 '깨끗함이란?'이라는 물음이 떠오른다.

이 깨끗함이라는 말과 잘 어울리는 것들을 찾다보면 '위생', '더러움', '웰빙', '참살이' 등의 단어에 시선이 멈춘다. 이 말마디들과 함께 한국교회에 대해 이야기를 풀어보자.

깨끗함, 감춰진 얼굴을 들춰보자!

19세기말 조선에 도착한 프로테스탄트 선교사들은 자신들이 도착한 곳의 생활상을 보고 맨 먼저 떠올린 것은 '더러움'과 '빈곤'이었다고 고백했다. 특히 장로회 첫 선교사의 부인인 릴리어스 언더우드는 조선의 '위생'의 문제 때문에 깊은 고민에 빠졌다고 한다. 위생과 깨끗함이라는 서구적 기준으로 조선인들은 거의 야만인 수준이었다. 왜 선교사들은 이런 생각을 갖게 되었을까? 이들의 사고가 단순히 의학적이거나 합리적인 사고 때문만은 아니었다. 이들의 생각을 사로잡고 있는 '더러움'과 '깨끗함'에는 아주 긴 역사가 담겨 있었다.

고대 그리스 로마 시민들은 목욕을 아주 좋아했다고 한다. 다른 말로 하면 깨끗하게 사는 것을 시민이 누려야 할 권리로 생각했던 것 같다.

고대 그리스 로마의 유적들 가운데 수도시설, 수세식 화장실, 공중목욕탕 등에서 이런 생각의 흔적을 발견할 수 있다. 고대 그리스 로마 사람들은 몸이 아프거나 병이 나면 생리적(운동과 목욕)·심리적(카타르시스)·종교적(기도와 잠)치료법을 통해 아픔과 병에서 벗어나려고 했다. 생리적(운동과 목욕)·심리적(카타르시스) 치료에는 불결한 것을 배출하여 깨끗해진다는 생각이 자리 잡고 있다. 카타르시스라는 말은 원래 월경혈과 같이 불결한 체내 물질의 배출을 뜻했다고 한다. 이 말이 심리적 은유로 사용되면서 그 의미가 현재와 같아 진 것이다. 고대 그리스 로마 사람들에게 깨끗함이란 몸속의 불결한 체액이나 감정을 배출하는 것이었다.

서양에 그리스-로마 시민들의 사회가 물러난 뒤 기독교가 세상의 중심이며 모든 것이었던 중세가 도래했다. 이 중세 시대에서는 비 기독교적인 것은 불경과 불결의 원인이었다. 다시 말해 기독교인과 다른 민족·신앙·행동은 더러움이라는 것이다. 하지만 흑사병은 이런 생각의 틀을 뒤집어 놓았다. 왜냐하면 이교도들뿐만 아니라 신앙심이 깊은 이들도 흑사병에 속수무책으로 당했기 때문이다.

이를 통해 서양은 자연의 어떤 요소가 더러움과 질병의 원천이라고 생각하고 그것을 찾아내는 데 혈안이 되었다. 그래서 국가가 주도해서 하수도를 설치하는 등, 청결 국가를 만드는 데 수단과 방법을 가리지 않게 된 것이다.

다시 개항기 조선의 기독교 사회로 돌아가 보자. 프로테스탄트 선교사들은 보고 자라온 본국과 비교해서 조선의 비위생적인 환경은 경악스럽기까지 했다. 그들의 고백이 본국에 보낸 많은 보고서에 고스란히 담겨 있었다.

특히 여자 선교사들(선교사 부인 포함)들은 자신들의 역할을 조선사회에 '위생'의 가치를 깊이 심는 것이라고까지 밝히고 있다. 그들은 여자 아이들을 가르치는 학당이나 여성들이 모이는 곳에서 '더러움'과 '가난'을 퇴치할 수 있는 수단으로 '위생'의 가치를 소개하고 생활화하도록 독려했다. 이러한 노력은 전염병이 만연하던 시절 많은 성과를 올렸던 것도 사실이다.

그러한 위생에 대한 생각은 시간이 흘러가면서 21세기를 사는 우리에게 지나치게 강박적인 청결 의식을 자리잡게 되었다.

사실 인간은 세균과 더불어 살 수 밖에 없다. 하지만 강박적 청결을 추구하다보면 멸균만이 절대선(善)이라는 생각으로 빠져들게 한다. 이러한 생각에 지배받는 현대인들은 예전의 사람들에 비해 세균과 서로 적응하며 면역훈련을 할 수 있는 기회조차 빼앗기는 것을 알지 못한다. 겨우 찾아 낸 현대인의 대응 방식이 바로 '웰빙'이다. 인문학적 의학을 이야기하는 강신익의 표현에 따르면 이 웰빙은 불편한 다른 '있음'들을 피하는 것일 뿐이다. 이러한 지적에 따르면 건강은 나쁜 것들로부터 삶을 지키는 것, 바로 위생(衛生)이라는 결론에 다다른다.

우리는 '사이'에서 살아간다. 그 사이에서 사람을 만나고 자리를 차지하고 때를 지난다. 우리의 삶이란 이 '사이'들 속에서 일어나는 것들의 연속이라고 할 수 있을 것이다. 이것들을 무시하고 한쪽 면만을 쳐다보면 가진 것을 단순히 지키기 위해 다름을 쳐내는 '위생'이라는 이데올로기에 빠질 수밖에 없을 것이다. 안타깝게도 우리 사회는 생명을 북돋우는 위생보다는 깨끗함이 드러나는 그리고 다른 것들은 청소해 버리는 위생에 빠져 허우적거리는 것 같다.

지난 1년 동안 한국사회는 "지난 일들에 대한 평가"를 두고 수구세력과 진보진영의 힘겨루기가 진행되고 있다. '일정한 기준에 미달한 사람'은 국가의 경영을 맡을 수 없을 뿐만 아니라 그 자리에 있으면 안 된다고 하는 기세 싸움이 그치지 않고 있다. 학벌이라는 거대한 산맥과 주류사회라는 급류에서 자신의 길을 가고자 하는 사람들에 대한 청소인 것이다.

2009년 여름 우리는 이것에 대해 온 몸으로 맞서는 사람들과 나와 다른 것들을 청소해 버리겠다는 위생 정신으로 똘똘 뭉친 사람들 사이에서 여전히 갈등하고 있다.

이럴 때 한국교회와 교회 지도자들은 인간이 어떤 존재인지를 묻고 또 묻고 사람들 사이에서 그 답을 내놓아야 할 것이다.

메멘토모리(Memento mori)

: 오늘 우리는 누구의 어떤 죽음을 기억해야 할까?

삶을 이야기하고 생명에 방점을 크게 두고 있는 한국 사회. 특히 한국 교회에서 죽음을 말하는 것은 뭔가 부담스럽다. 그렇다고 종교가 어찌 죽음과 동떨어져 있을 수 있을까? 삶과 죽음은 뗄 수 없는 관계이지만 한국의 기독교는 영생을 꿈꾸며, 하나님 나라 건설보다는 이 좋은 세상에서 더 누리기를 간절히 바라고만 있다. 21세기를 살아가는 한국인들에게 죽음을 기억하라고 하면 아마도 이런 말이 되돌아올지도 모르겠다. "이 몸 하나 건사하기도 바쁘고 살기도 빠듯한데 죽음, 그 흉한 걸 생각할 여유가 어디 있어?"라고 말이다.

지루하고 마음을 불편하게 했던 2009년 여름, 2014년의 봄, 2022년의 가을, 2023년의 여름도 계절의 흐름에 따라 흔적을 남기고 우리의 기억 저편에 자리 잡게 될 것이다. "그해 여름, 그 봄, 그 좋던 가을 그리고 한 여름 수재로 죽음과 주검에 대한 슬픈 기억이 많은 때였지." 라고 회고할 것 같다. 2009년 여름 전직 대통령들 가운데 비교적 젊은 대통령은 이생과의 인연을 스스로 끊었고, 노쇠한 분은 나름 수를 다하고 하늘로 돌아갔다. 그에 앞서 질곡의 시대에 종교적 가르침을 주었던 가톨릭의 어른 또한 인생을 선하게 마쳤다. 그런가 하면 2014년 그 봄에는 수많은 어린 학생들과 사람들이 바다에 수장되는 일도 있었고,

2022년 가을의 끝자락에 국가의 안전과 돌봄도 없이 또다시 많은 수의 젊은이를 하늘로 보냈으며, 2023년 수해 때 실종된 국민을 구조하러 나갔다가 주검으로 돌아온 병사를 맞이하여야 했다. 이들의 죽음은 한국 사회에 새로운 이슈를 던져 주었다. 그것은 바쁘고 자신의 몸만 사랑하는 데 힘을 써버린 나머지 사람의 죽음을 어떻게 맞이해야 하며, 주검을 대하는 자세를 잊어버린 현대인들에 대한 물음이다.

어지럽고 험한 세상 혜성처럼, 신데렐라같이 등장했다가 쓸쓸한 모습으로 삶에 지쳐 스스로 삶을 정리한 이들의 죽음, 어느 유명 여배우의 유골을 차지하고자 한 행위, 그리고 생각이 다르다고 해서 추모하는 마음을 함부로 짓밟거나 영정을 전리품처럼 챙기며 자랑스러워하는 모습, 이미 자살한 주검을 파헤치겠다고 몰려가서 물리력을 사용하면서도 전혀 양심의 가책을 느끼지 않는 사람들을 보면서 그들은 과연 죽지 않는가? 왜 사람으로서 최소한의 예의조차 없는가?라고 묻다가 괜시리 우울해지고 슬퍼지고 마는 그런 21세기 전반기이다. 어느 학자의 표현처럼 "우리의 시대는 매우 쉽사리 죽음을 부인하고 개인으로 하여금, 죽음의 감정을 마치 무엇인가 흉측한 것이기나 하듯 밀쳐내도록 부추기거나 혹은 그같이 하도록 강요"하고 있다.

생명을 이야기하는 한국교회는 이러한 흐름에 대해 멈추라고 이야기 할 수 있어야 한다. 왜냐하면 죽음이 무엇인지 모른다면, 생명 또한 어떤 것인지 알 수 없기 때문이다. 다시 말해 그저 '생명'이 소중하다고 반복하여 강조하고 이야기한다고 해서 이 세상이 생명으로 가득차게 되는 것이 아니기 때문이다.

죽음을 이겨낸 종교라는 자신을 강조하는 기독교가 죽음에 대해 부인하거나 타인의 죽음 또는 주검에 대해 함부로 대한다면 아무리

생명의 가치가 높다고 해서 그 가치를 설명하고 생명의 길로 사람들을 이끌어 가기는 어려울 것이다. 왜냐하면 예수 그리스도는 죽음을 경험하심으로써 생명의 소중함을 우리에게 전하신 분이시기 때문이다. 그리고 죽음과 주검에 대해 예의 없는 한국의 21세기 전반기에 한국 교회는 "메멘토모리, 죽음을 기억하라!"고 외친 노학자의 죽음에 대한 격정적인 소회를 귀담아 들어야 할 것이다.

내가 전쟁에 개입하면 그 전쟁은 모두 거룩한 전쟁이다!

: 한국기독교의 전쟁개입, 그리고 그 초라한 辯

> 전체주의와 관련해 우리의 적에 대해서 뿐만 아니라 우리 내부의 파시즘적 경향 또는 집단주의적 경향에 대해서도 반대해야 한다. 전쟁과 관련해서도 호전적인 집단에 대해서 뿐만 아니라 우리 스스로의 폭력과 광기와 탐욕에 대해서도 반대해야 한다.
>
> –토마스 머튼, 『머튼의 평화론: 포스트 그리스도교 시대의 평화』 中

한국의 주류교회는 전쟁과 파병에 대해 진지하게 고민해 본 적이 없다. 일제강점기에는 이 땅의 젊은이들을 황군의 일원으로 낯선 땅, 죽음의 계곡으로 보내고, 반공 전쟁 때는 공산주의와 대치하기 위해 이념의 십자군으로 전쟁터에 나서게 했다. 이제는 기독교인들이 흘린 피의 흔적이 남아있는 이슬람 지역에 평화, 재건의 이름으로 또 다른 성전(聖戰)에 전사로 내 몰고 있다. 서글픈 역사를 까맣게 잊고서 마치 우리가 세계 경찰의 일원이 되어야 한다고 되뇌이고 있다. 이런 모습에 그저 이 땅의 젊은이들을 내놓는 것이 국민의 도리라고 묵묵히 따라가기는 한국교회에 우리는 무엇을 바랄 수 있을까?

조선의 아들이 아닌 황국의 군인으로

일본이 조선반도를 총칼로 제압한 후 '내선일체' 또는 '대동아공영권' 등의 슬로건으로 아시아의 여러 국가에 침략전쟁을 벌일 때, 한국교회는 그 명맥을 유지하기에 힘겨웠다. 이미 자기 자신이 일본의 일부라고 생각하던 이들이 각계각층에서 맹위를 떨치고 있었다. 특히 조선의 아들딸들을 침략전쟁에 참전시키는 것이 국가에 대한 의무를 다하는 것이라고 강단에서 설파하던 그 외침은 우리의 아들을 일본 나름의 거룩한 전쟁에 나서는 일본 왕의 군인이 될 수밖에 없게 했다. 뿐만 아니라 한국 교회는 종과 철문마저 주저 없이 전쟁의 도구가 되는 것을 바라보며 침묵했다. 우리는 일제의 압제에서 해방된 뒤에는 이런 교회의 모습을 반성하지 않고 굳이 기억하려 하지 않았다. 그리고 한국 전쟁과 월남 전쟁에 우리의 젊은이들을 반공 전사 아닌 반공 이데올로기의 십자군 병사로 거룩한 전쟁의 제단에 바쳤다.

빨갱이가 되느니 차라리 죽는 게 낫다!

한국 전쟁 이후 대부분 한국 교회는 '평화'를 이야기하는 세력에 대해 "빨갱이가 되느니 난 죽음을 택하겠다!"라는 의식으로 맞섰다. 한국교회는 이념전쟁의 최일선에 서서 젊은이들에게 당당하게 이념전쟁의 십자군으로 나설 것을 촉구했다. 이런 흔적을 지난 월남 파병의 이야기 속에서 찾아 볼 수 있다.

1966년 8월 26일 오전 10시 여의도의 백마부대 숙영지에서 한국기독교연합회 주최로 '파월백마부대 환송연합예배'가 드려졌다. 이에 대해 이소동 백마 부대장은 '하나님을 공경하고 선한 싸움'을 싸울 것이라고 다짐했다. 그는 이어서 '구름기둥과 불기둥'으로 잠병들을 보호해 줄 것을 확신한다면서 승리하고 돌아올 수 있도록 계속 기도해달라고 부탁했다. 이에 대해 일부 기독교 인사 가운데 한사람은 '우리가 곤고할 때'위로하고 도와준 '우방들의 태산 같은 신세'를 갚기 위해 '어려운 처지의 이웃나라를 돕고자'나섰다고 칭송했다. 파병 초기 월남전을 지휘한 지휘부 가운데 기독교 지휘관이 많았다. 뿐만 아니라 한국교회가 월남전쟁을 마치 거룩한 전쟁으로 의미를 특별하게 부여하게 된 계기는 '임마누엘'부대였다. 이 부대는 백마부대에 지휘관과 병사들 모두 기독교인으로 구성된 중대였다.

정부는 이러한 부대의 편성과 이름을 허락하였다. 우리는 백마부대를 파병할 때 NCC 총무였던 길진경의 설교를 기억할 필요가 있다. 그는 파병되는 백마부대를 "기독교인들로만 구성된 임마누엘 부대를 지체로 가지고 있기 때문에 신앙의 십자군, 정의의 군대"라고 말했다. 또한 임마누엘 중대의 군목 박귀현은 임마누엘 중대를'하나님의 뜻을 수행'하는 '20세기의 자유 십자군'이라고 정의 했다. 그리고 파병된 군목들 가운데 일부는 베트남에 파병된 한국군을 '선한 사마리아인'과 같은 활동을 한다고 표현하기도 했다.

한국교회의 한국전쟁 기억은 베트남 전쟁에 대해 객관적으로 바라보기 보다는 이념 전쟁에서 한국의 젊은이들이 십자군과 같은 자세로 임할 것을 권면하는 데 주저하지 않게 했다. 당시 국내의 문제에 대해서는 한 목소리로 끝까지 싸워 이데올로기의 거룩한 전쟁에서 이기고 올 것을 기도하였다. 이렇게 우리의 젊은이들은 이데올로기 성전에 임하는 십자군의 일원이 되었다.

우리는 이 때도 이 전쟁의 정당성을 묻는 물음 또는 반전, 평화라는 담론을 교회에서 꺼내기가 힘들었다. 그래도 이 쓰라린 상처로 한국

교회는 전쟁과 평화에 대한 새로운 이야기와 이 문제에 대해 바라보는 시각을 내놓게 하였다. 하지만 교회가 간섭한 이데올로기의 성전 참여는 반성보다는 훈장처럼 자부심으로 오늘도 전해지고 있다.

우리 젊은이들은 불 속에 던져진 다니엘과 그 친구들이 아니기에

최근 한국 정부는 아프카니스탄 지역에 약 320명 정도 규모의 정규군을 파병하기로 결정했다. 그것도 이 정부가 끝나는 기간까지. 그런데 이에 대해 교회는 침묵한다. 대 테러 전쟁이라는 끝없는 수렁에 우리의 젊은이들이 평화, 재건이라는 이름으로 빠져 들어 간다. 이에 대해 "국격에 맞는 행동이다", "국제사회 일원으로 당연한 결정이다"라는 류의 성명서와 파병을 정당화하는 소리만 난무할 뿐이다.

오히려 주변의 국가들은 우리의 파병 결정에 우려를 표시하고 있다. 파병하는 곳은 몇 해 전 한국의 젊은 기독교인들이 피를 흘린 지역이다. 그래서 한국교회가 그곳에 우리의 젊은이들을 보내는 것에 대해 혹시 '흘린 피에 대한 앙갚음'이라고 여길 수도 있다는 불안감을 감출 수 없다. 왜냐하면 그곳에 파병되는 젊은이들은 불 속에 던져진 다니엘과 그 친구들이 아니기 때문이다.

한국교회가 이런 문제에 민감하지 않은 이유에 대해 아마도 '그리스도인을 전신갑주를 갖춰 입고 늘 출전을 기다리는 병사처럼 이야기하고 있기 때문은 아닐까'하는 어리석은 물음으로 답할 수 있을 것 같다.

평화의 왕이신 예수 그리스도를 기다리는 이 계절에 국익과 국격이라는 또 다른 값 싼 이유로 우리의 젊은이들을 결코 밑바닥이 보이지 않는 수렁 같은 전쟁터로 내모는 것에 대해 아무런 소리조차 지르지 못하는 교회의 모습에 끝없는 두려움과 안타까움이 엄습한다. 이러한 것들이 평화의 주님을 바라보며 두 손을 모으게 한다.

기독교와 사회진화론의 부적절한 만남

어느 개그맨이 던진 외침처럼 한국 사회는 정말 "일등만 기억하는 더러운 세상"일까? 이 외침은 많은 이들의 마음을 훔쳤다. 왜 이 외침에 마음을 빼앗겼을까? 이 외침에 마음을 준 사람들 모두 소위 말하는 루저란 말인가? 이런 물음 끝에 자연스럽게 떠오르는 단어가 있다. 이제는 이미 잊혀졌다고 생각했던 '사회진화론'이라는 말마디. 이미 생명력이 끝났다고 선언된 이 '사회진화론'은 한국 사회가 위기에 봉착할 때마다 마치 "I'll be back!"하면서 다시 등장하는 터미네이터처럼 생명력을 얻는다. 그 생명력은 어디에서부터 오는 것일까?

'사회진화론'이 한국 사회에서 언제부터 그리고 어떤 부류의 사람들이 주목하고 전파했는지에 대해 살펴보면 그 답을 찾을 수 있을 것이다.

어쩌면 우리는 하얀 얼굴을 한 삶들과 같았는지도 모르지!

한국사회는 언제부터인가 자신의 얼굴색이 하얗다고 주문을 걸고 살고 있는 것 같다. 마치 19세기말 탈 아시아를 외치며 서구사회로 진입을 외쳤던 일본인들처럼 말이다. 그런 배경에는 우리 민족의 슬픈 과거가 자리하고 있음을 부인하기 어렵다. 19세기말 이미 기울어질 대로 기울어진 왕조의 현실에 나름대로 새로운 기운을 불어넣으려고 노력했던 유길준, 윤치호, 서재필과 같은 이들은 다윈의 진화론을 사회에 적용한 스펜서의 '사회진화론'을 서구사회가 던져 준 또 다른 복음으로 여기기 시작했다. 그들에게 '사회진화론'은 '약육강식'의 정글과도 같은 국제사회에서 우리민족이 살아갈 길을 제시하는 것으로 받아들였다. 특히 '청일전쟁'에서 청나라의 패전은 한국인들의 마음속에 자리 잡고 있던 문명사회에 대한 기준을 전환시켜 준 계기가 되었다.

특히 19세기 '사회진화론'이 가장 큰 힘을 발휘했던 미국으로 유학을 떠난 이들과 미국에서 '사회진화론'의 세례를 받고 온 선교사들, 그들에게 서구문명이 개화의 척도라고 배운 이들에게는 재론할 필요가 없었다. '문명=기독교'라는 등식은 '소중화(小中華)'라는 자부심을 잃게 된 이들의 마음 가운데 자리 잡기 시작했다. 그 결과 이제 더 이상 중국이 이 세상의 중심이 아니라고 선언하게 되었다. 다시 말해 중국의 문물은 더 이상 한국인들에게 훌륭하고 본받을 만한 것이 되지 못했다. 개화와 독립을 이야기하면서 자신들의 주장의 근거로 사회진화론을 역설한 이들은 소수 엘리트 집단이었다. 이 소수 엘리트 집단은 선교사들과 교류하거나 밀접한 관계에 있었던 이들이 많았다.

19세기 후반 개항과 더불어 선교활동을 본격적으로 시도한 개신교 선교사들은 '문명=기독교'라는 선교 전략을 펼쳤다. 요즘도 교회당에서 심심치 않게 듣게 되는 "세계에서 가장 부강하고 문명한 나라는 모두 개신교를 믿는 나라이고 개신교가 문명을 이루게 한 근본이므로 개신교를 믿어 문명을 이루어야 한다."는 입장은 여기서 시작되었다고 할 수 있다. 이런 입장은 선교사보다는 '문명개화'를 통해 다시 '중화'로서의 가치를 창출하기를 열망하였던 한국인들에게는 너무나도 절박한 것이었다.

다시 말해 개신교로 개종하게 된 많은 한국인들은 자신들의 입장을 "서양의 기계, 무기 그리고 제도를 받아들여 이용하려 하면서도 개신교를 수용하지 않는 것은 마치 나무뿌리를 보살피려고 하지 않은 채, 나무줄기나 잎사귀만 잘 자라기 바라는 주객본말 전도의 태도(『대한매일신보』 1906.10.9.)"라고 피력했다. 이러한 입장은 '양육강식'과 '적자생존'의 논리를 펼치는 사회진화론과 밀접한 관계가 있다.

또한 이러한 '사회진화론'은 1903년 양계초(梁啓超)의 『음빙실분집(陰氷室文集)』이 국내에 소개되면서부터 본격적으로 수용되었다. 1900년대 초반 안동의 협동학교, 평양의 대성학교를 비롯한 많은 학교에서 교과서로 널리 읽혔다.

그러다 보니 신식 교육을 받은 이들에게 '경쟁', '양육강식', '적자생존' 등의 가치관은 개인, 사회, 국가 사이에 당연한 것으로 여겨지게 되었다.

물론 한국 사회에서 이 사회진화론은 긍정적 기능과 부정적 기능을 더불어 수행했다.

먼저 긍정적 기능을 살펴본다면 한국의 근대화와 독립을 위해 필요한 계몽운동과 실력양성 운동을 이론적으로 뒷받침해 주었다는 것이다. 하지만 강자의 약자에 대한 지배를 자연법칙으로 승인하는, 그래서 일본제국주의의 침략을 자발적으로 정당화하고 마는 부정적 기능을 수행하게 되었다. 다시 말해 현실적으로 민족주의의 필요성을 강조하였지만, 궁극적으로는 한국도 제국주의 국가가 되어야 한다는 인식을 가지고 있었다. 이것을 누군가의 말처럼 우리 안의 "하얀 가면"이라고 표현할 수 있을 것이다.

한국교회여, '사회진화론'이라는 이름의 절대반지를 던져 버려라!

우리가 한국 사회의 위기를 이야기할 때면 '사회진화론'은 마치 절대반지처럼 군림하며, 한국 사회의 모든 위기를 해결해 줄 수 있는 것처럼 등장한다. 이 사회진화론은 때론 소리 없이 위협적으로 다가와서 영향력을 발휘한다. 그리고 "일등만 당연히 기억해주고, 일등만을 위한 자리만 있고, 승자 독식이야말로 정의"라고 선언하고 가르친다. 이러한 사회진화론은 자유와 정의, 평등을 추구하는 우리에게 아픈 상처를 남겨준다.

심지어 사회진화론은 "경쟁 없이 상생할 수 있는 사회, 교육이 어디 있을까?"라는 물음을 던지는 것만으로도 위험한 생각으로 치부되는 현상이 자연스럽고 당연한 것처럼 여겨져야 한다는 이들을 양산하게 된다. 그러다보니 최초와 최고라는 명사가 수식어로 자리 잡지 않으면 불안하게 여기는 사회가 되어가는 듯하다. 이러한 모습은 교회도 예외가 아닌 것 같다. 그래서인지 교세라고 불리는 '교인 수와 교회당 크기와 재정의 규모' 등을 도구로 삼아 교회들조차도 경쟁과 적자생존의 세계로 고민 없이 뛰어드는 모습을 볼 때 예수님의 복음이 있어야 할 자리에 사회진화론이 그 역할을 대신하고 있는 것을 발견하게 된다.

한국교회는 '절대반지'처럼 군림하고 있는 '사회진화론'의 영향력에서 벗어나야 할 것이다. 결코 '사회진화론'이 기반이 된 어떠한 시도들도 한국 교회의 건전성과 성장을 보장해주지 못하는 것을 지시해야 할 것이다.

또한 한국기독교가 예수 그리스도의 복음의 자리를 대신하려고 하는 사회진화론의 부활을 끊임없이 경계하고 꾸짖으며 '경쟁'이 공정하게 이루어지고 상생할 수 있는 사회가 될 수 있도록 역할을 할 때 한국 사회는 교회에서 다시 희망을 찾게 될 것이다.

우리가 하는 기도를 하나님께서 들어주실까요?

: 국가조찬기도회

당연할 수도 부당할 수도

21세기에도 많은 한국 기독교인들은 '국가'라는 말마디가 나오면 자신의 신앙조차도 접어두고, 마치 블랙홀에 빠져 들어가 판단력을 상실한다. 이들에게 '국가'는 이미 신성불가침의 존재가 되어서, 국가가 이야기하면 순교라도 할 것처럼 결연해 진다. 달리 말해, 국가는 우리를 지탱해주는 최고의 힘이라고 여기는 듯하다. 그런 국가를 위해 기도한다는 것은 당연한 것이고, 특히 그 국가의 국정을 맡은 이들을 위해 기도회를 여는 것은 좋은 일이라고 생각한다. 그렇다면 대한민국에서는 언제부터 아니 한국의 기독교는 어느 때부터 이런 일을 했을까? 혹시 어떤 의도가 있었을까? 국가를 위한 기도회를 하는데 왜 조찬(朝餐)을 해야 할까? 머릿속에서 이런 물음들이 이어진다. 심지어 이런 기도회가 부당하다고 느끼는 이들도 있었다는데, 이런 답답증을 풀어내려가 보자.

충군애국(忠君愛國)의 종교

교단에 따라 다르지만 교회 강단에서도 태극기를 발견할 수 있다. 간혹 강단에 있는 태극기를 보면 마치 '그것은 대한민국은 기독교 국가다!'라고 선포하고 있는 아이콘처럼 보인다. 하여간 십자가와 태극기를 보면서 예배하는 교회가 있다는 것은 확실히 기독교는 국가를 참으로 사랑하는 것 같다. 우리의 역사 속으로 걸음을 옮겨보자.

21세기의 한 역사가는 '최고 통치자를 위한 기도회'와 '국가조찬기도회'의 뿌리를 1896년 '만수성절(萬壽聖節, 고종의 생일을 축하하기 위한 기념식)' 이후 몇 년 동안 이어졌던 기도회와 1905년 '을사늑약'을 앞두고 각 교회에서 열었던 구국기도회에서 찾는다.

우리는 여기서 당연하지만 뭔가 불편함을 느끼게 된다. 왜냐하면 국가가 풍전등화의 지경에 있을 때 함께 기도했던 '우국충정(憂國衷情)'의 모습과 '최고 통치자의 환심'을 얻기 위한 몸부림을 동시에 볼 수 있기 때문일 것이다. 이런 한국교회의 전통은 일제강점기에도 이어진다. 이 시기에는 주권을 빼앗겨 조국의 독립과 민족의 미래를 위한 기도회를 공개적으로 열 수 없었다. 하지만 1930년대 후반에 들어서면서 이 땅을 지배하던 '국가'가 요구하는 기도를 자주 열었다. 조사에 따르면 어떤 한 교단에서만 1937~1939년 사이에 일본제국의 승전을 위한 '무운장구기도회'를 무려 8,953회나 열었다고 한다.

이런 한국교회의 전통은 대한민국이 수립되면서 이어지게 된다. 침략자를 위해, 그리고 고통을 주는 침략을 위해서 기도했던 한국교회는 대상이 되는 '국가'가 침략자에서 불완전한 독립을 이룬 또 다른 '국가'로 바뀌자 그 이전의 행동에 대해 반성 없이 기도하기 시작했다.

미국의 국회조찬기도회를 모델로 삼아 1965년 2월 27일 김준곤 목사가 주도하여 국회조찬기도회를 시작한다. 하지만 우리가 주목하는 기도회는 1966년부터 구체적으로 세상에 모습을 드러낸다. 이 기도회를 '국가조찬기도회'라 할 수 있는데, 그 성격은 '대통령조찬기도회'라 해도 무색하지 않았다. 하지만 주최 측의 바람과는 달리 이때 박정희 대통령은 참석하지 않은 채 '국가조찬기도회'의 모습으로 열렸다. 박 대통령은 이 기도회에 1968년부터 참석했다. 이 기도회는 1975년까지 매년 열렸다. 1976년부터 '대통령조찬기도회'가 '국가조찬기도회'로 이름을 바꾼다. 이 후 박 대통령은 참석하지 않고 국무총리나 국회의장이 대신 참석한다. 그러다가 1981년 제 13회 국가조찬기도회에는 전두환 대통령이 참석했다. 하지만 이후 정권이 끝날 때까지 전두환 대통령은 참석하지 않았다. 그를 이어 집권한 노태우 대통령은 1988년에는 비서실장을 보냈지만, 1992년 이후 김영삼, 김대중 대통령은 매년 직접 참석했다. 그리고 2003년 취임한 노무현대통령도 참석했다. 하지만 탄핵사태가 있었던 2004년에는 참석하지 않았다. 그 이후 현 대통령인 이명박 장로에 이르기까지 계속 참석하고 있다. 그렇다보니 기독교는 충군애국의 종교라는 데 이견을 표현할 수 없을 것 같다.

쓴 소리? 단 소리!

일제강점기와 독재시절 국가를 위한 기도회에는 예언자의 외침보다는 국가위정자들과 교계지도자의 친교와 덕담이 오고 갔다. 물론 권위주의에 찌든 대통령을 앞에 두고 쓴 소리를 한다는 것이 쉽지 않은 일이다. 초기 국가조찬기도회를 이끈 이들은 독재자를 두고 칭송하거나 축복하기 급급했던 것이 사실이다. 그 절정은 아마도 1980년이었다. 광주민중항쟁을 유혈 진압하고 정권을 장악한 신군부 세력을 축복한 기도회. 광주의 피가 마르기도 전에 그 해 8월 6일 교계 인사들은 서울 롯데호텔 에메랄드룸에서 '나라를 위한 조찬기도회'를 열어 그 정권에 정당성을 부여하고 장도를 축복했다. 이때의 조찬기도회를 두고 한국교회의 젊은이들은 자신들의 신앙행보에 대해 깊이 고민하게 된다. 이 기도회의 후유증으로 젊은이들은 기독교에 대한 강한 반감을 서슴지 않고 표출하기 시작한다.

다윗 앞에서 그를 꾸짖던 나단의 모습을 상실한 교회. 급기야 1990년대 이후 국가최고 지도자들은 국가조찬기도회에 참석한 사람들에게 쓴 소리를 한다. 그 이후부터 지도자의 참석여부에 따라 성향이 친 기독교냐 반 기독교냐는 이슈를 만들어 내기도 했다.

어떤 이들은 종교와 정치는 분리되어야 한다고 주장한다. 하지만 역사를 뒤돌아보면 언제 종교와 정치가 분리된 적이 있었던가? 우리는 무조건 정치와 일정한 거리를 두는 것이 종교의 본질이라고 이야기 하지만 정작 중요한 것은 거리의 문제가 아니라 정치에 참여하는 이들이 어떤 사람이고 어떤 신앙인 인가를 물어야 할 것이다.

국가를 위해 기도하는 것, 그 자체를 꾸짖을 사람은 없을 것이다. 하지만 그 국가를 이끌어가는 사람들이 그 방향을 잘 못 잡고, 권위를 내세워 일방적으로 국민을 대한다면 조찬기도회의 역할은 분명해져야 한다. 그곳에서 말씀을 전언하는 이들은 단 소리를 집어치우고 쓴 소리를 토해내야 할 것이며 예언자이기를 주저해서는 안 될 것이다. 그러하지 못할 때, 그 곳에서 하늘을 향해 올리는 기도는 하나님께서 기뻐하시고 들어주실지 모르겠다.

한국교회와 저작권에 대한 단상

: Copyright vs Copyleft에 대한 생각 들춰보기

'ⓒ'은 무엇을 나타내는 표시인가?라는 물음을 누군가에게 던지면 "아직도 그 의미를 모르냐"는 면박을 받을 정도로 'ⓒ'는 많은 사람들에게 익숙한 기호가 되어버렸다. 아무튼 우리 사회도 'ⓒ' 바로 저작권 [지적재산권]에 대해 민감해지고 있는 것 같다.

지하철 곳곳에 저작권 광고 홍보 포스터가 도배되어 있다. 라디오나 TV를 틀어도 저작권 보호에 관한 이야기는 심심치 않게 접할 수 있다. 마치 저작권을 보호하지 않거나 못하면 이 땅에서 숨 쉬는 것조차 의미 없는 양 각인시킨다. '저작권을 보호해야 한다는 것'에 대한 이의를 제기하기는 어렵다. 하지만 저작권 지상주의자들이 저작권에 대해 이야기하는 것을 잘 듣다보면 '본말이 전도된 것'같은 의심이 드는 것 또한 숨길 수 없다. 왜 그럴까? 그 의심의 끈을 잡고 이야기를 시작하고자 한다.

저작권, 너! 어디서 왔니?

동아시아 '술이부작(述而不作, 성인들의 말을 전할 뿐 자기의 설을 지어 내지 않음)'이라는 지적 전통이 있어서 그런지 수많은 창조적인 노력의 산물들이 넘쳐났음에도 불구하고 결과물을 개인의 소유권으로 인정

하는 전통은 미미했다. 현재 우리가 이야기하는 지적 재산권은 지극히 서양적인 것이다.

우리가 알고 있는 저작자의 권리로서의 저작권은, 인쇄 출판업자가 끊임없이 시장을 통제하려는 노력의 과정과 종교적 격동기에 왕이 정보와 사상의 통제하기 위해 검열제도에서 출발했다. 그러니까 저자 개인의 권리를 보호하거나 주장하기 위해 생겨난 것이 아니라는 말이다. 모든 출판물들의 저작권이 국가법의 적용을 받게 된 것은 1709년 '앤 여왕법(The Statute of Anne)'과 '도날슨 대 베케트(Donaldson vs Beckett)'사건의 판결이었다. 우리나라에는 이 저작권에 관련된 근대법이 언제 발효되었을까? 일제 대한제국에 대한 간섭을 강화하였던 1908년[혹은 1909년] '출판법'이라는 것이 등장했다. 이 때부터 기독교 문서들도 출판법의 영향을 받기 시작한다. 이것은 출판물에 대한 검열이 국가 기관 또는 일제 통감부에 의해 시작되었다는 것을 의미한다.

저작권과 교회의 양심선언

한국교회가 인쇄물을 제작, 배포하기 시작한 것은 삼문인쇄소를 통해 문서를 출판하면서부터다. 특히 상해에서 왕성하게 활동하던 감리교 선교사 올링거가 입국하면서 본격적으로 기독교 문서들은 연활자로 인쇄되면서 대량으로 반포되었다. 하지만 이때의 기독교 문서들은 동아시아의 전통적인 방식에 따라 판권 표기 없이 인쇄되어 판매되었다. 하지만 '출판법'이 발표된 이후 책의 맨 마지막에 판권사항이 등장한다.

저작권에 대해 이미 잘 이해하고 있었던 서양의 선교사들은 왜 선교초기 문서들에 저작권 표기를 하지 않았을까? 그들은 어떤 고민을 했을까? 여기서부터 '교회와 저작권'이라는 화두를 꺼내야 한다.

몇 해 전 한국교회는 지적재산권, 혹은 저작권에 대해 양심선언(?)을 한 적이 있다. 그리고 저명하신 분들이 모여 저작권에 대해 교회는 적극적으로 그 대가를 지불하는 것이 마땅하다고 선언했다. 한쪽에서는 저작권 사각지대라는 오명을 이제부터 벗어버리자는 각성의 시작을 알리는 기회로 삼는 것 같고, 다른 한쪽에서는 저작권 보호를 통해 기독교 문화발전의 밑거름을 이룰 수 있다는 생각을 표현하는 것 같다.

하지만 이러한 양심선언을 해야만 한국 기독교의 덕을 세울 수 있는 것인가? 혹시 교회가 저작권을 무시하는 양심불량의 집단이라고 지탄받기 전에 선수(先手)치는 것이 한국 기독교에 덕을 세우는 일이라고 여긴 것은 아닐까?

Copyright **혹은** Copyleft

한국교회는 교회성장을 위해 많은 프로그램들을 계발하고 사용한다. 그 프로그램들은 많은 종류의 컴퓨터 소프트웨어들과 문화콘텐츠들을 사용한다. 많은 비용들이 들어간다. 그러니 당연히 그 비용에 대한 보전을 생각하지 않을 수 없다. 그렇다보니 각종 세미나 등을 통해 노하우와 관련한 프로그램들에 대한 시장을 형성한다. 그리고 그 프로그램에 관심을 보이면 친절하게 Copyright에 대해 소개한다. 한편으로는 당연한 것으로 여겨지지만 다른 한편으로 못내 마음이 편하지 않다. 속이 좁아서 그런지 모르겠지만 왜 그런 프로그램을 개발하고 선전하는지에 대한 근본적인 물음을 던지지 않을 수 없기 때문이다.

각종 소프트웨어나 문화콘텐츠에 대한 무임승차, 불로소득이라는 것들이 교회문화를 잠식해서도 안 될 일이지만 저작권지상주의가 한국교회의 중심에 우뚝 서서도 안 된다고 생각한다. 왜냐하면 황병구의 이야기처럼 "교회 내에서 이뤄지는 많은 문화콘텐츠들은 교회공간과 공동체의 축적된 공동의 체험과 콘텐츠를 기반으로 하고 동시에 교회공동체의 존재 없이는 그 의미를 잃는 독특한 성질"을 가지고 있기 때문이다. 달리 말하면 지식과 정보는 개인의 창작의 산물이기도 하지만, 이전 사회의 지식들에 영향 받은 산물이기 때문이다.

그래서 이 즈음해서 한국 교회가 Copyright를 넘어서 Copyleft쪽으로 눈을 돌렸으면 하는 바램을 가져 본다. Copyleft는 지적 재산권에 반대해 지적 창작물에 대한 권리를 모든 사람이 공유할 수 있도록 하자는 운동이다. 인류의 지적 자산인 지식과 정보가 소수에게 독점되는 것을 반대한다는 움직임이 확산되면서 기업들도 저작권 보호를 고집하지 않고 이를 공유함으로써 기업의 이익을 극대화 시키려는 방향으로 돌아서는 경우도 생겨나고 있다.

이러한 세상의 움직임을 목도하면서, 교회가 그동안 쌓아 온 지적 산물들이 단지 한 개인과 단체의 것인지 진지하게 고민해 볼 때라고 생각한다. 수 천 년 간 이어 온 기독교 역사에 기대어 온, 교회 공동체가 없이는 존재 가치를 잃어버리는 기독교의 지적인 산물들. 그것이 진정 개인의 절대적이고 신성한 재산일 수 있을까?

누가 욕欲하며, 무엇을 욕慾할까?

우리는 절제(節制)를 미덕으로 삼고 절제하는 삶을 살고자 노력한다. 게다가 그런 삶을 장려하기도 한다. 그런데 무엇을 절제하고 왜 절제해야하는가에 대해서는 깊이 생각 하지 않는다. 그러다 보니 '절제'라는 말마디를 전가(傳家)의 보도(寶刀)처럼 사용하는 경우가 생긴다. 절제해야 할 일에는 무절제로, 절제하지 않아도 되는 것에는 과도하게 절제한다. '무엇을', '왜'라는 질문과 '절제'를 엮으면서 고민하다 보니 단어 하나가 문득 떠오른다. '욕(欲)·욕(慾)·욕(辱)'. 같은 발음의 이 단어들은 저마다 다른 의미를 담고 있는데, 이 단어들이 바로 그 질문에 다가갈 단초가 될 듯싶다.

국립국어원의 표준한글사전에서는 욕(辱)을 '욕설', '아랫사람의 잘못을 꾸짖음, 부끄럽고 치욕적이고 불명예스러운 일', '수고를 속되게 이르는 말'이라고 설명한다. 한글사전에서 욕(欲)과 욕(慾)은 '욕구' 또는 '욕망'의 뜻을 더하는 접미사라고 한다.

그런데 한자사전(옥편)을 보게 되면 欲(하고자 할 욕)이란 말은 '하고자 하다. 바라다', '장차~하려 하다' 등 주로 동사로 쓰인다. 또한 慾(욕심 욕)은 명사로서 사용되는 데 '욕심, 욕정'이라는 뜻을 가지고 있다. 마지막으로 辱(욕하게 될 욕)은 '욕설', '꾸지람', '몹시 부끄러운 일'에 쓰인다.

이번 호에서는 이 세 단어를 가지고 "누가 欲하며, 무엇을 慾하고 누구에게 辱하거나 듣지 말아야하는가"라는 화두로 한국 교회의 금칙어들을 풀어 보려 한다.

하나. 나는 내가 바라고 이끌리는 것이 뭔지 몰랐다!

최근 한국기독교를 이끌어 나갈 차세대 선두주자로 불리던 한 목회자가 성(性)문제로 추락했다. 이런 문제가 언론에 의해 이목을 끌 때마다 목회자들의 윤리의식을 개탄하는 소리들이 기다렸다는 듯이 흘러나온다. 하지만 이런 소리들은 오히려 그 문제에 대해 깊이 성찰하고 밀도 있게 고민하는 기회마저 빼앗아 버린다. 그러다보니 늘 제자리를 맴돌다 다시 그 자리에 서 있게 한다. 이 문제를 관심 있게 들여다 보다보면 볼수록 '성(性)'이라는 문제보다는 '욕(欲)'이라고 것에 눈길이 멈춘다. 왜 그럴까? 인간은 누구나 "~하고자 하는 것"에 집착한다.

이런 우리의 모습을 아시는 예수께서는 우리가 애써 집착하고자 하는 것, 그곳에서 '우선멈춤'이라는 표지를 들고 계신다. 그리고 그것에서 놓임을 받으라고 하신다. 하지만 우리는 그 표지를 무관심하게 지나치거나 굳이 회피하고자 한다. 우리가 이런 지점에서 주목할 것은, 바로 '하고자 하는 마음'과 그것에 '우선멈춤'을 해야 하는 그리스도인들의 윤리이다. 그리고 그렇게 살고자 노력해 온 신앙의 선배들의 흔적을 되짚어 보아야 할 것이다.

둘, 나는 바라고 원하는 것을 위해 살았다. 하지만 교회를 욕(辱)되게 하고 싶지는 않다.

1894~1896년 무렵 한국교회를 신학논쟁으로 빠져들게 한 주제들

은 '제사', '용어(하나님)', '일부다처제' 등이다. 그 당시 사회를 지배한 이데올로기인 유학(유교)와 관련 있는 '제사'와 '일부다처제'의 문제는 조심스러울 수밖에 없었다. 특히 1895년부터 1907년까지 진행된 '일부다처제 논쟁'의 중심에는 한국교회 초기 선교부를 곤혹스럽게 한 서상륜(徐相崙, 1849~1925)의 복혼(複婚)문제가 있었다. 그는 한국 개신교 최초의 전도인이요 권서였다. 서상륜은 1888년 겨울 이후 매년 겨울 서울에서 열린 신학반에서 목회자의 교육을 받았다. 그는 적어도 1907년 7명 첫 한국인 장로교 목사가 안수 받을 때까지는 한국 교회의 지도자였다. 하지만 그는 복혼문제로 1901년 평양신학교가 세워진 이후 입학하지 못했고, 장로로 안수 받지 못했다. 그리고 그는 평생 평신도 전도자로 남게 되었다.

서상륜에게는 부모가 정혼한 배필과 자신이 선택한 여인 두 아내가 있었다. 정혼한 여인을 첫날부터 거절하고 후일 자신이 선택한 여인을 아내로 대우했다. 이것은 그리스도를 믿기 전에 그의 행적이었다. 선교사들은 그에게 둘째 처를 버리기를 권했지만, 그는 자신의 입지보다는 사람을 선택했다. 그렇게 하는 것이 기독교인의 양심으로 책임 있게 사는 길이라고 여겼다. 그러나 정혼한 여인을 불행하게 만들었다는 자책감이 그에게는 평생 씻을 수 없는 상처가 되었다. 이것은 그의 승동교회에서 장로로 피택은 되었지만 장립을 고사하게 된 배경이 되기도 하였다. 그는 황해도 소래에 정착한 후 의주에서 살고 있던 정혼한 여인을 데리고 와서 가정생활을 하지 않았지만 불편 없이 살 수 있도록 돌보아주며 속죄의 길을 걸었다고 한다.

그에게 있어서 가장 중요한 것은 자신을 통해 그리스도가 존귀케 되고 그리스도의 복음이 전파되는 것이었다. 그는 평생 자신이 바라고 원한 길을 가고자 했다. 하지만 자신의 허물로 인해 그리스도가 욕(辱)되게 할 수 없었다. 그가 몸담고 있던 교회는 그에게 장로 직분을 부여하려고 했다. 하지만 그는 끝까지 자신의 허물을 밝히면서, 고사했다고 전해진다. 그의 모습 속에서 단지 '하고자 하는 마음' 앞에서 '우선멈춤'을 하는 것이 그리스도인의 윤리라는 답을 찾을 수 있을 것이다.

셋. 내가 욕(慾)하는 것이 누군가를 욕(辱)되게 할 수도 있다.

한국 사회는 하나의 잣대로 자신의 생각과 다르거나 자신이 이해할 수 없는 것들에 대해서 가혹한 행위를 한다고 해도 이것에 대해 문제 삼지 않고 심지어 너그럽다. 우리는 지난 군부 독재가 활기를 치던 시절 자신의 길을 성실(?)하게 걸었던 한 사람, 고문 기술자라 불리던 사람을 기억한다. 그는 자신이 하던 일 때문에 죄인이 되고, 자신이 가던 길에서 돌이켜 신학생이 되었다. 그리고 그리스도를 전하는 일에 전념하였다. 우리는 그의 이런 모습에 대할 때, 우리는 잠시 '판단중지(epoche)'를 선언할 수 있었다. 하지만 그는 신학교를 졸업한 후 목사로 안수를 받았다. 여기에서 우리는 그에게 진한 아쉬움을 표현할 수밖에 없다. 왜냐하면 자신이 바라고 진정 가고 싶은 길이었지만 자신에게 씌워진 '주홍글씨'로 인해 그 발걸음을 멈추었던 우리의 신앙선조 서상륜이 떠오르기 때문일 것이다. 그는 서상륜이 걸었던 길을 왜 걷지 못했을까? 그것은 아마도 예수께서 보내시는 '우선멈춤'이라는 표지에 주목하지 못한 것은 아닐까? 이 '우선멈춤'은 우리에게 내가 욕(慾)하는 것이 우리 공동체를 아니 그리스도를 욕(辱)되게 할 수 있다는 것을 알려주는 하나님의 사랑의 표시이다.

사랑의 예수께서는 우리에게 이전의 것에 메어 있기보다는 다가올 새로운 세상에서 어떻게 살아갈 것인가를 묻고 답하게 하신다. 우리는 이럴 때 “나는 바라고 원하는 것을 위해 살았다. 하지만 교회를 욕(辱)되게 하고 싶지는 않다”라는 답을 주님께 드릴 수 있어야 할 것이다.

내 자리는 어디일까?

신학생 시절 알게 된 헤르만 궁켈이라는 독일 신학자의 '삶의 자리(Sitz im Leben)'이라는 개념이 있다. 본래 궁켈이 말한 '삶의 자리'는 양식비평을 위해 도입되어, "성경 말씀이 언제 어디서 어떻게 쓰여졌는지 컨텍스트를 토대로 받아들여져야 한다"는 주장을 위한 핵심 단어였다.

하지만 개인적으로 이 개념은 신학을 공부하고 목회자의 길을 걷는 내내 주요한 척도가 되었다. "지금, 내가 서 있는 이 자리가 과연 어디일까?", "내가 서 있는 이 자리가 그분이 보내주신 자리가 맞을까?" 고민하고 갈등하면서 하나님과 나의 관계는 이 '자리'와 결코 무관할 수 없음을 깨달아 나가고 있다.

사람들은 자신의 정체성을 확인하기 위해 자신이 머무르고 있는 '자리'에 대해 끊임없이 되묻는다. 그리고나서 그 '자리'에 대해 반응하면서 살아간다. 변화가 없기 때문에 안도하지만, 혹시 변화가 있다고 한들 불안함이 사라지지 않는다. 그래서인지 몰라도 자신의 영역, 즉 '자리'에 대한 집착을 표출하는 데 주저함이 없다.

또한 '자리'라는 말이 단지 어떤 '영역'이라는 뜻을 넘어 '정황'으로 펼쳐나가면서 그 말은, 어떤 '신분상승'을 뜻하는 것으로 받아들여지기도 한다. 여기에서는 이 '자리'라는 말마디로 이야기를 풀어내보려고 한다.

남자, 그리고 …

한국 교회에서 늘 화두가 되는 것은 남자들의 행동거지들이다. 남녀평등을 이야기하고 있지만 아직도 여성이 성직자의 길로 들어서기가 쉽지 않음에 대해 굳이 예를 들지 않아도 된다. 또한 나이 어린 사람들이 자신의 생각을 펼치고 하고픈 말을 떠들 수 있는 '자리'를 얻기가 점점 어려워지고 있다. 왜 그럴까?

사순절을 보내면서도 우리는 예수 그리스도의 십자가의 고난에만 집중하고 있지 예수께서 왜 고난당하시는가에 대해서는 한 쪽 눈을 감고 있기 때문일 것이다. 우리가 얻고자하며 지키는 데에 온 힘을 쏟는 그 '자리'로 인해서 벌어지는 막힌 담을 보지 못하기 때문은 아닐까. 그래서 사람이라는 말마디보다는 '남자' 그리고 '~라는 자리'에 더 중요한 의미를 부여하기 때문은 아닐까?

그의 자리는 더욱 더 낮은 곳에, 나는 지극히 높은 자리로

한국사회는 '자리'에 대한 애착이 강하고 그 '자리'에 따라 편견과 차별이 심하다. '요람에서 무덤까지'라는 표현이 모자라 정도로 '자리'에 대한 집착이 강하다. 한 동안 태어날 곳에 대한 병적 집착은 해외원정출산이라는 모습으로 나타났고 좀 더 자식에게 나은 '자리'를 물려주겠다는 일념으로 위장전입, 과도한 사교육시장으로 몰입, 그것으로도 모자라 기러기 가족도 불사하며 살아간다. 그러면서 우리는 이렇게 기도하고 있는지도 모르겠다. '지극히 높은 곳에서는 나의 영광이요 낮고 낮은 비참한 곳에서는 당신들의 수고'를 위로 하시는 주님이 계셔서 감사합니다.'

'자리'에 대한 우리의 탐욕은 그칠 새가 없는 것 같다. 하물며 예수를 따르던 제자들 사이에서도 '자리'에 대한 다툼이 있었으니 말이다.

우리 역사 속에서 '자리'에 대한 다툼이 부각된 것은 선조시대부터라 할 수 있다. 동서남북으로 사대부 층이 갈라지고 그 안에서 또 쪼개지는 일은 조선조가 무너지는 순간까지 계속되었다. 이런 양상은 개신교에도 이어져 수많은 교파를 낳게 했다. 그러다 보니 주님이 계신 곳 그분과 함께 있을 '자리'보다 나의 신분을 알려야 할 자리에만 눈독 들이는 것이 당연한 것으로 여겨진 것 아닐까.

내 자리는 어디일까

최근 한 종교행사에서 국가를 대표하는 대통령 내외가 무릎을 꿇고 기도하는 모습 때문에 온 나라가 들끓었다. 기도한 것이 잘못일까 아니면 무릎을 꿇은 것이 문제가 되는 것일까?

아니면 주님보다 지극히 높으신 분(?)들에게 예를 표한 것 때문일까? 이 일을 접하는 첫 순간부터 입맛이 텁텁하고 개운치가 않은 이유는 뭘까?

지난 겨울 내내 한 기독교 단체가 언론에서 주목을 받았다. 긍정적인 이야기였으면 좋으련만, 그 또한 '자리'에 대한 집착과 싸움으로 벌어진 사건 때문이었다. 사람들은 서로 옳다고 우기면서 결국 사회법정에 그 문제를 가지고 가서 판결을 받아 '자리'를 내어 놓는 어처구니없는 일이 벌어졌다. 단지 이번 사건 만이 아니라, 매년 가을만 되면 수많은 '자리'들 때문에 온 교단이 홍역을 앓기도 한다. 하지만 그 '자리'가 부활의 주님이 우리에게 지키고 돌아보라고 정해 주신 그 '자리'일지 고민해 볼 때라고 생각한다.

우리는 재의 수요일과 함께 사순절을 지키며 막힌 담과 차별의 가림 막을 털어내신 주님이 머물고 일하시는 곳으로 발걸음을 주저 없이 옮겨야 할 것이다. 그것이 주께서 넌 어디에 서 있냐고 물으실 때 드릴 수 있는 응답일 것이다.

난, 소중하다! 그래서

2011년 한국은 OECD회원국들 가운데 최고의 자살률을 보이고 있다. 한국 사회에서 자살문제는 더 이상 어떤 계층 또는 어느 연령의 문제만이 아니라 모두의 문제가 되었다. 그리고 자살의 행진은 멈추지 않고 폭발적으로 진행되고 있다. 한국의 교인들은 개인의 문제에 대해 거의 모든 문제를 교회의 가르침과 상관없이 자신이 스스로 결정하는 경향이 짙다. 그래서인지 아무리 교회가 '자살'에 대해 부정적인 메시지를 강하게 가르치고 전달하더라도 더 이상 돌이킬 수 없는 결정인 '자살'의 행렬에 동참하는 기독교인의 숫자가 줄지 않는다. 그렇다고 종교적 진리를 수호하기 위해 하는 순교도 아니고 불특정 다수가 빠진 위험을 구하려고 몸을 던지는 순직도 아니라, 자신의 삶을 스스로 마감하려는 시도가 계속될 때 한국교회는 이에 대해 어떤 답을 내놓을 수 있을까? 왜 한국 기독교인들은 죽음 이후의 삶의 문제로 고민하기보다 이 곳, 현재의 어려움에 아파하는 것일까? 이런 고민을 품고 이야기를 풀어내보자.

자살, 지옥으로 가는 급행열차?

우리는 기독교인이라면 자살의 충동을 신앙으로 극복하리라고 기대되지만 어찌된 일인지 많은 기독교인들이 자살을 시도하고 끝내 자살한다. 이것을 어떻게 해석할 수 있을까? 굳이 이름을 나열하지 않더라도 기독교인이라면 알려진 유명한 연예인들의 자살은 사회문제를 넘어서 교회에 커다란 도전이라고 할 수 있다.

우리가 알다시피 교회의 전통에서는 자살을 신앙인이 저지를 수 있는 가장 심각한 죄로 간주하여 자살자를 묘지에 매장하지 못하도록 하였다. 이러한 결정은 562년 브라가(Braga) 공의회에서였는데, 자살자에 대해 장례예식조차 치르지 못하게 하였다. 뿐만 아니라 자살을 시도했던 사람은 교회의 모든 명예직에서 추방되기도 하였다.

왜 그렇게 자살에 대해 교회는 정죄를 하였을까? 그 물음에 대한 답을 우리는 유대인의 전통과 플라톤 그리고 아리스토텔레스의 자살에 대한 생각에서 실마리를 얻을 수 있을 것이다. 유대의 관습에서는 자살자를 위한 모든 추도사를 금했다. 상복도 입지 않도록 했고, 장지에도 제한을 두어 '의인 옆에 악인이 묻히는 일이 없도록' 묘지의 격리된 구역을 벗어나지 못하게 하였다. 죽음과 애도에 관한 랍비들의 교과서인 세마코트를 보면, "의식적으로 자기 자신을 파멸시키는 자(라-닷)에 대해서는, 어떤 방식으로든지 그 자의 장례식에 관여하지 않는다. 옷을 찢고 어깨를 드러내 애도를 표하지 아니하며 그 자를 위한 송덕문을 읽지 않는다"고 나와 있다. 플라톤은 『파이돈』에서 자살이란 우리의 신체에서 우리 영혼을 스스로 풀어주는 것을 뜻하기 때문에 신의 뜻에 위배되는 잘못이라고 하였다. 또 『법률』편에서는 자살을 매우 수치스러운 것이기 때문에 자살자는 '묘비도 없이 묻혀야만 한다'고 주장하였다. 그에게 있어서 자살 행위 자체는 매우 허약한 개인이 저지른 겁쟁이 짓이었다. 아리스토텔레스는 '자살은 불법적인 것이고 벌을 받아 마땅하다'고 생각하였다. 왜냐하면 자살은 국가에 반하는 행위일 뿐 아니라 비겁한 행위라고 보았기 때문이다.

이런 생각이 가장 잘 반영된 시대는 교부시대라고 할 수 있는데 이 시대부터 기독교에서 자살은 반도덕적이고 살인과 같은 것으로 여겨졌다. 락탄시우스, 아우구스티누스, 토마스 아퀴나스를 거쳐 자살에 대한 기독교의 생각은 가톨릭의 교의에서 '신체에 대한 인간은 단지 사용권을 가질 뿐 하나님께서 지배권을 갖기 때문에 자살은 인간 존재와 하나님의 관계를 무효화시킨다.'고 규정하게 되었다. 이런 생각이 가장 잘 드러난 것이 단테의 『신곡』이다. 그는 '연옥'편에서 자살자에게는 특히 암울한 운명을 부여했다. 영원한 안식을 얻지 못할 저주받은 자살자의 영혼은 일곱 번째 지옥계에 떨어져 피 흘리는 나무로 변하고, 영원한 고통 속에서 하피에게 무자비하게 먹히는 운명을 그려진다.

칼뱅을 비롯한 프로테스탄트들은 자살에 대해 기존 교회의 입장을 따랐다. 단지 변화의 조짐이 보이기 시작하는 것은 '하나님이 자살을 긍휼히 여기고 회개를 허용할 수 있다.'는 가능성을 주장하기도 했기 때문이다. 그렇다고 해서 자살에 대해 완전히 용인하는 태도를 보인다고 할 수 없다. 왜냐하면 한국 기독교는(보수적인) 프로테스탄트나 가톨릭이나 할 것 없이 자살 그 자체는 죄이며, 부당한 행위라고 보고 있기 때문이다.

나는 내 죽음에 대해 선택할 권리가 있다니까?

21세기를 살아가는 한국의 기독교인들에게 '죽음, 이것이 무엇인고?'라고 묻는다면 어떻게 답할까? 인간의 수명이 나날이 늘어간다. 그렇다보니 웰빙(well-Being)에 대한 생각이 웰다잉(well-dying) 대한 생각보다 순위에서 앞서간다. 그렇다보니 '몸'에 대한 담론들이 끊임없이 재생산되고 있는 실정이다.

우리는 사실 죽음이 늘 옆에 있지만, 나의 일상생활에서는 언제나 한 쪽 구석에 있거나 한 발 벗어나 있는 것으로 여기며 살아간다. 이런 생각 뒤편에는 죽음을 두려움, 공포, 고통, 소멸, 슬픔, 이별, 악으로 이해하며 나에게 일어나지 않으면 좋은 것으로 생각하는 것이 자리 잡고 있기 때문일 것이다.

어떤 이들은 죽음을 삶과 대치하는 것으로 보지 않고 삶이 지속되는 공안은 이미 죽음이 함께 한다고 이해하는 이들이 있다. 이들은 죽음을 삶에서 소외시켜서는 안 된다고 여긴다. 이들은 죽음이라는 것이 현실을 도피하는 것이 아니라 부여된 삶을 충실히 살아가야 되는 이유가 된다고 한다.

어쩌면 인간에게는 의미 있는 삶을 살아야 할 의무가 있고 이를 위해 생명을 지키려는 노력도 그 자체로 가치를 지닌다. 20세기에 들어서면서 사람들은 감내하기 어려운 일들을 경험하게 되고, 그것을 어떻게 치유할 것인가에 대한 고민과 해결책을 곰곰이 생각하면서, 지금까지 생각해온 자살에 문제에 대한 다른 각도로 이해하기 시작한다.

우리는 장 아메리(Jean Amery)에게서 그 모습을 발견할 수 있다. 그는 "개인은 자살을 통해 자유와 존엄성 그리고 행복을 느낄 수 있으며, 자살에서 최고 형태의 인간적 자유가 실현된다."라고 했다. 이런 생각 밑바탕에는 자살이란 당사자의 자유의지에 따른 결정이며 따라서 자살을 '자기 죽임'의 의미로서보다는 '자유 죽음'이라는 의미로 사용하는 것이 더 타당하다고 생각할 수 있을 것이다. 달리 말하면 개인에게 각자의 생명을 자기 마음대로 이용하거나 처분할 수 있는 권리가 있다는 생각이라 할 수 있다. 즉, 나의 몸의 주인은 '나'라는 인식이 자리 잡고 있는 것이라 할 수 있겠다. 하지만 장 아메리의 말처럼 자살하는 이들이 과연 그런 의식을 갖고, 또는 그런 이유 때문에 스스로 돌이킬 수 없는 길을 가는 결정을 하는 것일까?

인간의 존엄은 무엇이 지켜주나?

한 해에만 5,000명 이상이 스스로 목숨을 끊는 한국의 현실에서 최근 한국의 유명 배우가 자신의 책을 소개하는 자리에서 한 이야기가 우리에게 '자살'이라는 말에 대해 반성적으로 생각할 기회를 주었다.

> "인간 삶의 메뉴에는 여러 가지가 있지만 자살은 포함돼 있지 않습니다. 자살은 결코 우리가 선택할 수 있는 것이 아닙니다. 인간이 선택할 수 있는 것은 단 하나, 세상을 끝까지 살아내는 것, 더 많은 사람을 사랑하고, 생명을 계속하는 것입니다."

한국 기독교는 한국 기독교인들에게 인간의 존엄을 지켜주었는지, 그리고 얼마나 많은 삶을 스스로 정리하도록 내몰았는지에 대해 준엄하게 반성할 필요가 있다. 그리고 이 땅에 살아가는 사람들의 고통과 어려움을 함께 해야 할 것이다.

삶과 죽음에 대한 이런 저런 책을 읽다가 케이 레드필드 재미슨이라는 사람의 『개인적이고, 사회적이며 생물학적인 자살의 이해』라는 책의 마지막에서 이런 구절을 발견했다. 더글러스 던의 〈각성(Disenchantment)〉라는 시의 마지막 구절, 이 구절로 글을 맺는다.

> "살아 있는 것들을 보아라, 사랑하라, 놓지 마라"

난 정치하는 돈 까밀로, 넌 누구냐

: '폴리스천'에 대한 단상

요즘 한국사회를 보면 이탈리아 중북부 뽀강 유역 시골 마을 비싸를 무대로 삼고 있는 죠반니노 과레스끼의 『돈 까밀로와 빼뽀네』라는 소설이 떠오른다. 이 소설은 정치에 지나치게 관심이 많은 신부 돈 까밀로, 그의 맞수인 좌파 읍장 빼뽀네 그리고 이 둘의 갈등을 십자가에서 내려다보시는 예수님 사이에서 일어난 일들을 풀어내고 있다. 자신의 입장이 관철되지 않으면 폭력도 서슴지 않는 두 사람의 모습에서 안타깝게도 오늘 우리의 모습이 겹쳐진다.

돈 까밀로 보다 더 정치적이고 훨씬 폭력적인 '폴리스천(정치와 기독교인의 합성어로, 정치 목사를 이름)'의 재등장이 반갑지 않다. 왜 그럴까? 거기에는 한국교회와 정치 사이의 불편한 기억들이 한국 사회에 각인되어 있기 때문일 것이다. 그저 흔적으로만 남아있어도 뭔가 찝찝한데 이것들이 아직도 현재형이라는 데 등골이 오싹해진다. 더욱이 정치의 계절이 다가오면서 이런 느낌의 강도가 점점 심해진다.

이제 우리는 전혀 새롭지도 않고 피할 필요는 없지만 현재 한국교회의 상황에서 입에 담기 무척이나 불편한 '정치참여문제'에 대해 이야기를 풀어 헤쳐보자.

우리는 정치와 무관하다.

우리나라 헌법 제20조에 "모든 국민은 종교의 자유를 가진다.", 그리고 "국교(國敎)는 인정되지 아니하며 종교와 정치는 분리된다."라고 되어 있다. 또한 교회도 정교분리(政敎分離)의 정신을 이야기하고 있다. 한국에 개신교를 전한 선교사들은 이런 정교분리원칙을 잘 이해하고 있었다. 그럼에도 불구하고 개항과 더불어 한국에 도래한 선교사들 가운데 일부는 미국 공사관으로부터 정치 문제에 끼어들지 말라고 경고를 들을 정도였다.

한국교회는 선교사들이 주축이 된 1901년 9월 장로교 공의회에서 정교분리를 선언 공포하였다. 특히 선언문의 4항(교회가 교인이 사사로이 나라 일편 당에 참예하는 것을 시킬 것이 아니오. 또 만일 교인이 나라 일에 실수하거나 범죄하거나 그 가운데 당한 일은 교회가 담당할 것이 아니오)은 교회의 정치 참여의 한 방향을 열었다고 할 수 있을 것이다. 이것은 개인의 정치참여를 허용한 것이라고 해석할 수도 있고, 급변하던 당시 조선의 상황에서 선교의 자유를 얻기 위한 안전장치라고 할 수도 있었다. 하여튼 이것은 '하나님의 뜻'보다는 '선교의 자유'를 더 갈망했던 선교사들의 생각이 반영된 것이라고 할 수 있다. 이후 한국교회는 주변의 정치적 상황에 이해관계에 따라 정교분리를 원칙으로 삼기도 하고 폐기하기도 한다.

우리는 정치와 무관하지 않으며, 나는 정치적이다. - 기독교인 정치인(Christian politician)과 폴리스천(polistian)의 등장

해방 이후 한국교회는 정교분리원칙을 이야기하고 있지만 정치에 직·간접적으로 적지 않은 영향력을 행사하고 있다. 이런 상황에서 한국교회가 교회다움을 잃고 정치 권력화를 추구한다면 정치 사회적 혼란과 갈등은 불을 보듯 뻔하다. 최근 대형교회들의 행보는 정치권력을 이용해서 자신의 이해만을 추구하는 것처럼 보인다. 이것은 종교 사이의 갈등을 유발할 뿐 아니라 기독교에도 엄청난 해가 될 것이다.

특히 2000년대에 들어서면서 한국교회의 과도한 정치참여 행보(친미반공 집회 및 시위, 사학법 재개정 운동, 장로 대통령 만들기, 기독교 정당 창당, 기독 공직자의 종교편향 등)는 합법성 여부를 떠나 도덕적 정당성과 사회적 갈등을 야기하고 있다.

하지만 이러한 정치참여 행보를 보이는 이들은 과거 유신독재 시절 정교분리 원칙을 내세우며 교회의 정치 불간섭과 침묵을 정당화했다. 아이러니하게도 최근 보수적 교회들은 자신들의 정치 행동을 정당화하기 위해 정교분리원칙을 무시하거나 부정하기에 이르렀다.

보수적인 교회들은 자신들이 정치운동에 발을 딛게 한 계기로 김대중, 노무현으로 이어진 정권에 대한 좌편향이라는 이념분석과 교회 내부적으로 양적 성장의 한계 및 대사회적 영향력 감소에 대한 위기감을 이야기 한다. 특히 한기총을 중심으로 전개되어 온 최근 한국교회의 정치형태는 각종 선거의 개입과 이념적 입법 활동 그리고 기독교 정당의 창당을 통한 정치세력화이다. 현재 한국 사회의 이슈가 되는 것은 기독교 정당의 창당이다. 이것은 한국교회가 과연 정교분리를 이야기 할 수 있는가라는 물음을 던지게 된다.

물론 기독교인 개인의 정치참여는 당연한 시민적 권리에 속한다. 그리고 적극적으로 현실정치에 투신하는 '기독교인 정치인'[1]이 있는

---

1 자신의 종교 정체성을 기독교라 밝힌 정치인.

것도 그리 문제가 되지 않을 것이다. 하지만 우리는 이것에 쓰라린 과거가 있다. 그것은 우남 이승만의 기독교 신앙과 기독교국가건설론이다. 제1공화국의 몰락과 더불어 한국 사회에서 교회는 정치와의 관계를 재정립하게 되었다. 보수적 교단은 정교분리원칙을 따르며 정치적 사안에 대해 침묵으로 일관하게 되었고, 진보적 교단은 정치적 상황에 대해 적극적으로 대처하기 시작했다. 그리고 정치적 상황에 따라 정권과 긴밀한 관계를 유지하기도 하였다. 하지만 어느 신학자가 지적한 것처럼 교회의 집단적 정치 참여는 교회는 물론 국가에도 부정적인 영향을 끼친다. 특히 교회의 잘못된 정치 참여는 '신앙을 정치화'한다. 힘의 논리가 사랑의 논리를 대신하며 신앙이 특정 이데올로기를 신학적으로 정당화함으로써 교회가 권력의 시녀로 전락할 수 있다.

최근 한국사회에는 폴리페서(polifessor) - 정치(politics)와 교수(professor)의 합성어로 주로 국회의원과 교수직을 겸임하는 정치인을 일컬음 - 라는 신조어와 더불어 폴리스천(polistian) - 정치(politics)와 기독교인(christian)의 합성어로, 정치목사를 이름 - 라는 신조어가 등장하였다. 특히 폴리스천이라는 말은 선거의 계절풍이 풀어오면 어김없이 정당을 창당하고 각종 선거에 개입하고 하는 정치목사를 겨냥해서 만들어졌다. 특히 이들은 정치를 종교화하는 일에 앞장선다. 폴리스천들은 조찬기도회나 청와대 만찬 참석 그리고 강단에서 특정 정당과 정치인을 선정한다. 이러한 정치의 종교화는 정치인들에게 자신의 통치행위가 마치 신의 재가를 받거나 한 행위인양 절대 권력인양 여기게 한다.

한국 교회의 잘못된 정치적 관심은 특정 정치경제 이데올로기를 신학적으로 정당화하는 잘못까지 범하고 있다. 신앙에 기초하여 이데올로기를 비판하기 보다는 특정 이데올로기를 무비판적으로 수용, 정당화하는 잘못을 범하고 있다고 할 수 있다.

한국 교회는 다양한 방식으로 정치와 관계를 설정하고 이어오고 있다. 그리고 교회가 정치에 직간접적으로 참여하고 있다. 우리는 교회의 정치참여 동기에 대해 비판적으로 검토해야 할 것이며 그 참여 방법에 대해 고민할 필요가 있다. 굳이 교회는 직접 정당을 창당하기 보다는 직업적인 기독교 정치가를 양성하고 그들에 의해 기독교적 가치가 정치현실에서 실현될 수 있도록 간접적으로 접근할 필요가 있다. 또한 정치에 대한 비판적 태도를 잃지 말아야 할 것이다. 그렇지 않는다면 제1공화국, 문민정부, 그리고 장로대통령이 받았던 교회의 쓰라린 아픔을 또 다시 맛볼 수밖에 없을 것이다.

정치에 관심이 많았지만 따뜻한 마음을 가진 돈 까밀로, 그리고 생활인이며 정치를 하는 좌파 읍장 빼뽀네, 그리고 그 둘의 갈등을 내려다보시는 예수님을 다시 생각해보면서 글을 맺는다.

예수 믿고 복 받으세요!

: 함께 더불어 사는 행복

지하철 내에서의 풍경-예수 믿고 복 받으세요!

한국 사회는 공공시설에서 종교 전파행위에 대해 비교적 관대하다. 특히 수도권 대중 교통수단 가운데 뼈대를 이루고 있는 전철 또는 지하철역이나 차내에서의 선교에 대해 제재를 가하고 있지만 아직까지는 활발하게 이뤄지고 있다. 어떤 이들은 자신이 소속된 교회의 소식지를 단순히 나눠주고 가기도 하고, 어떤 이들은 큰 소리로 외치고, 어떤 이들은 예배를 드리기도 한다. 지치고 삶의 무게에 쪄들어 있는 이들에게 또 다른 무거운 짐처럼 다가오기도 한다.

그런데 이들은 예수 그리스도를 전하기도 하지만 자신들의 교회 선전에 심취되어 있기도 하다. 그러다보니 기독교의 진수인 예수 그리스도를 전하기보다는 복 받는 수단으로서 예수를 소개한다. 이들을 보면서 혹시 그들이 다니는 교회에서도 그렇게 하고 있는 것은 아닌지 또는 나도 이렇게 예수에 대해 이야기하고 있지는 않을까라는 물음을 품어 본다.

한국사회에서 행복, 혹은 복은 뭘까?

1990년대 후반부터 한국사회는 '웰빙' 신드롬에 푹 빠져있다. 왜 이런 현상이 벌어졌을까? 그것은 어쩌면 눈을 뜨면 쉴 틈 없이 전해지는 '웰빙' 또는 '행복담론' 때문은 아닐까? 그래서인지 몰라도 우리는 행복을 잘 알고 있다고 착각한다.

누구나 행복하기를 바란다. 그리고 또한 복 받기를 원한다. 그리고 남들 보기에 삶의 방식과 수준이 웰빙이라는 수식어가 함께 해주어야 만족하게 여긴다. 그러다보니 우리는 행복이라는 말과 복이라는 말, 그리고 웰빙이라는 말을 마구잡이로 사용하기도 한다.

전통사회에서는 '행복'이라는 단어가 사용되기 보다는 '행', '복'이라는 말이 따로 사용되었다고 한다. 이 말이 하나의 단어로 불리기 시작한 것은 아마도 일본 메이지 유신 이후라고 알려져 있다.

그렇다면 우리가 알고 있는 행복은 무엇일까? 아니 그보다 '복(福)'이라는 말은 어떻게 이해할 수 있을까? 복이라는 말은 흔히 오복(五福: 壽, 富, 康寧, 攸好德, 考終命)이라는 말로 이해되기도 한다. 하지만 우리나라에서는 이것을 그대로 사용하기도 하지만 오복 가운데 유호덕 대신 귀(貴)를 넣고, 고종명 대신에 다남(多男)을 넣기도 했다.

한국인들은 이러한 복을 받기위해 치성을 드리기도 하고, 사찰에 찾아가 무릎을 조아리기도 한다. 또한 교회에서 축복의 말을 듣고 싶어 하며, 복을 얻기 위해 기도한다. 이러한 모습을 '한국인의 기복'이라고 한다. 왜 이런 모습을 보이는 것일 것? 복은 학문적 대상이기보다는 매일 매일의 삶의 소망이기 때문일 것이다.

한국인들에게 전통적으로 이어져 내려오는 복에 대한 생각 또는 태도는 '돈이 많고 높은 벼슬을 하고 자식을 많이 두고 오래오래 사는 것'이라고 할 수 있을 것이다. 또한 한국인들은 예나 지금이나 자기 자신과 자기 가족과 가까운 친지들의 복을 빌며 살아왔고, 살고 있다.

이것은 우리에게 행복관 또는 복에 대한 뿌리 깊은 태도를 나타내주는 것이다.

우리가 말하는 복 그리고 기대하는 복

한국인은 복을 빌며 살아간다. 이러한 기복사상은 한국문화의 밑바탕을 이루고 있는 무속 신앙과 서로 원인과 결과로 드러난다. 뿐만 아니라 외래의 고등 종교와 습합해서 모든 종교를 기복종교로 탈바꿈시킨다. 한국인들은 무속에 기대거나 불교의 교리를 신봉하거나 기독교인이 되어서도 비는 '복'은 남의 복이 아니라 나의 복이다.

한국인의 이러한 복에 대한 생각에는 현실주의, 현세주의, 자아중심주의 등이 담겨져 있으며, 이를 달리 부정적으로 표현한다면 '나'를 넘어서는 '남'과의 세계, 타자(他者)의 세계가 열리지 않는다는 것으로 또 현실적·현세적인 것을 넘어서는 다른 차원의 세계, 초월의 세계가 열리지 않는다고 할 수 있다. 타자의 부재, 초월의 부재가 있는 사회라 할 수 있다. 이러한 특징은 기독교에도 그대로 반영될 수 있다.

최근 많이 축소되고 있기는 하지만 '부흥회'라 일컬어지는 집회가 신앙의 각성보다는 '복을 주고 복 받는 단순한 기복의 자리'로 전락했다는 비판을 여기서 듣는 것 또한 현실이다. 하나님을 믿으면 '복 받는다', '성공한다' 하는 믿음은 한국인들의 전통 기복 신앙과 별다르지 않은 것이다. 또한 하나님을 믿고 예수를 따르는 믿음으로써 얻을 수 있다고 기대하는 복이 물질적인 복이고 그 성공이 세속적 성공이라면 그것이 기독교의 복일까?

우리가 알다시피 누구나 행복을 추구한다. 그렇다면 그 행복이란 무엇일까? 행복이라는 말을 그리스어로 표현하면 'eudaimonia'라고 한다. 이 말은 eu-well, daimonia-divine living이라고 분석할 수 있다고 한다. 이것이 우리에게 시사해주는 바가 크다. 행복 또는 복된 삶이라는 것은 우리의 영혼이 잘되는 것이고, 궁극적으로 하나님을 알고 그와 동행하는 삶일 것이다.

행복 – 나를 넘어서 함께 잘사는 것

행복을 잘사는 것이라고 해석할 수 있다면 우리는 모두가 잘 사는 사회를 꿈꾸는 일에 게으르지 않아야 할 것이다. 한국 사회에서 잘 산다는 것이 단순히 전쟁 후 절대빈곤에서 벗어난 것만을 뜻해서는 안 된다. 그저 눈앞에 먹을거리가 있어서 허기를 채울 수 있음이 그리고 비와 한기를 피할 수 있는 상태의 유지를 잘 산다고 한다면 이것은 잘 사는 것, 행복한 사회가 아닐 것이다.

우리는 지난 시대 가난을 겪어냈고 그 결과로 물질적 풍요로움이라는 거품 속에 살아가고 있다. 그러다 보니 한국인들은 자신들이 살아가면서 함께 할 이웃에 대해 잊고 산다. 교회도 예외가 아니어서 이웃, 타자에 대해 전도의 대상(내가 축복받을 수 있는 통로)으로 이해할 뿐 함께 더불어 살아야 하는 존재로 이해하기 어렵다. 이런 상황에서 한국인의 기복사상은 한국 교회 내에서도 상당한 영향을 미쳐 개 교회, 개인의 양적 성장만을 축복이라고 가르치고 전하게 하고 있는 현상이 나타난다.

우리는 '네 이웃을 네 몸과 같이 사랑하라'는 그리스도 예수의 명령에 주목하고 나를 넘어서 함께 잘 사는 사회, 세상을 만드는 데 힘을 다하여야 할 것이다. 그때에야 말로 예수 그리스도의 고난의 이유가 세상 어느 곳이든 널리 전파될 수 있을 것이다.

난 하면 뭐든 세계 제일이라니까!

: 임신중절과 인구정책에 대한 씁쓸한 추억

한국인은 언제부터인지 세계최고, 세계제일, 세계최초라는 수식어 없는 사회를 상상하기가 어려워졌다. 그리고 이 말이 없으면 왠지 어색할 뿐 아니라 섭섭하다고 여기는 것 같다. 이 말이 사용되지 않았으면 하는 분야에 있어서도 어김없이 등장한다. 특히 생명과 관련된 이야기에서 등장할 때 등골이 오싹해진다. 왜냐하면 OECD국가 가운데 이미 자살률은 최고를 기록하고 있기 때문이고 임신중절 또한 세계최고라는 통계가 있기 때문일 것이다. 하지만 이 문제들에 대해 고민하는 소리는 귀를 쫑긋 세워도 듣기 쉽지 않다.

이런 사회적 분위기에서 MB정부가 들어서자 기독교관련단체들은 노령화사회 문제에 대한 대안으로 임신에 대한 경박한 태도[출산장려운동, 자녀 많이 낳기 운동 및 결의 대회 등]를 보이고 있고 일련의 움직임을 내놓고 있다. 이런 것들은 '보시기에 좋지 않았더라.'라는 말을 들을 수밖에 없을 것이다.

여기에서는 우리 사회의 저출산 노령화의 문제를 임신중절과 인구정책이라는 말마디로 풀어 보고자 한다.

임신중절, 그게 무슨 문제야!

임신중절의 문제는 인류역사와 함께 시작되었다고 할 수 있을 정도로 오래된 문제이지만 늘 현재형이다. 그래서 많은 이야기들이 쌓여있다. 그렇다보니 그 문제에 대해 늘 긴장이 사라지지 않는다.

한국 사회에서는 이 문제를 지속적으로 다루기보다는 국가의 인구정책이나 청소년 정책의 전환이 필요할 때면 의도적으로 매스 미디어를 통해 다룬다. 그러다보니 중앙정부나 지방자치단체들이 전시성 행정으로 '비혼인(非婚姻)관계'에서 발생하는 '임신중절'의 문제를 다룬다. 그렇다보니 임신중절을 하는 여성은 부도덕한 사람으로 낙인찍고, 사회는 아무런 책임이 없고 다만 개인의 윤리의식의 문제로만 치부해 버리고 있는 것이 우리의 아픔이라고 할 수 있다.

한국교회의 관심은 늘 교회 내에만 있는 것 같이 보인다. 마치 성(聖)과 속(俗)이 물과 기름이라고 선언하는 것처럼 말이다. 하지만 사회적 이슈에 대해 교회의 이름으로 입장을 표명하기보다는 개인의 생각이라는 단서를 달고서 여러 가지 표현수단을 통해 의견을 제시한다. 특히 울트라 초대형 교회의 목회자들이나 교인들은 마치 자신들의 생각이 한국 기독교를 대표하는 양 강단이나 틈나는 대로 설익은 이야기들을 쏟아 붇는다. 정치와 관련된 이슈에 대해서는 특히 선거개입하는 발언을 할 때는 요즘 표현으로 용자(勇者)가 되기를 주저하지 않는다. 그렇지만 다음 세대에 대한 실제적인 고민인 임신과 결혼 그리고 임신중절에 대한 이야기에서는 한 발을 빼고 있는 것 같다. 이것은 마치 이 문제가 개인의 결단의 차원에서 다루어져야 한다고 강변하는 것처럼 보인다.

우리 사회가 고민했던 것은 인구과잉이었다. 그렇기 때문에 불임에 따른 여러 가지 사회문제와 임신중절에 대한 고민은 교회 공동체가 함께 머리를 맞댈 필요가 없다고 생각한 것 같다. 하지만 임신의 문제가 개인의 문제일까? 이런 물음을 던지게 된다.

우리는 지난 일에 대해 반성할 수 없다! 왜냐하면 그것은 국가가 한 일이기 때문이다.

한국 사회는 고출산 때문에 고민해왔다. 그러기 때문에 '임신'의 문제를 인구 억제라는 관점에서 다루었다. 이런 흐름이 어느새 바뀌어서 세계에서 가장 낮은 출산율과 그를 뒷받침을 하듯 세계제일의 임신중절율을 보이고 있다. 그런 배경에는 국가의 강력한 인구정책이 있었다. 지난 세월을 돌이켜보면 가족계획을 강요하는 국가의 정책과 각종 캠페인이 있었던 것을 쉽게 찾을 수 있다. 국가는 한가정의 적정 아이 수를 4명, 3명, 2명, 그리고 1명으로 제시하였다. 이 과정에서 국가는 음성적으로 거의 무제한적으로 임신중절을 허용하였다.

"어제의 용사들이 다시 뭉쳤다", "민방위 교육이 있습니다" 등의 구호를 들으면 정말 정수리가 쭈뼛해진다. 왜냐고 묻는다면, 이 두 시스템은 단순히 국방과 안전과 연관되어있기만 한 것이 아니라 우리나라 인구정책과 밀접한 관계가 있어왔기 때문이다. 대한가족계획협회와 국방부, 행정안전부 등의 국가 기관들은 산아 제한이라는 커다란 명제에 꼼꼼하게 한 몫 거들었다. 예비군 훈련이나 민방위 교육장에서 '피임시술[정관수술]'을 소개하고 시술을 도와주기도 했다. 한국 사회에서 '국가가 한다', '국가의 필요에 의해서'라는 말이 나오면 어느새 모두 무릎을 꿇지 않고 버티기가 무척이나 어렵다.

얼마 전 유튜브에서 우연히 송창식이라는 가수를 검색하다가 '돌돌이와 석순이'라는 노래를 찾아 들었다. 이 노래의 끝자락은 이렇다. "아들 딸 둘만 낳아라. 석순아!" 노래가 끝나자 가수 송창식은 이 노래에 대한 사연을 들려준다. 끝부분은 당시의 인구정책이 산아제한이었기 때문에 그렇게 가사를 불렀다는 것이다. 우리는 임신중절의 문제에서도 그 흔적을 쉽게 찾아볼 수 있다. 임신중절의 문제는 주기적으로 사회적 이슈가 된다. 하지만 국가의 인구정책 앞에 이 문제는 아무런 논쟁을 불러일으키지 못한다.

한국 교회 역시 이런 분위기에 생명의 가치를 높이 들고 나가지 못했다. 그리고 임신에 대한 그리고 결혼의 가치에 대해 이야기하기보다는 임신중절을 가치중립적으로 해석하기에만 급급했다. 그러다 보니 이 행위가 개인의 선택 또는 결정에 의한 행위라는 인식만으로 임신중절한 사람을 죄인 취급하고 죄의식에서 벗어나지 못하도록 하는 또 다른 생명경시의 태도를 드러내는데 주저함이 없었다.

그렇다면 이 문제를 어떤 시각으로 바라봐야 할 것인가? 미국의 기독교윤리학자인 스탠리 하우어워스의 생각을 빌려본다면 "우리는 다음 세대를 정말로 환영하고 있는가?"라는 물음에서 이 문제를 곱씹어 볼 필요가 있다. 또한 우리의 시선은 '비혼인관계'에서 일어나는 '임신'과 '임신중절'의 문제가 아니라 가정을 이루어 살아가면서도 사회, 경제적 이유로 임신중절을 생각하고 실행하고 있다는 데에 더 초점을 맞출 필요가 있다.

교회는 흔히 세상과 다르다고 한다. 하지만 '임신중절'의 문제를 대하는 한국교회의 모습은 그다지 다르지 않다. 왜 그럴까? 그것은 나와 관련이 없으면 전혀 나와 무관한 이슈라고 여기기 때문은 아닐까?

우리는 국가의 정책이 세계제일이 되는 일이라면 묵언수행하듯이 아무런 반성 없이 따라가기만 할 것이 아니라, 기독교인의 정체성을 묻는 물음에 대해서 “아무런 반응 없이 살아가고 있지 않나?”라고 삶의 자리를 뒤돌아보고 삶의 여정을 정정해야 할 것이다.

예수님의 오심을 기다리는 대림절과 오심을 기리고 성가정이 이루어진 것을 기뻐하는 시절에 우리는 ‘원치 않는 아이’, ‘책임지지도 못하는 생명’이라며 우리의 다음 세대를 막아서고 있지는 않은지 심각하게 고민해야 할 것이다.

너는 나를 누구라 하느냐

"우리는 예수께서 베드로에게 묻던 물음을 기억한다. '너희는 나를 누구라 하느냐?' 이 물음은 예수께서 오늘 우리에게 세상이 너희들을 누구라 하느냐는 물음으로 이해해야 할 것이다."

언제부터인지는 몰라도 자기를 소개하는 종교란에 기독교라고 쓰거나 읽거나 할 때 뭔가 불편하다는 사람들이 늘고 있다. 달리 말하면 자신의 종교가 기독교라는 것을 입이나 글로 표현하는데 주저하는 기독교인들이 있고, 그 수가 미미하지만 늘어나고 있다는 것이다. 왜 이런 일들이 벌어진 걸까? 이런 고민을 붙잡고 이번 이야기를 풀어내보자.

한국 사회가 우리를 부리는 소리

한국사회에서 기독교인들은 언제부터인가부터 자신의 종교가 기독교이며, 자신을 기독교인이라고 부르는 것에 익숙해지고 그에 걸맞은 행동을 해야 한다는 긴장의 끈을 놓고 살아가는 것은 아닌가 하는 고민을 드러내기 시작하였다. 이것은 또한 한국 사회에서 기독교가 차지하는 비중이 높아졌다는 것을 반증하는 것이기도 하다. 그렇다보니 한국 사회에서 한국기독교와 기독교인들에게 주문하는 것들이 많아졌다. 때로는 그 주문들이 황당하기도 하고, 때로는 뼈아프기도 하다.

이렇든 저렇든 한국사회의 담론에서 기독교가 완전히 배제되는 경우는 드물게 되었다. 이제는 어느 정도 정리되었지만 기독교인 운동선수들의 세리모니에 대해서조차도 격한 반응들이 올라오기도 했다. 뿐만 아니라 목사의 설교, 교회공동체의 결정사항이 교회 공간이 아닌 일반사회의 비기독교인들에게도 실시간으로 중계되고 평가받는 일이 다반사가 되었다. 우리는 이렇게 교회의 공간과 교회 밖이라는 경계가 모호해지고 있는 현실을 바라보게 된다.

한국 사회는 우리 기독교인들과 우리의 종교에 대해 자신들의 언어로 부르기를 주저하지 않는다. 사실 기독교인이라는 말의 유래도 초대 교회 시대의 기독교인에 대한 평가와 관련이 있으니 21세기 한국 기독교와 기독교인들은 자신과 더불어 사는 사람들의 평가에 무신경할 수는 없는 일이다. 한국 사회는 기독교인과 기독교에 대해 자신들의 잣대로 평가하는 데에 전혀 주저함과 두려움이 없다. 왜 그렇게 되었을까? 우리는 이 문제에 대해 깊이 고민해야 한다.

한국 사회가 교회에 대해 자신의 잣대를 들이댈 수 있도록 한 원인은 무엇일까? 혹시 한국인들을 문 밖에 서성이게 한 것은 아닐까? 하는 이런 저런 생각이 든다. 아마도 베이비 붐 세대나 1960년대, 1970년대에 태어난 세대들에게 기독교는 어느 정도 익숙한 종교가 아닐까? 한국의 종교들 가운데 가장 높은 비중을 차지하고 있는 종교는 불교이다. 하지만 불교에 대한 체험은 기독교에 대한 체험보다 높지 않다. 한국인들은 기독교에 대한 인식을 교회생활에서 뿐만 아니라 각종 학교, 군대, 직장 등을 통해 얻게 된다. 그렇다보니 종교에 대한 잣대는 기독교와 익숙한 것은 아닐까? 이것은 기독교에 대해 긍정적 평가를 하는 데 도움을 주기보다 부정적 태도를 일관하게 하는 요소가 되기도 한다. 달리 말하자면 한국인들에게 있어서 기독교에 대한 평가는 '생활 속에서 만나는 기독교', '내가 만난 기독교인'과 연관이 깊다. 이런 경험이 사람들로 하여금 기독교에 대해 거리낌 없이 말하게 하는 것 같다.

너는 나를 누구라 하느냐?

우리는 예수께서 베드로에게 묻던 물음을 기억한다. 너희는 나를 누구라 하느냐?[마가 8:27~38] 이 물음은 예수께서 오늘 우리에게 세상이 너희들을 누구라 하느냐는 물음으로 이해해야 할 것이다.

우리는 우리들을 스스로 '그리스도인', '기독교인', '기독인', '성도', '크리스천', '신도', '교인'이라고 이름지어 부르고 서로 부른다. 또한 공동체안의 역할에 따라 목사, 장로, [안수]집사, 권사, 집사, 평신도라고 지칭하기도 한다. 그리고 신급에 따라 세례교인, 입교인, 학습교인, 교인 등으로 부른다.

이제 이것은 단순히 교회 공동체 안에서만 일컬어지는 것이 아니라 교회 밖 세상 속에서도 사용된다. 그렇다보니 한국의 기독교인들은 자연인 누구라는 것이 성립하기 어렵다. 이런 현실 속에서 삶의 터전에서 기독교인인 나는 누구인가라는 물음에 스스로 고민하고 답을 내야한다. 왜냐하면 자연인 누구에 대한 평가와 함께 기독교인 누구, 교회 역할에 따른 직분을 가진 사람에 대한 것이 뒤따르기 때문이다. 이것은 우리가 살고 있는 사회는 개개인의 성품에 대한 평가를 중요시한다는 것을 보여준다고 할 수 있다.

이제 한국의 기독교인들은 자신들의 발걸음을 잠시 멈추고 소크라테스가 한 말처럼 '나 자신이 누구인가?'를 묻고, 바로 여기라는 삶의 자리에서 예수께서 '너희는 나를 누구라 하느냐'라고 묻는 물음에 답해야 할 것이다.

나는 기독교인이다!

우리 사회에서는 반기독교주의를 드러낼 때 '개독'이니 '먹사'니 하는 말들을 흔히 사용한다. 인터넷 백과사전인 위키백과 한글판에서는 1992년경 인터넷 PC통신 채팅의 안티기독교 대화방에서 처음 등장하여 인터넷 보급과 안티기독교 확산과 함께 사용되기 시작했다고 설명한다. 이 단어들이 등장했을 때 한쪽에서는 환호를 받고, 또 다른 한쪽에서는 변호하고 비판하였다. 하지만 현재는 안티기독교 성향의 네티즌뿐만 아니라 안티기독교의 성향을 띤 사람들이나 단체에서 주저없이 사용하고 있다. 특히 '개독'이라는 표현은 우리나라에서만 사용되는 특수한 용어라 할 수 있다. 여기에는 일부 기독교인들의 사회적 일탈행위와 다른 종교에 대한 지나치고 과도한 배척에 대한 평가가 담겨있다. 이런 평가에 대해 지나치게 수동적 대처나 과도하게 대응할 필요는 없다.

하지만 이런 용어가 자리 잡게 된 것에 대해 한국교회는 반성적으로 접근할 필요가 있다. 특히 국가주의가 모든 가치보다 우선하는 한국사회에서 한국교회는 자신의 정체성에 대한 근본적인 물음을 던질 필요가 있고, 그 답을 '나는 기독교인이다!'라는 선언에서 찾을 수 있을 것이다. 한국의 기독교인들은 어떠한 자리, 어떠한 상황에서도 '나는 기독교인이다!'라고 주저함 없이 드러낼 수 있을 때, 한국의 기독교인들은 한국 사회에서도 그에 걸맞은 이름으로 불려질 수 있을 것이다.

세상이 너희를 누구라 하느냐? 예수께서 오늘 우리에게 물으신다.

난 괜찮은데 자식들이 걱정이야

"섭리는 새것이 낡은 것으로 변하고 낡은 것은 새것을 위해 자리를 비워야 하는데 있다. 우리는 이것에 대한 이해가 절실하다."

"노후, 우린 걱정 없어! 자식들이 많으니까?" 이런 말을 들어본 적이 있나요?

이것은 아마도 IMF체제 이전 나름 부유할 때 어르신들 사이에서 잠시 회자되던 이야기입니다. IMF체제 이후 우리는 모든 가치를 잃고 살아갑니다. 하루하루 지내는 것이 정말 너무나 힘이 듭니다. 그러다 보니 "정말 걱정이야! 자식이 있으면 뭐해, 제네나 우리나 수입이 없어 힘들어!" 이런 말이 이구동성으로 쏟아져 나옵니다. 그런데도 아직까지 우리의 어르신들은 이렇게 말합니다. "난, 괜찮은데 자식들이 걱정이야!" 이런 이야기는 그저 한 개인, 한 가정에 국한된 이야기가 아닙니다.

우리의 어르신들은 무엇을 걱정하고 있는 것일까요? 이 걱정이 무엇일까? 여기서 이야기를 시작하지요.

익숙한 젊음보다는 낯선 늙음이 다가오다!

21세기 우리는 일찍이 경험하지 못했던 일들을 만나고 있다. 성장을 이야기하고 있지만 정작 고용은 없고, 천문학적 흑자를 기록하고 있다고 하지만 기업은 문을 닫는 일이 빈번하고, 직업의 종류는 늘어났지만 안정적 수입은 줄어드는 등등 우리는 하루하루를 불안하게 지낸다. 또한 산아제한을 고민하던 사회가 이제는 저출산의 그늘에서 벗어나지 못하고 있고, 52.4세였던 평균수명이 78.8세를 넘어가는 고령화 사회가 되어간다. 어떤 통계를 보면 2030년에는 65세 이상 노령인구가 인구의 전체 38.2%가 된다고 한다. 그럼에도 불구하고 삶의 사이클에서 노년기는 점점 늘어 가는데, 막상 노년기가 되면 무엇을 해야 할지 몰라 망설이게 된다.

어느 사회이든 젊고 건강한 육체는 우상화되는 반면에 늙고 쇠잔한 육체는 부정되고 있다. 자연의 섭리는 새것이 낡은 것으로 변하고 낡은 것은 새것을 위해 자리를 비워야 하는데 있다. 우리는 이것에 대한 이해가 절실하다. 세상에는 젊음과 늙음, 새것과 낡은 것이 공존한다. 젊은이들에 의해 노인이 뒷방 신세로 전락하거나 노인들에 의해 젊은이들이 자라지 못하는 사회는 바람직하지 않다.

누가 환영 받는 사회인가?

우리 사회에서 환영 받는 사람들은 누구인가? 이런 물음은 특히 세대간의 갈등이 이미 시작된 사회에서 이 물음은 절실하다. 왜냐하면 다음 세대에 대한 배려와 이전 세대에 대한 존중이 사라진 사회가 되었기 때문이다.

그렇다면 왜 이런 갈등이 조장되는 것일까? 이것에 대해서는 많은 이야기가 있다. 그 이야기 가운데 하나는 앞으로 살아가야 하는 세상에 이전 시대의 가치관이 더 이상 영향을 미치는 것은 부당하다고 생각하는 젊은이들과, 삶의 경험이 앞선 이들은 자신의 경험을 최고라고 여기기 때문일 것이다. 그러다보니 공존이라는 어휘가 낯선 사회가 되었다.

특히 신자유주의가 득세한 후에 우리사회는 젊은이들은 일터에 대한 두려움으로, 40세 이후 장년들은 조기 퇴직과 늘어난 수명에 대한 불안, 그리고 산업화 세대는 자신들의 노고에 대한 보상 요구가 맞물려 갈등이 첨예하다. 이런 사회에서 누가 환영받을 수 있을까?

난, 괜찮은데 자식들이 걱정이야!

많은 스펙이 없어도 가족을 부양할 수 있었던 세대들이 물러가고 이제 다재다능하고 스펙은 물론 인성까지도 좋아야 취직하는 세상이 되어간다. 결국 있는 사람은 교육을 잘 받아 부를 물려주고, 없는 사람은 교육 못 받고 열악한 일자리에서 허덕이는 악순환이 반복된다. 이런 세상에서도 우리의 부모들은 "난, 괜찮은데 자식들이 걱정이야!"라며 살아간다.

이런 현상은 한국교회라고 해서 예외가 아니다. 한국 교회가 급속히 노령화, 고령화되고 있다. 주일 예배 참석하는 사람들의 연령대를 보게 되면 이것이 단순히 염려나 엄살이 아니라는 것을 알 수 있다. 이런 현상은 몇 몇 교회를 제외하면 익숙한 상황이다.

교회에서도 "난, 괜찮은데 자식들이 걱정이야!"라는 말을 심심치 않게 듣는다. 이것은 다음 세대가 이전 세대의 교회 또는 기독교 담론을 완전히 떠나고 있다는 경고이다. 이를 가볍게 듣거나 우리 교회와는 상관없는 이야기라 여겨서는 안 된다. 우리는 신명기 4장 9절에 나타난 모세의 절규를 마음에 다시 새겨야 할 것이다.

태초에 '당신', 당신의 말, '말씀'이 있었다네!

: 말은 그 흔적을 남긴다

한국의 TV를 비롯한 영상매체는 조선시대 여인네들의 삶을 자주 다룬다. 특히 궁정 여인들의 이야기를 참 좋아하는 것 같다. 그 가운데 숙종이라는 임금과 그를 둘러싼 여인들의 이야기는 꽤나 인기가 있다. 희한하게도 정권이 바뀌면 영화와 드라마로 그 시대를 불러낸다. 그 불러낸 이름은 '장희빈', '요화 장희빈', '희빈 장씨', '여인열전 - 장희빈', '조선왕조 500년 - 인현왕후', '장옥정, 사랑에 살다', '동이' 등으로 되살아난다. 하지만 숙종과 그의 여인들의 이야기는 시대에 따라 다른 해석으로 당시의 정치지도자를 표현함으로서 이전의 같은 소재를 다룬 이야기들과 다른 스토리를 만들어 내고는 한다. 이미 지나갔고 수없는 평가들이 나왔지만 우리는 왜 이 시대와 그 시대를 살아간 이들에게 마음을 빼앗기는 것일까? 그것은 아마도 그 시대를 표현하는 '말'들 때문이 아닐까? 그렇다면 우리는 이 '말'을 어떻게 자리매김을 할 수 있을지?

당신은 누구신가요?

우리가 흔히 쓰는 말 가운데 '당신'이라는 말이 새삼 주목받고 있는 모양이다. 이 말은 종종 내게는 조금은 찜찜한 기억으로 자리하고 있다. 언제인가 보수적인 교회에서 대표기도 하다가 하나님과 예수님을 당신이라고 했다. 예배가 끝나자 나이가 지긋한 장로 한 분이 잠깐 보자고 하더니 어떻게 하나님과 예수님이 당신이냐고 따지면서, 신앙의 색깔이 불순한 것이 아니냐고 몰아세웠다. 뭐라 답하기도 답하지 않기도 못했던 그런 씁쓸한 기억이 떠오른다.

그렇다면 국립국어원 표준국어대사전에서는 '당신'을 어떻게 표현하고 있을까? 사전은 이렇게 정의하고 있다.

> '당신 當身 - 대명사 ①듣는 이를 가리키는 이인칭 대명사, 하오할 자리에 쓴다. ②부부사이에서, 상대편을 높여 이르는 이인칭 대명사. ③맞서 싸울 때 상대편을 낮잡아 이르는 이인칭 대명사. ④자기를 아주 높여 이르는 말.

이렇게 보면 나의 대표기도에서 예수를 당신이라고 표현한 것은 그리 틀리지 않은 표현인 것 같다. 대표기도문과 일상 언어에서 사용되는 당신, 그분, 주님, 예수는 서로 다른 사람을 이야기하고 있는 것일까?

때때로 성서를 읽다보면 예수께서 우리에게 '당신이 누구시더라?' 하고 묻는 것 같고, '아하! 당신이 그 사람이군요'라고 이야기하고 있는 것 같이 여겨질 때가 있다. 하지만 현재 우리말 성서(개역개정판)에서 만날 수 있는 예수는 가까이 하기엔 너무 먼 당신처럼 보인다.

예수께서 하셨던 많은 말씀선포나 제자들이나 숫한 사람들과의 만남에서 행한 대화를 들여다보면 마치 나와는 무슨 일이든 상관없는 유체이탈화법처럼 처리하고 있는 것 같다. 이런 현상은 교회생활 또는 신앙의 연조가 길고, 성서와 시간을 많이 보낸 사람들이 사용하고 있는 언어에서 나타나기도 하고, 매주일 교회와 강단에서 전해지는 설교에서 발견할 수도 있다. 그러다보니 교회에서 사용하는 말, 기독교인들이 하는 말은 아주 특수한 집단에서만 통용되는 말처럼 그 쓰임이 제한을 받는 것 같다. 이제 우리가 교회에서 사용하고 있는 말들, 그리고 세상과 소통하기 위해 사용하는 말들에 대해 살펴볼 필요가 있다.

당신의 말과 당신의 말씀 사이

우리는 말과 글 그리고 몸짓으로 서로 만나기도 하고 소통한다. 여기서 주목하고자 하는 것은 '말'이다. 표준국어대사전에서는 말을 ①**사람의 생각이나 느낌 따위를 전달하는 데 쓰는 음성 기호, 곧 사람의 생각이나 느낌 따위를 목구멍을 통하여 조직적으로 나타내는 소리를 가리킨다.** ②**음성 기호로 생각이나 느낌을 표현하고 전달하는 행위, 또는 그런 결과물**이라고 한다.

IT의 발달과 기록의 개인화, 파편화는 의식적인 말이나 그냥 사적인 말을 쉽게 글로 바꾸어지기도 하고, 그 말들이 음성파일이나 문자파일로 만들어 저장하기도 한다. 그래서 자신도 모르게, 눈치 챌 시간도 없이, 원하지 않게 그 말들이 담겨지고, 전해지고, 세상의 어느 곳에는 남겨진다. 이것은 우리가 때로는 말로, 말씀으로 전파되기도 한다.

그렇게 때문에 기독교사회, 교회에서 쓰고 있는 말, 말씀은 공동체 안에 가두어지지도 않고 말한 사람들의 의도는 무시된 채 해석되고 퍼져나간다. 그 말들은 시대에 따라 그리고 그것을 접하는 사람들의 공동체에 따라 해석이 달라지고, 평가가 난무하고 있다. 우리는 예수께서 이 땅에 오셔서 하셨던 많은 일들은 말과 관계가 있고, 예수께서

계획하고 목적한 일들을 실천하기 위한 말이자 말씀이라는 것을 기억할 필요가 있다. 또한 예수께서 하신 일들은 우리가 알아들을 수 있고 우리가 속해있는 사회의 말들로 이야기되고, 전해진다. 정권이 바뀔 때마다 다시 들여다보고, 반복해서 들려주며 우리의 시선과 관심을 집중시키는 역사 드라마와는 비교할 수도 없는 귀중한 가치를 지닌 예수의 이야기 그리고 그가 전한 말씀이 끊임없이 이어지게 할 수 있는 것에 대해 한국교회와 기독교계는 고민해야한다.

말은 그 흔적을 남긴다.

"우리가 나눈 그리고 우리가 소리 내고 싶어 하는 말은 그 흔적을 남긴다!" 달리 말하면 우리는 '때와 때 사이, 곳과 곳 사이, 사람과 사람 사이에서 우리는 '말'이라는 흔적을 남기며 살아가는 존재'라는 것이다.

2013년 여름 한국사회에서 새삼 조선시대의 사관들과 왕들 사이의 신경전이 주목받는다. 왜 그럴까? 임금의 일거수일투족을 그림자처럼 따라다니며 적어놓았던 사관들의 기록들 그리고 그 기록을 읽어보고 싶어 했던 왕의 궁금함은 조선사회에 '무오사화'라는 흔적을 남겼다. 이 여름 또 한 번 권력자들의 궁금함의 표출이 우리사회에 어떤 흔적을 남길까? 이런 물음을 던지게 한다.

돌아가고 싶지만 돌아갈 수 없는 그 곳, 한국 베이비부머들의 교회

: 눈 앞에 보이는 탕자를 품어주는 교회

"나, 돌아갈래!" 이 외침은 우리에게 익숙하다. 〈박하사탕〉이란 영화 때문에 더 그런지도 모르겠다. 한국 기독교, 한국 교회들은 교회성장이 저하되고 있고, 조금 있으면 위축될 것이라는 전망에 힘없이 무릎을 꿇는다. 또 교회 예배에 참석하면 빈자리가 하나 둘 늘어나는 것을 외면할 수 없다. 이제는 전도가 되지 않는다고 한다. 그리고 반기독교적 정서 때문에 기독교의 담론을 사람들 사이에 꺼내놓기가 두렵다고 한다. 왜 그럴까? 혹시 우리의 귀는 많은 한국의 장년층이 외치는 "나, 돌아갈래!"라는 외침을 외면해서는 아닐까?

등산 좋아하세요!

주말 휴일을 막론하고 한국인들의 새로운 종교는 '등산'이 아닌가 싶을 정도로 근교의 산에 오르고 내리는 사람의 수는 헤아릴 수 없을 정도로 많다. 그리고 산을 찾는 것 또한 대를 가리지 않는다. 왜 사람들은 산에 오를까? 산과 등산이 주는 유익은 참으로 많다. 그리고 한번 그 매력에 빠지면 연애하듯 모든 것을 산행에 자신의 관심을 기울인다. 특히 베이비부머들은 한국교회가 부흥할 때 교회에 드나들 듯이 산행을 한다. 그들에게 '산' 그리고 '등산'의 의미는 무엇일까?

한국교회지도자들은 이런 모습을 보면서 안타까워한다. 그렇다고 베이비부머들에게 '수고한 당신, 이제 휴식이 필요하니 건강을 위해 등산이라도 하세요!'라고만 할 수 없다. 그들의 필요를 알아야 한다. 그들은 젊은 시절 안도현의 『연어』라는 동화에 감동하였고, 강산에의 "거꾸로 강을 거슬러 올라가는 저 힘찬 연어들처럼"이라는 노래에 열광했다. 교회는 그들이 포기할 수 없는 그 무엇에 관심이 없는 것은 아닐까?

연어 vs 탕자

한국기독교인들에게 회귀본능은 무엇일까? 아니 한국의 베이비부머들이 돌아가고자 하는 곳은 어딜까? 한국사회는 승자독식을 미덕으로 삼고 있다. 그러다보니 경쟁을 통한 성장과 낙오가 수없이 반복되다보니 자신이 어디에 와있는지도 모를 정도로 멀리 나아가 버린다. 그리고 더 이상 자랄 수 없다는 것을 모른 채 성장하고자 몸부림친다. 어느 새 익숙하다고 생각한 그 자리에서 우리는 내몰리게 된다. 그리고 그 자리에는 다른 사람들이 와 있다. 돌아가고 싶어도 그 자리는 나에게 오지 않는다. 익숙하던 곳을 떠나게 되니 어디로 돌아가야 할지도 모른다.

이들에게 한국교회는 무엇으로 남아있을까? 많은 이들의 어린 시절의 추억이 남아있고, 젊음을 불사를 수 있는 경험을 할 수 있게 해 준 곳이 아니었을까? 모천을 찾는 수많은 연어와 같은 이들에게 한국교회는 이미 너무 변해버린 모천은 아닐까? 어쩌면 한국교회는 이들에게 모천이 아니었는지도 모른다. 거꾸로 강을 거슬러 올라가는 연어처럼 자신의 삶의 자리에서 돌이켜 하나님을 향해 발걸음을 옮겨도 그 곳에서 자신의 다음세대에 대한 꿈을 그릴 수 없는 곳은 아닌지!

한국의 기독교인들에게 익숙한 서양화가가 있다면 램브란트도 그 가운데 한 사람일 것이다. 그의 많은 작품들이 있지만 우리가 집에 걸어두던지 요즘 흔한 스마트폰 대문사진으로 넣고 싶어하는 것은 〈돌아온 탕자〉라는 그림이다. 가톨릭을 믿던 프로테스탄트를 믿던 지난 세기 우리에게 영성을 전해 준 헨리 나우엔은 이 그림을 보고 감동받아 『탕자의 귀환』이라는 책을 내놓았다. 그의 감동은 글로 전해져서 많은 이들에게도 전해졌다. 그래서 사람들은 "고요한 침묵 속에서 말할 수 없는 사랑의 숨결"을 느낀다고 한다. 이럴 때는 누가 아버지이고 누가 탕자인지 감정이입이 자신의 처지에 다라 달라진다.

하지만 나는 이 그림을 볼 때마다 뭔가 뒷골을 잡는 것 같은 표정을 발견하게 된다. 그것은 다름 아닌 아버지 옆에 서 있는 형과 뒤에서 있는 종의 모습이다. 특히 형의 모습은 사뭇 인상적이다. 나는 이 모습에서 현재의 한국교회가 모천을 찾아오는 연어와 같은 베이비부머를 대하는 자세를 발견한다. 전혀 반갑지도 않고 환영하기도 싫은 그가 왜 나의 삶에 끼어드는 것일까라는 태도, 그것을 발견하게 된다. 달리 말해 한국 교회나 구성원들은 성경속의 탕자, 비유속의 탕자, 철저히 타자화되어 있는 탕자만을 환영하지 내 눈앞에 보이는 탕자는 싫은 것이 아닌지!

교회여, 돌아가고 싶어도 돌아갈 곳이 없는 세대를 기억하라!

한국교회는 교회의 성장은 사치이고 현상유지에도 버겁다고 한다. 그리고 그것을 당연하게 여긴다. 그리고 한숨을 쉰다. 더 이상 희망을 찾지 못하는 것처럼 이야기하기도 한다. 왜 그럴까?

한국교회는 모천으로 돌아가려는 연어처럼 자신의 근본에 대한 고민과 갈망을 찾는 베이비부머를 비롯해 돌아가고 싶어도 돌아갈 곳이 없어 방황하는 세대를 기억하고, 그들과 함께 하려는 노력을 해야 할 것이다. 그래야 그들이 하나님을 모르는 전혀 새로운 세대가 아닌 믿음을 이어가는 다음 세대를 교회로 이끌어 또 다른 연어들을 낳을 것이기 때문이다.

힐링과 액티비즘의 사이

: 나의 고통, 상처만을 해결하고자 매몰되고 있는 한국기독교인들에게 우리가 누구에게 집중하고 누구와 함께 해야하는지

'힐링', 그 참으로 고약한 것

2014년 한국 사회는 여전히 힐링(healing)이라는 화두가 다른 것을 압도하고 있다. 그래서인지 여기저기에서 힐링의 전문가, 대가를 자처하고 나서고 있고 심지어 공중파에서도 '힐링캠프'라는 이름으로 사람들의 눈과 귀를 모으고 있다. 뿐만 아니라 모든 종교도 '힐링'이라는 말을 앞서 다투며 사용하고 있다. 그리고 '힐링'이라는 말을 선점하려고 아우성을 치고 있다. 도대체 '힐링'이라는 것이 무엇일까? '참살이 웰빙'를 하기 위해 필요한 사전 단계인가? 아니면 옛 헬라의 철학자들이 추구했던 '아타락시아'의 리바이벌인가? 여기저기에서 힐링을 외쳐대는 데 그 소리를 듣다보면 실체 없는 뜬 구름 잡기가 아닌가하는 생각이 절로 든다.

한국사회가 힐링, 치유가 필요하다는 데는 전문가가 아니더라도 쉽게 동의하는 것 같다. 개인사에서 뿐만 아니라 속해 있는 집단에서 쉽게 상처를 주고받는 것이 일상화되어 있어서 어쩌면 한국사회에서 살아간다는 것은 상처를 끌어안고 되새김질 하는 것일지도 모르겠다. 우리가 혼자 맞설 수 있는 개인이나 집단의 경우에도 쉽게 나설 수

없지만 특히 국가 권력이나 언론권력, 경제권력이 휘두르는 폭력에 속수무책으로 당하고 살고 있다. 혹이라도 그 폭력의 정당성을 묻거나 다른 생각을 표현하면 지체없이 '국익'이라는 실체 없는 이데올로기가 지체 없이 씻을 수 없는 상처를 준다. 그리고 그 상처를 값싼 '힐링'이라는 새로운 시장언어가 전부 감싸줄 것처럼 다가온다. "그대, 상처가 있다면 내가 당신의 '힐링'이 되어 줄께요!"라는 외침이 여기저기서 들린다. 심지어 가해자들까지도 이런 외침을 주저 없이 하고 있다. 기독교라고 해서 여기에서 자유로울 수 없다.

나, 요즘 힐링 중이거든! – So, What?

우리 사회가 힐링을 애타게 탐닉하려고 하는 것은 어쩌면 우리를 둘러싼 증오와 억압, 편견, 그리고 무기력에서 해방시켜 줄 그 무엇을 찾고 있기 때문인지도 모르겠다. 마치 메시아를 기다리던 그 예날 이스라엘 사람들처럼 말이다. 하지만 우리 사회는 더 이상 평화와 정의의 회복에는 관심이 없고 단지 내가 받은 '상처'가 힐링되기만을 바라고 있다. 마치 나라는 존재는 외부, 공동체와는 전혀 상관없이 살아가는 존재인 것처럼 말이다. 그래서 종교인 아니 기독교인들조차도 고통의 자리, 상처 난 자리를 외면하고 나만의 세계 속으로 빠져들고자 하는 것 같다. 그렇다면 2014년 한국사회에서 살아가고 있는 사람들이 그처럼 목말라하는 힐링은 도대체 뭘까?

이 힐링에 대해 이야기하기 전에 우리의 상처에 대해 관심을 가질 필요가 있다. 우리의 상처는 다양한 방식으로, 여러 가지로 표현되어 왔다. '소외', '이별', '고립', 그리고 '고독'이라는 말로 사용되어 왔다. 이 가운데 우리가 가장 아프게 느끼는 말은 '고독'이라는 단어일 것이다. 고독이라는 상처는 끊임없이 '경쟁'과 '경쟁의식'에 내몰리는 한국인, 한국사회에서는 뼈저리다. 우리는 이 뼈저리게 사무치는 상처를 싸매줄 그 무엇을 길 잃은 양처럼 절박하게 찾는다. 그리고 누군가는 그 절박함을 해소해 줄 수 있는 것처럼 다가온다. 그러면 갑자기 무장해제를 한 채 그것에 탐닉한다. 왜냐하면 그 탐닉이 가져다주는 허위평온함에 자신의 '고독'을 맡기려 하기 때문이다. 그러면서 '난, 요즘 힐링 중이거든'이라고 중얼거린다. 그러면서 위안을 받는다. 이 위안을 위협하는 것이 무엇이든간에 분노를 느끼고, 비난하는 데 주저하지 않는다. 그저 자신만의 세상, 성에 갇혀 살고자 한다.

누가, 무엇이 우리를 치유할 것인가?

우리는 우리의 상처를 제거해 줄 사람과 방법이 있다면 그 사람과 그 방법에 대해 보험회사 선전문구처럼 '묻지도 따지지도'않고 덥석 끌어안고 푹 빠져든다. 그 이유는 아마도 '나에게는 어떤 두려움이나 고독, 혼란이나 회의가 있어서는 안 된다.'는 잘못된 전제 위에 삶을 쌓아가고 있기 때문일 것이다. 그래서 누군가 우리의 상처를 건드려 주는 것처럼 여겨지면 그에게 모든 희망을 건다. 특히 한국 교회는 이 문제에 대해 자유로울 수 없다. 어느 정도 힐링을 해주고 힐링의 상징처럼 여겨졌던 지도자들이 우리사회에 던져준 상처는 더 큰 고통과 고독을 불러오고 있다. 그렇다면 우리는 우리에게 상처를 준 것들에 대해 침잠하고 평온함이라는 방식으로 대응해야 할 것인가라는 물음을 던지고 답을 찾아야 할 것이다. 우리의 상처에 대해 능동적이고 적극적인 자세로 검증하고 그 상처를 풀기위해 행동해야 할 것이다. 왜냐하면 한국의 기독교인들에게는 고통을 함께 하고 극복한 경험이 있는 기독교인들의 공동체인 '교회'가 있기 때문이다.

누가 우리 시대의 상처입은 치유자일까?

우리는 헨리 나우웬이 인용한 탈무드에 나오는 랍비 여호수아 벤 레비와 엘리야의 이야기 속에서 우리 시대의 상처입은 치유자를 만날 수 있다.

> 랍비 여호수아 벤 레비는 랍비 시메론 벤 요하이의 동굴 입구에 서 있는 … 예언자 엘리야를 찾아와서 물었다. "메시아는 언제 오십니까?"
> 엘리야는 대답했다. "가서 그분에게 물어보시오."
> "그분은 어디 계십니까?"
> "성문에 앉아 계십니다."
> "그런데 어떻게 제가 그분을 알아볼 수 있겠습니까?"
> "그분은 상처투성이의 가난한 사람들 가운데 앉아 계십니다. 다른 사람들은 자신들의 상처에 감은 붕대를 한꺼번에 전부를 풀었다가 또다시 감고 있습니다. 그러나 그분은 '아마 내가 필요하게 되겠지, 그때에는 지체하지 않도록 항상 준비하고 있어야지,' 하시면서 자신의 상처에 감은 붕대를 하나씩 풀었다가는 다시 감고 계십니다."

"주님은 오십니다. 내일이 아니라 오늘, 내년이 아니라 금년에, 우리의 불행이 지나간 다음이 아니라 그 한가운데로, 다른 장소가 아니라 우리가 서 있는 이곳으로"라는 헨리 나우웬의 외침은 힐링과 액티비즘 사이에서 나의 고통, 상처만을 해결하고자 매몰되고 있는 한국 기독교인들에게 우리가 누구에게 집중하고 누구와 함께 해야 하는지 알려주고 있다.

2014년 4월 16일 이후 우리가 서 있는 자리

: 모욕과 품위의 경계

편가르기와 욕보이는데 거리낌 없이 동참하는 한국 교회

난, 품위있는 사람이고, 너희들은 모욕을 당해도 … 2014년 4월 16일 이후 ….

그 날에 대한 기억은 이렇게 시작된다. "와! 대단한데! 배가 뒤집혔는데도 모든 탑승객이 모두 구조되었단 말이지!" 하지만 몇 시간이 지나지도 않아서 더 이상 이런 말을 입에 담을 수 없었다. 그 날 이후 자신의 품위만을 지키기 위해 많은 사람을 배제하고 그것을 당연히 여기는 사람과 그 같은 생각을 신앙처럼 떠받드는 사람들이 내뱉는 수많은 말, 글, 그리고 행위 홍수 속에서 살아가야만 하는 상황이 몹시 아프다. 물론 이런 상황이 꼭 4월 16일부터 시작된 것은 아니다. 하지만 그 날 이후 우리사회의 품위를 유지한다고 여겨지던 계층의 모습은 여지없이 무너지고 있다. 한국기독교 또한 이런 흐름을 거스르지 못하고 있다.

그(녀)를 인간의 가족에서 배제하라!

최종학력이 고등학교 졸업인 두 명의 대통령이 있었다. 그들에 대해 우리사회의 주류라 일컬어지는 사람들 가운데 어떤 사람들은 '대졸' 대통령이 아닌 '고졸' 대통령이라 국가의 품격이 떨어진다고 말하고 국가의 품위를 세우기 위해 '대졸' 대통령이 필요하다고 말하는 데 주저하지 않았다. 이 말은 결국 품위를 위해 누군가를 우리 또는 한국인의 가족에서 배제해야 한다는 것이 아닌가? 이것은 단지 정치 지도자 개인에 대한 문제가 아니라 사회 모든 분야에서 진행되는 배제와 금 긋기를 정당화하는 것이다. 이것이 노골화되면서 우리 사회는 그 단면을 고스란히 드러내고 있다. 여기저기서 발견할 수 있는 집단 따돌림도 그 일면이라 할 수 있을 것이다. 한국 기독교 전부가 그런 것은 아니지만 한국 기독교계를 이끌어 가는 주요 인사들 가운데 많은 이들이 한국 사회를 내가 사는 이곳이 아닌 '저들' 혹은 '저곳'으로 여기면서 힘껏 깔보고 욕되게 하는 데 주저하지 않고 있다. 이런 사고에 쉽게 노출된 기독교인들은 자기도 모르게 함께 살아가야 하고 돌봐야 하는 이곳, 한국사회에 대해 편 가르기와 욕보이는 데 거리낌 없이 동참한다. 그렇기 때문에 아무런 고민 없이 주체를 알 수 없는 품위를 위하여서는 그(녀)를 인간의 가족에서 배제하라고 서슴지 않고 외친다. 그렇다보니 아픔과 절망이 넘치는 자리는 피하고 품위와 품격을 유지 할 수 있는 곳을 넘보며 그곳을 지향한다. 그리고 아무렇지도 않게 맘껏 자신의 견해와 다른 사람들 그리고 다른 종교를 인간의 가족에서 배제하고자 하고 배제하는 데도 주저하지 않는다.

모욕은 예수가 당하고 품위는 나를 위한 것!

국어사전을 펼쳐보면 '모욕'은 명사로서 깔보고 욕되게 함이라 하고 '품의'는 사람이 갖추어야 할 위엄이나 기품이라 한다. 모욕에 대해 철학적 접근을 한 아비샤이 마갈릿은 『품위있는 사회』라는 책에서 모욕을 '인간을 인간으로 받아들이기를 거부하는 것, 사람들을 인간이 아니라 단순한 물건이나 도구, 동물, 인간 이하 혹은 열등한 인간에 불과한 것처럼 대우하는 것이다.'라고 정의하고 있다. 또한 '품위있는 사회는 제도가 사람들을 모욕하지 않는 사회이고, 품위 있는 사회는 제도를 통해 그 권한 아래에 있는 사람들을 존중하는 사회다'라고 말한다.

이것들을 마음에 새겨놓고 조르주-앙리 루오가 1930년에 그린 〈모욕 당하는 예수〉(예수께서 십자가에 못 박히는 형벌과 그가 당한 수난을 그린 유럽 종교화)라는 유화를 보면 인간가족에게서 배제된 예수의 모습을 발견할 수 있다. 최근 한국사회의 지도층이라 불리는 사람들의 면모가 인사청문회라는 장치에 의해 드러나고 있고, 세월호 특별법 제정을 둘러싼 일련의 모습 등에서 속살을 보여주고 있다. 또한 일부 교회 지도자들과 유명 인사들의 언행은 안타까움과 속상함을 넘어서 분노가 일어나게 한다. 그들은 자신의 품위를 위해 신앙을 내세운다. 그러나 그렇게 내세운 신앙이 결국 모욕은 예수께서 당하고, 품위는 나를 위한 것임을 알 수 있다. 그 그림을 다시 들여다보면 한국 사회에서 '모욕당하는 예수가 누굴까', '누가 누구를 깔보거나 욕되게 하는가'라는 물음이 일어나고 이어서 '사람이 갖추어야 할 위엄이나 기품이란 어떤 모습일까'라는 궁금함이 생긴다.

지양(止揚)과 지향(指向) 사이에서

2014년 4월 16일 이후 우리는 모욕과 품위의 경계를 위태롭게 지나고 있다. 그래서 우리에게 필요한 것은 무엇을 지양하고 어디로 향해야 하는가라는 화두를 생활 속에서 실천해야 한다. 한국교회는 더 이상 자신만의 품의를 지키거나 품위를 위해서 예수께 모욕을 돌리는 행보를 지양해야 한다. 또한 제도가 사람들을 모욕하지 않도록, 사람이 사람을 모욕하지 않도록 힘써야 한다. 그리고 종교의 이름으로 사람들을 저주하고, 사람들에 대해 폭력을 가하는 일에서 돌이켜야 한다. 그리고 함께 더불어 살아가야 하는 이곳을 저주하거나 자신들을 비판하는 사람들을 상대하지 않으려는 자세에서 벗어나야 한다. 이럴 때 예수께서 자신의 목숨을 내놓기까지 사랑한 '이 세상과 사람'에 대한 존중을 조금이나마 이해할 수 있을 것이다.

제2부

한국근대전환기 기독교문화의 메타모포시스

근대전환기의 기독교 혼인윤리 성립과정 돌아보기

: 소안론과 배위량의 논쟁을 중심으로

1. 근대전환기 기독교 혼인 윤리에 관심을 갖는 이유

전통적으로 한국사회에서 혼인은 인류지대사 가운데 하나로 여겼고, 개항 후 혼인에서 파생되는 문제들에 대한 새로운 접근과 해소방식이 필요했다. 근대전환기 한국사회에 만연해 있던 일부일처제 형태 속의 축첩 관습은 내한 선교사들에게는 눈앞에 직면한 난제 가운데 하나였다. 단순히 한국의 풍습에 그치는 것이 아니라 선교현장에서 개종을 앞두고 있는 사람들, 교회의 회원으로 세례를 받으려는 사람들이 당면한 윤리적 문제이기 때문이다. 왜냐하면 한국에서 기독교인이 된다는 것은 성서적 전통과 기독교 전통을 우리 것으로 받아들였다는 것이고 동시에 알게 모르게 유교적 전통을 받고 자라났고 그 문화 안에 살고 있기 때문에 기독교 혼인윤리도 그 안에서 같음과 다름 사이에 있기 때문이다. 1895년 내한 감리교 선교사들은 '중혼자는 남녀를 불문하고 감리교회에 입교·재적할 수 없다'고 정리한다. 이로써 교회 회원이 되기 위해서는 중혼자라면 중혼을 해소해야 하고, 중혼을 배격하는 금지론이 교회 안에 확립되어 갔다.[1] 이에 비해 장로교 선교사들은 감리교와 달리 1894년부터 1897년까지 3년간 거쳐 중혼자에 대한 교회입장에 대한 만주의 '로스'방법과 산동의 '네비어스'의 동시에 받아들이면서 토론과 논쟁을 속에서 두 방법이 상존하며 조율하는 기간이었다.[2] 논쟁의 한 가운데 서 있었던 것이 소안론(William L. Swallen, 1865~1954)과 배위량(William M. Baird, 1865~1954)의 논쟁이었다. 이 문제는 1897년 미 북장로교 해외선교부의 스피어가 한국선교부 연례회의에 참석하여 금지론을 결정하여 일단락 짓게 되었다. 이 글에서는 한국교회에서 기독교 혼인윤리가 자리잡게 되는 과정을 한국인의 전통 혼인관과 초기 내한 선교사 소안론과 배위량 사이의 중혼자에 대한 논쟁 과정을 살펴볼 것이다. 또한 한국교회가 수용한 기독교 혼인윤리의 흔적을 따라가 볼 것이다.

2. 한국기독교 혼인윤리 논쟁

1) 근대전환기 한국인의 혼인문제

한국의 유교적 전통과 기독교가 조우할 때 발생한 가장 예민한 문제는 조상제사와 중혼문제였다. 그렇다면 그 문제가 발생하는 이유는 무엇일까? 조선 사회를 유지하는 근간은 효(孝)와 경(敬)을 강조하는 가족윤리와 그것을 뒷받침하는 혼인윤리였다.[3] 『주역(周易)』 서괘전

1 옥성득, 「초기 한국교회의 일부다처제 논쟁」, 『한국기독교교와 역사』 16, 2002, p.32.

2 옥성득, 위의 글.

3 오지석, 「한국교회 초기 혼인관(婚姻觀)에 대한 연구」, 『기독교사회윤리』 12, 2006, p.78.

(序卦傳)을 보면 세상의 모든 것의 순서가 있는데 특히 사람관계에 있어서 "(전략) 만물이 있은 후에 남여가 있고, 남녀가 있은 후에 부부가 있고, 부부가 있은 후에 부자가 있으며, 부자 관계가 성리한 후에 임금과 신하가 있다. (후략)"[4]며 선후를 밝히고 있다. 인간관계에 있어서 가장 근간이 되는 것이 부부사이 관계라는 인식을 읽을 수 있다. 유교사회에서는 인간이라면 네 가지 통과 의례를 거친다고 한다. 이를 관혼상제(冠婚喪祭)라 한다. 이 관혼상제가 중심이 된 가례(家禮)에서 중요한 것은 혼례라 하였다. 왜냐하면 혼례가 바로 서지 않으면 부부, 부자, 가족, 사회의 윤리가 모두 붕괴한다고 생각하고 실천하였기 때문이다. 조선 사회에서 혼인의 가장 큰 목적은 '조상 제사를 받들고 후손을 이어가는 것(奉祭祀 繼後嗣)'[5]이다.

조선 태종 13년(1413) 『주자가례』에 기대어 중혼금지법이 제정되었지만 실상은 축첩풍속을 공공연히 인정하는 계기가 되었다. 중혼금지는 고려시대 유처취처제(有妻娶妻制)를 규제하면서 당시로서는 새로운 시대를 담은 윤리적 법적 장치였다. 조선에서 중혼이 금지 되었다고 곧 일부일처제만을 의미하는 것이 아니다. 중혼금지로 첫째 부인만 '처'로 인정되고 그 외의 부인들은 모두 '첩'이 되었다.[6] 첩의 경우 처와 구별되어 더욱 차별받았다. 달리 말해 중혼첩의 존재가 용인되고 있다는 점에서 조선은 엄밀한 의미의 일부일처제 사회는 아니었

---

4 『周易』, 「序卦傳」, 右上篇, "… 有萬物然後 有男女, 有男女然後 有夫婦, 有夫婦然後 有父子, 有父子然後 有君臣 …".

5 금장태, 『유학사상과 유교문화』, 파주: 한국학술정보, 2001, pp.185~188.

6 정지영, 「조선후기의 첩과 가족질서-가부장제와 여성의 위계」, 『사회와 역사』 65, 2004, pp.13~16.

다.[7] 왜냐하면 경제적 여유가 있던 사대부가의 축첩은 보편적으로 이루어졌고 특히 남녀유별이라는 명목으로 여성의 격리가 심화되었는데 이것은 남편의 축첩을 조장하였다. 즉 벼슬에 나가거나 장시간의 외지로 장시간 떠날 경우 부부동반하지 않았으므로 아내로 하여금 시댁에 머무르면서 일하게 하고 임지에 있어서 첩을 준비하는 풍속이 만연하였다.[8]

조선은 가족의 노동력 확보 및 성 도덕을 엄격히 규정했던 유교윤리와 더불어 12~13세가 되면 부모의 뜻대로 혼인하여 엄격한 의례적 형식에 따라 생활을 강요했다. 또 가부장적 사회구조에서 독립적인 혼인생활을 지속해갈 수 없었다.[9] 조혼은 부부에게 불화를 초래하여 결국에는 축첩 풍조와 함께 중혼자들을 양산해 내었고 상하귀천을 불문하고 주색에 빠져, 19세기 말 조선 가정 가운데 십중팔구는 부부의 불화 때문에 가정이 화목하지 않았다[10]고 이야기할 정도였다. 이 시대에는 "중산층 이상의 남자들 가운데 많은 이들이 한두 명의 첩을 두어 이중살림을 하는"[11]것이 다반사이고, 필부라도 으레 첩을 두는 게 일상 풍경이었다.[12]축첩제가 묵인되었던 조선사회에서는 처와 첩

7 이숙진·양현혜, 「초기 기독교의 혼임담론: 조혼, 축첩, 자유연애를 중심으로」, 『한국기독교와 역사』 32, 2010, p.44.

8 김두헌, 『조선가족제도연구』, 서울: 을유문화사, 1948, pp.588~589.

9 윤건차, 『다시 읽는 조선근대교육의 사상과 운동』, 이명실·심성보 옮김, 서울: 살림터, 2016, p.31.

10 〈논설〉, 『독립신문』, 1899.7.20.

11 다니엘 기포드, 심현녀 옮김, 『조선의 풍속과 선교』, 서울: 한국기독교역사연구소, 1995, p.43.

12 『제국신문』, 1901.1.31.

에 대한 차별을 강화시켜, 법제로 이어져 그 차별이 첩의 자자손손에까지 이어졌다.

근대전환기 이르러 지식인들은 서구 열강 즉 문명개화한 나라에는 일부일처의 부부관계를 바탕으로 한 가족제도가 정립되어있음을 강조하면서 조선의 축첩풍속을 망국의 요인으로 비난하였다. 그러나 이러한 일부일처의 부부관계가 유교적 윤리질서를 부인함과 동시에 서양의 부부윤리의 수용을 의미하는 것은 아니었다. 가족제도의 변화를 추구했던 『독립신문』조차 1897년 6월 10일 자 기사에서 홍만식 참판의 딸이 조동윤에게 시집갔으나 결혼한 지 몇 달이 못 되어서 삼촌의 죄로 말미암아 시집에서 쫓겨나 '홀로 혼서지를 품에 품고 밤낮으로 울며 여주 땅에서 목숨을 지탱'하니 조동윤 개인이 이 부인의 원통함을 해결하기 어려우니 정부가 조동윤에게 명하여 이 부인을 도로 영접하여 별도로 부인을 삼게 하고 또 지금 있는 부인을 부인이 아니라고 할 수가 없으므로 '특별히 조씨는 부인을 둘 가지게 명'하는 것이 옳다고 하면서 일부일처제의 정립보다는 유교적 윤리의식의 수용이 우선되어야 한다는 당시의 윤리의식의 수용이 우선되어야 한다는 당시의 윤리의식을 잘 드러내고 있다.[13] 다시 말하자면 근대전환기 지식인들의 입에서 야만의 풍속인 축첩 풍속은 마땅히 폐지되어야 하지만, 경우에 따라서는 일부이처 부부관계나 남편의 축첩은 인정될 수 있다는 소리다. 근대전환기 지식인들에 의해 형성된 축첩제 담론은 축첩제를 암흑시대의 악습으로 규정하면서 첩과 첩을 들인 남성을

13 전미경, 「개화기 축첩제 담론분석-신문과 신소설을 중심으로」, 『한국가정학회지』 19(2), 2001, p.12.

맹렬히 비난하였다 할지라도 또 다른 목소리로 아내의 도리로서 유교적 부덕을 여전히 강조하는 이중적 구조를 띠고 있었다.

근대전환기의 지식인들은 축첩에 대해서 애매한 태도를 나타냈다. 왜냐하면 자신이 조혼의 피해자이면서 동시에 수혜자라는 특수한 상황에 있었기 때문이다.[14] 근대전환기의 지식인들 시선에서는 중혼, 축첩은 전근대적인 것이기 때문에 축첩의 원인을 남존여비에서 찾아 성차별적 이중적 성윤리의 모순을 지적하였다. 축첩의 문제가 가족이 '미개와 야만'상태로 머무르느냐, '문명개화'로 나가느냐를 가른다고 보았다.[15]

2) 내한 선교사들의 중혼자 논쟁

가톨릭이 동아시아에 서학이라는 이름으로 전해지고 한국인 스스로 신앙을 키워 1784년 이승훈이 북경에서 세례를 받고 돌아와서 이벽과 권일신에게 영세를 주면서 신앙공동체인 교회가 세워졌다. 가톨릭은 천주의 피조물인 인간의 평등성을 강조하였다. 특히 교회는 당시의 여성에게 부여된 차별적 대우를 부당한 것으로 여기면서 억혼, 과부개가금지와 함께 중혼·축첩제를 강력히 비판하였다. 또한 신앙인들이 일부일처의 부부관계를 일상의 삶 안에서 실행하도록 하였다.[16] 예수회 선교사 판토하(Didace De Pantoja: 龐迪我, 1571~1618)는

14 이숙진·양현혜, 「초기 기독교의 혼임담론: 조혼, 축첩, 자유연애를 중심으로」, 『한국기독교와 역사』 32, 2010, p.43.

15 이숙진·양현혜, 위의 글, p.45.

16 전미경, 「개화기 축첩제 담론분석-신문과 신소설을 중심으로」, 『한국가정학회지』 19(2), 2001, pp.5~6.

『칠극』 제6권 방음(坊淫)편 혼취정의(婚娶正議, 혼인의 바른 뜻)[17]에서 일부일처제를 강조하며 축첩풍속에 반대하는 가톨릭의 혼인윤리를 제시한다. 한국의 가톨릭교회는 '첩을 둔 사람이 신사(神父)가 한번 분부하신 후에 고집하여 순명치 아니하면 공소 때에 연미사와 교우의 연도도 못하게 할 것이라고 하면서'[18] 남성의 중혼을 교회법으로 엄금하였다. 실제로 주문모 신부는 중혼자에게 성사(聖事)를 주지 않으면서[19] 교회의 명령에 순종치 않고 축첩생활을 계속할 경우에는 신자자격을 박탈하겠다는 의지를 보였고 실제로 첩을 내보내는 일을 실천하였다. 근대전환기 한국 가톨릭의 혼인 윤리는 당시의 가족제도에서 보이는 모순들(억혼, 과부개가금지, 중혼)을 지적하고 있었다.

근대전환공간에서 한국기독교는 수용초기부터 '혼인'의 문제에 관심을 가지며, 새로운 혼인윤리를 제시하고 기독교의 혼인윤리가 정착될 수 있도록 노력하였다. 1890년대 한국사회는 중혼이 만연해 있었고, 그로 인해 많은 사회적 문제가 발생하였으며, 문명개화 사회로 나아가는 데 걸림돌이 된다고 생각했다. 초기 내한 선교사들은 미신타파, 우상타파, 구습타파를 외치며 선교활동을 전개하였는데 구습타

17 빤또하, 박유리 옮김, 『七克 - 그리스도교와 신유학의 초기 접촉에서 형성된 수양론』, 서울: 일조각, 2005, pp.366~367.
"제가 태어났던 지역의 모든 나라의 풍속은 그 어느 곳이나 한 사람과 한 사람이 짝을 짓는 것을 바른 법도로 삼고 있습니다. 그래서 위로는 국왕으로부터 아래로는 일반 백성에 이르기까지 한 사람의 지아비는 다만 한 사람의 지어미만을 짝으로 맞이하는데, 감히 이를 어기는 사람이 없습니다. 그리고 만약 지어미가 죽으면 다시 아내를 맞아들일 수 있을 뿐, 첩은 맞아들일 수 없습니다."

18 백규삼, 「백주교의 사목서한」, 『순교자와 증거자들』, 한국교회사연구소, 서울: 한국교회사연구소출판부, 1982, p.313.

19 달레, 안응렬 외 옮김, 『한국천주교사연구』 上, 왜관: 분도출판사, 1979, pp.417~418.

파의 일환으로 지목된 것은 전통적인 혼인풍속과 혼인윤리였다. 한국 교회는 초기부터 교인들에게 조혼, 억혼, 중혼을 금지할 것을 강하게 권면하며 정죄하거나 출교조치를 취했다. 중혼(자)은 '배우자가 동시에 두 명 이상인 혼인 상태', 혹은 '일부다처를 지속하는 행위자'를 의미한다. 옥성득은 이들 행위자에 대한 논쟁을 '일부다처제논쟁'[20]이라고 부르는데 이에 대해 이상규는 제도에 관한 논쟁이 아니므로 '중혼자 논쟁', 혹은 '축첩제 논쟁'으로 부르는 것이 사실에 가깝다고 주장한다.[21] 왜냐하면 당대 중혼자들은 일부다처제에서 중혼한 것이 아니라 일부일처제 사회에서 중혼한 것이었고, 이 점에 주목할 필요가 있다. 이 문제는 중혼자(취첩자)를 교회가 세례를 주고, 교회의 회원으로 수용할 수 있는가에 대한 논쟁으로 간단한 문제가 아니었다. 중혼자 처리의 문제는 감리교보다, 장로교 선교사들이 여러 해 동안 다루었다. 선교사들은 중혼의 해악을 인정하고 입교 이후에 다 처자나 첩이 되는 것은 금지했으나, 교인이 되기 전에 관습대로 처첩을 두었던 사람에게 세례를 주고 그의 처첩들을 그대로 두게 할 것인가를 논쟁하였다.[22] 한 명 이외의 여자들을 보내야 한다면 그들과 아이들의 복지는 어떻게 할 것인가? 등의 문제가 동반되기 때문에 쉽게 결론을 낼 수 없었다.

1888년 런던선교대회에서 아프리카에서 활동하는 대다수의 선교사들은 중혼금지의 입장이었고, 중국과 인도에서 온 선교사들은 관용

---

20 옥성득, 앞의 글.

21 이상규, 「교회는 중혼자(重婚者)를 받아들일 수 있는가?」, 『동서신학』 2, 2019, p.16.

22 옥성득, 『다시 쓰는 초대 한국교회사』, 서울: 새물결플러스, 2016, p.516.

적 태도를 취했다. 왜냐하면 선교지역의 사회 상황과 무관하지 않았기 때문이다. 감리교회의 올링거나 아펜젤러 등은 완전 금지론자였다. 금지론자들은 중혼자나 첩에 대한 세례와 입교를 금한다는 입장이며 중혼자가 세례를 받으려면 첩을 내보내고 본처와 살아야 하며, 첩인 여자는 첩살이를 중단하고 그 집에서 나와야 세례를 받을 수 있다고 주장한다.[23] 감리교회의 경우 1895년 8월 30일 서울 배재학당에서 연례회의가 열렸는데 이 때 치리건의 문제로 토론한 후 만장일치로 다음과 같은 결론을 도출하였다.

> 존스 형제가 보고서에서 제시한 바와 같이 중혼관계 있는 이의 학습인 자격을 박탈한다는 안은 우리 교회의 법과 관행에 일치하고, 중혼 관계에 있는 남자나 여자는 북감리교에 입교하거나 회원자격을 유지할 수 없다는 연례회의의 판단이다.[24]

초기 내한 장로교 선교사들은 중혼자 수용여부에 대해 관용, 중도, 금지 등의 입장을 표현했다. 중혼자 문제는 기보(D. L, Giffort)가 1894년 12월 북장로교선교부 연례회의에서 제기하면서 논쟁이 촉발되었다. 기보는 1892년 6월 한국학의 보고인 *The Korean Repository* 한국의 조상제사 관행에 대한 글을 발표한 적이 있는데, 그는 중혼자 문제는 한국 사회 현실에서 제기되는 불가피한 현실로 보아 관용적 태도를 유지하였다. 그의 생각을 읽어보면 다음과 같다.

---

23 옥성득, 위의 책.

24 이상규, 앞의 글, p.18에서 재인용.

> 조선의 유교는 남자들에게 두 번째 부인이나 첩을 둘 수 있도록 허락하고 있다. 그러므로 중산층 이상의 남자들 가운데 많은 사람들이 한 두 명의 첩을 두어 본처와 같은 집에서 살거나 아니면 가까운 이웃에 집을 마련하여 이중살림을 한다. 남편은 자신이 거느린 2명의 아내를 대할 때, 불쌍한 본처는 존경심으로, 후처는 사랑으로 대한다. 결혼 풍습은 여자들에게 또 하나의 무거운 짐을 안겨주는데, 바로 과부의 제혼을 금하는 법이다. 젊은 과부는 비록 재혼을 허락받았다 할지라도 본처가 되어 힘든 생활을 책임지기보다는 첩이 되는 경우가 많다.[25]

관용론자들은 기독교가 들어오기 전의 풍습에 따라 첩을 얻었으므로, 첩과 첩의 자녀들의 복지를 위해서 첩을 내보내지 않아도 세례를 줄 수 있다. 다만 교인이 되고 난 뒤에는 새로운 첩을 둘 수 없다. 첩의 경우도 세례를 받을 수 있으나, 교인이 된 자가 새로 첩으로 들어갈 수 없다. 중도론자는 중혼자에게 세례를 주고 입교는 허용하되, 집사나 장로 등 교회 직분은 금지한다는 입장이다. 특히 만주의 로스와 매킨타이어, 산동의 네이어스, 코버트, 상하이의 허드슨 테일러와 디모시 리차드, 닝포의 맥카티, 수초우의 드보스 등 한국교회에 많은 영향을 준 노련한 선교사들은 관용적인 입장을 취하였다. 만주에서는 관용론이나 중도론으로 가려고 했다.[26]

1895~1897년을 기준으로 보면 미 북장로교 선교사들의 중혼자 문제에 대한 입장이 다음과 같이 나타난다.

---

25 다니엘 기포드, 심현녀 옮김, 『조선의 풍속과 선교』[*Every Day Life in Korea, A Collection of Studies and Stories*], 서울: 한국기독교역사연구소, 1995, p.43.

26 옥성득, 앞의 책, pp.516~518.

중혼금지 : 원두우(H.G. Underwood, 뉴브런즈윅, 1885, 서울), 마포삼열(S.A. Moffett, 맥코믹, 1890, 평양), 이길함(G. Lee, 맥코믹, 1890, 평양), 배위량(W.M. Baird, 맥코믹, 1891, 부산/평양), 안의와(J.E. Adams, 맥코믹, 1895, 부산/대구)

중혼중도 : 기일(J.G. Gale, 토론토대학, 1888, 원산/서울), 어부신(O.R. Avison, 토론토대학, 1892, 서울), 민노아(F.S. Miller, 뉴욕 유니언, 1892, 서울)

중혼관용 : 기보(D.L. Gifford, 맥코믹, 1888, 서울), 빈돈(C.C. Vinton, 1891, 서울), 모삼열(S.F. Moore, 맥코믹, 1892, 서울), 소안론(W.L. Swallen, 맥코믹, 1892, 원산/평양)

기보가 제기한 중혼자 문제는 북장로교 연례회의에서 장로교공의회로 넘겨 토론을 전개하였다. 하지만 선교사들 사이에서 결론을 도출하기보다는 서로 다른 입장을 확인하는 데 그쳤다. 서울의 원두우와 평양의 마포삼열은 다른 사안에서는 서로 견해를 달리하는 게 많았지만 중혼자의 세례금지에 대해서는 강한 금지입장을 견지하였다. 따라서 중혼자는 교회 회원으로 받아들일 수 없다는 입장이다. 부산의 배위량과 그의 처남 안의와도 같은 입장이었다. 중혼을 허용할 수 없으나 중혼 상태에 있다는 사실만으로 교회가 이들을 거부할 수 없다고 주장하는 이들은 중도파[27]로 구분되는 데 기일, 어부신, 민노아 선교사다. 관용파로 분류되는 선교사는 기보, 빈돈, 모삼열, 소안론 등이었다. 중혼자를 교회에서 받아들일 것인가에 대한 입장이 금지,

27 옥성득은 "중도파의 주장은 아마도 중혼자의 입교는 허락할 수 있으나, 안수 직분(목사나 장로)과 전도자 직분에는 임명할 수 없다는 입장이었던 듯하다"라고 설명하고 있다. (옥성득, 앞의 글, p.18.)

중도, 관용으로 나왔는데 이 분포를 들여다보면 출신 신학교나 내한 연도의 오래됨과 상관없이, 서울에서는 언더우드를 제외하면 중도파·관용파가 많았고, 평양과 부산에서는 금지를 주장하는 강경파가 많았다는 것이다. 서울과 평양을 대표하는 선교사 원두우와 마포삼열이 금지입장을 고수하자 기보와 같은 중혼 관용자의 입지가 좁아졌다.[28] 또한 중혼자 문제에 대한 장로교 선교사들의 견해가 금지와 관용자로 반반으로 갈라졌고, 공의회에서 조차 최종 결정을 미루자 *The Korean Repository*의 편집자이자 감리교 선교사였던 아펜젤러와 존스는 우려를 표명하며, 장로교 선교사들이 감리교와 같이 완전 금지정책을 채택할 것을 촉구하였다.[29]

1896년 8월에 열린 장로교공의회는 "과거 중혼자였던 자나 첩을 두고 있던 사람이 입교를 요청할 때 어떻게 할 것인가?"라는 문제에서 의견이 다시 양분되었다. 당시의 분위기를 원두우 부인(Lilias H. Underwood)은 *The Korean Repository* 3권 1896년 12월호에 기고한 "The Woman's Work in the Far East"라는 글에서 다음과 같이 서술하고 있다.

> "중혼 문제"는 "괴물처럼 어려운 문제"로서, 유죄 판결이냐 입교냐를 놓고 설왕설래하고 있다. 쉽고 간결한 해결 쪽으로 유혹을 받지만, 교회의 장래와 교회 밖의 불쌍한 여인들의 미래를 생각할 때, 우리가 지금은 힘들지만 지켜야 할 분명한 의무는 중혼제를 확고히 반대해야 한다고 주장하는 사람들이 있다. 그러나 현재 우리 선교회는 이 문제에 대해 거의 반반

28 옥성득, 앞의 책, p.519.

29 옥성득, 앞의 글, p.17.

으로 나뉘어 있다.[30]

교회가 중혼자를 수용할 것인가? 달리 말해 교회의 회원으로 받아들일 것인가?이고 달리 표현하자면 중혼에 관련된 내한 선교사들에게 던져진 물음은 "개종 전에 첩을 가진 남성이 세례를 받을 수 있는가, 아니면 종신 학습교인으로 남아 있어야 하는가?"에 대한 문제이다. 장로교공희회 연례회의서 이 문제의 결론을 내기 위해 관용론과 금지론이 대립한다. 당시 선교사들의 담론의 장이었던 *The Korean Repository*에서 미북장로교 소속 선교사인 소안론과 배위량 사이에서 열띤 논쟁이 벌어지게 된다. 소안론과 배위량은 맥코믹 신학교를 졸업한 동문 사이이고, 각각 원산, 부산을 중심으로 활동하다가 후에 평양에서 같이 활동하며 문서사역도 활발히 하였다. 당시 교회가 직면한 중혼문제에 대한 이들의 입장을 추적해 보자.

(1) 소안론의 관용론

이 논쟁은 소안론이 1895년 8월 *The Korean Repository*에 기고한 "중혼과 교회(Polygamy and the Church)"라는 글과 배위량은 소안론의 관용론에 반대하는 글을 *The Korean Repository* 1896년 7, 8, 9월호에 "기독교회는 중혼자들을 받아들일 것인가?(Should Polygamists be admitted to the Christian Church?)"라는 제목으로 기고하면서 장로교회 선교사들의 입장을 정리하는 데로 나아간다.

소안론은 관용론자 가운데서 가장 적극적인 관용론자였다. 처음에

30 "Notes and Comments", *The Korean Repository* 3:12, 1896.12, p.502.

는 중도입장에서 문제를 제기하였으나 관용적으로 바뀌었다. 그는 신자가 되기 전 중혼한 자들에게 관용을 베풀고 교회 회원으로 받아들여야 한다고 주장하였다. 그는 원산에서 활동하다 평양으로 임지를 옮겨 활동하였다. 소안론은 1895년 8월 *The Korean Repository*에 기고한 "중혼과 교회(Polygamy and the Church)"[31]라는 글을 이렇게 시작한다.

> 한국교회가 복음주의적인 토대 위에 그 뿌리를 내려야 한다면, 한국교회는 현재 아주 중요한 두 가지 문제에 직면해 있다. 첫째는 중혼(polygamy)문제이고, 둘째는 조상제사(ancestral worship)문제이다. 첫 번째 문제는 내년(1886) 10월에 개최될 '장로교공의회' 연례회의에서 의제로 다루어져 명확하게 결론을 도출하게 될 것이다. … 이 주제가 금년 가을 회의에서 심도 있게 논의되기를 기대한다 … 필자는 이 주제에 관해 말할 자격이 없지만 현재 한국 선교가 직면하고 있는 이 문제를 풀기 위한 그 첫 걸음을 떼려한다. 그 첫 단계로서 나는 이 분야에 대해 풍부하고 전문성 있는 지식과 식견을 가진 전문가 여러분의 열띤 토론을 기대한다.[32]

위의 글에서 소안론 자신이 *The Korean Repository*에 왜 이글을 게재하는지에 대한 분명한 의도를 밝히고 있다. 그의 예상과 같이 연례회의에서 가장 뜨거운 주제가 되었으나 역시 연례회의에서도 결정 내리지 못해 장로교공의회에서 그 결정을 하게 되었다.

소안론은 위의 글에서 한국보다 오랜 선교 역사를 가진 인도, 중국,

---

31 이 부분은 윌리엄 스왈른(W.L. Swallen), 이상규 옮김, 「자료번역: 중혼과 교회」(『한국기독교문화연구』 14, 숭실대학교 한국기독교문화연구원, 2020)를 저본으로 삼았다.

32 W. L. Swallen, "Polygamy and the Church", *The Korean Repository* 2:8, 1895.8, p.289.

아프리카 등의 선교현장에서 부딪힌 중혼문제를 다룬 다양한 견해를 간략하게 소개하며 자신이 관용적인 입장에 서게된 이유를 밝힌다. 그는 우선 중혼문제에 대해 다섯 견해를 소개하고 있는데 정리하면 다음과 같다.

첫째, 초대교회에서 노예제도가 용인되었듯이 일부다처제가 용인되고 있었다는 주장. 하지만 이런 주장은 기독교인의 생활방식과 일치되지 않는 것으로 초대교회에서 공론화되지 않았지만 개종전 여러 명의 아내를 취한 사람들은 교회 일원이 되었다. 이것을 옹호하는 사람들은, 둘이나 이상의 부인이나 첩을 둔 사람이라 할지라도 그리스도에 대한 회개와 신앙에 만족스런 증거를 보여준다면 다른 사람들처럼 교회에서 받아들여져야 한다. 하지만 교회의 직분자로 선출되어서는 안 된다고 말한다.

둘째, 첫째 입장에 대해 직접적으로 반대하는 사람들이 있었다. 이들은 초기 기독교회에는 중혼자가 전혀 없었다고 주장한다. 이점에 대하여 디모데전서 3장 2절과 12절, 디도서 1장 6절을 인용한다. 따라서 교회는 중혼을 허용하지 않았으며, 중혼을 유지하고 있는 자에게 세례를 베푸는 것은 교회의 부패를 조장하고, 모든 악이 교회로 흘러들어 올 수 있는 수문 역할을 한다고 주장한다. 이런 주장을 옹호하는 하는 자들의 주장은 "중혼자들은 세례 받을 수 없고 학습인 상태로 남아야 한다"는 것이다. 이들은 많은 사람들이 문을 닫지 않고 기다리면서 세례언약을 깨뜨릴 위험에 더 이상 노출되지 않을 때인 임종시에 세례받기도록 이끌고자 하였다.

셋째, 일부다처를 인정하는 이교도와의 결혼은 그 자체가 성립되지 않는다고 주장한다. 그 경우 그 남자는 부인 한명을 제외한 모든 아내를 포기하거나 모든 아내를 포기해야만 하는데 달리 말하면 자신의 선택에 따라 이전 아내 가운데 한 사람과 결혼 하던지 선택을 포기하고 자신이 원하는 새로운 아내를 맞이할 수 있다고 말한다.

넷째, 첫째 아내를 제외하고는 다른 모든 부인은 포기해야 한다는 주장. "죽음이 두 사람을 갈라놓을 때까지 그 부인과 함께 살아야 한다."

다섯째, 같이 살아야할 아내 한 사람을 제외하고 다른 모든 부인들을 포기해야 하지만, 반드시 아내가 아니라 가장 사랑하는 사람을 선택할 수 있다고 주장하는 것이다. 어떤 사람들은 더 나아가 중혼 관계속에 살고 있는 사람들에게 세례 베푸는 것은 잘못되었지만, 그럼에도 불구하고 그리스도 안에서 회개와 믿음의 증거가 충분하다면 그의 아내들에게 세례를 베풀 수 있고, 교회의 정회원이 될 수 있어야 한다고 주장한다. 하지만 결코 그렇게 하지는 못할 것이다.[33]

소안론은 계속해서 중혼문제에 대한 다양한 견해가 있음에 놀랐다고 하며 성경에 입각해 이 문제를 논의해야 한다고 이야기한다. 그러면서 자신의 주장을 다섯 가지로 표현하고 정리한다.

(1) 한 남자는 한 아내를, 한 여인은 한 남편을 취해야 한다. 이것이 하나님의 뜻과 목적에 부합한다. 창조 때나 홍수 때, 노아와 그의 아들들이 한 사람의 아내를 취했고, 이것은 마태복음 19장 5~6절, 마가복음 10장 7~8절, 에베소서 5장 31절과 33절에서도 언급하고 있다.

33 위의 책, pp.289~290.

(2) 중혼자 즉, 두 사람 이상의 아내가 있는 사람은 교회의 직분자가 될 수 없다. 성경 디모데전서 3장 2절과 12절, 디도서 1장 6절에서 분명히 가르치고 있다.

(3) 중혼자라는 이유로 하나님께 파문당한 경우를 찾아볼 수 없었다. 더욱이 하나님이 통치하시던 그 시대에 하나님께서 중혼을 지지하지 않으셨지만 중혼자를 허용하였던 증거가 있다. 아브라함, 야곱, 모세, 기드온, 엘가나, 사울, 다윗, 솔로몬과 같은 이스라엘의 족장들이 두 명이상의 아내와 첩을 취했다. 우리의 약속된 구세주께서 오셨던 계보를 이어오게 하였다(마 1:6). 이러한 점이 우리에게 가르침을 준다면, 그 옛적 교회에서 하나님께서 죄를 다룸에 있어서 얼마나 관대하고 기쁜 마음으로 처리 하였는지 분명하게 보여주고 있다. 다윗을 막는 이유가 여러 아내와 첩을 두었기 때문이라면 약속된 씨가 된 것은 무엇인가? 광야 교회는 하나님의 교회가 아니었던가? 그것은 분명히 교회였고, 그 교회 안에서 하나님은 통치하셨고 중혼은 용납되었다.

(4) 하나님께서 성경에 중혼을 내쫓아야 할 죄로 정하고, 중혼자들을 교회에서 내쫓은 예를 발견하지 못했고, "그런 일을 행하는 자는 천국을 유업으로 받지 못한다"(갈 5:19~21)는 구절에서 말하는 '그런 죄' 가운데 중혼자가 언급되지 않았다. 따라서 중혼자가 천국에서 배제되어야 하는가? 그럴 수 없고, 성경에서 언급한 바가 없다면 우리가 무슨 권위로 성스러운 의식에서 배제시킬 수 있는가?

(5) 디모데전서 3장에서 이야기하듯이 분명하게 중혼자는 교회에서 직분을 맡을 수 없지만 교회 회원권마저 거부될 수는 없다. 또한 특히 디모데전서 3장 2절에서 직분자는 '한 아내의 남편이 되며'라는

언급에서 알 수 있는 것은 적어도 그 당시 교회에는 한 사람 이상의 아내와 함께 살아가는 이들도 있었다고 추정할 수 있다. 디모데전서 5장 6절에서 말하는 것은 바울이 오직 교회 직분자들에게 하는 말이기에, 금지 명령은 일반 교인 자격의 조건으로 적용할 수 없으며, 오직 교회 직분자들에게만 해당한다. 이것은 중혼의 권리나 타당성을 옹호하는 것이 아니라 그 악한 행위에 대하여 지나칠 정도로 반대 입장을 고수할 수 없다.[34]

소안론은 일부일처제가 성경에서 말하는 원칙이지만 신자가 되기 전 또는 개종하기 전 중혼자라고 해서 분명한 회심의 증거가 있다면 교회 회원권마저 거부될 수 없고, 단지 교회 직분자는 될 수 없다고 본 것이다. 그는 계속해서 이렇게 말하고 있다.

> 회심하기 전 중혼자로서 살아온 사람을 교회가 받아들일 수 있다 것을 의심할 여지가 없다. 중혼자라 할지라도 회개와 그리스도에 대한 믿음에 대하여 만족스러운 증거를 제시했다면 우리는 그를 교회 밖으로 내쫓거나 교회의 거룩한 의식(세례와 성찬)에 참여할 기회를 박탈할 수 없다. 중혼자라 하더라도 용서 받지 못할 죄를 경우를 제외하고 자신의 아내나 첩을 버리라고 강제할 수 없다. 나는 교회 내에서 일부다처제를 용인할 수 있다고 믿지 않는다. 하지만 어둠 속에서 이 관계를 이어온 사람을 쫓아 낼 수 없으며 이제 와서 그러한 관계를 해결해 줄 수도 없다. 우리는 그들을 받아들이고 교회의 성스러운 의식에 참여할 기회를 부여해야 한다. 혼인이란 영구성이 있어서 일단 혼인으로 맺어지게 되면, 어느 한쪽이 성경에

34 위의 책, pp.291~294.

> 서 말하는 이혼의 정당한 사유가 되는 죄를 범하는 경우를 제외하고 살아 있는 동안 절대로 단절될 수 없다. 어느 누구도 중혼자라 하더라도 자신의 아내나 첩을 버리라고 강제할 수 없다. 그렇게 하는 것은 그로 하여금 결코 용서받을 수 없는 죄를 범하게 하는 일이다. 우리는 그들을 받아들이고 교회의 거룩한 의식에 참여할 기회를 부여해야 한다. 물론 교회 내에서는 중혼이 용납될 수 없다. 그러한 일이 발행한다면 교회에서 쫓아내는 일 외에 다른 방법이 없다. 나는 기독교회가 그 동안 중혼문제로 어려움을 겪지 않앗고 앞으로도 겪지 않을 것으로 믿고 있다. 교회 내에서 중혼은 어둠의 나무이며, 그리스도의 의의 빛 가운데서 결코 번성하지 못할 것이라고 생각한다.[35]

달리 말하면 소안론이 개종한 중혼자에게 세례와 성찬(거룩한 의식)의 참여를 금하라고 한 말이나, 오랜 기간 살아온 아내들과의 강제로 관계를 끊으라는 말이 성경 어디를 봐도 없고 이들은 입교는 가능하지만, 교회의 직분자가 될 수 없고, 교인이 된 후에 새로운 부인이나 첩을 얻는 행위를 금지해야 하며, 그런 사람은 교회에서 쫓아내야 한다고 주장한다. 이런 소안론의 관용론은 당시 한국의 사회 현실을 고려한 이른바 내재적 접근이라 할 수 있으며[36], 첩을 둔 이들에게도 세례는 주되, 교회의 직분은 허락하지 말자는 주장인데, 이는 중도파 인사들의 지지를 받았다.

중혼논쟁의 불을 지핀 후 소안론은 1895년 9월 25일 선교본부의 엘린우드에게 다음과 같은 편지를 보낸다. 여기서도 소안론의 중혼에 대한 관용론 입장을 확인할 수 있다.

---

35 위의 책, pp.293~294.

36 이상규, 앞의 글, p.24.

> 우리 선교회가 직면한 가장 심각한 문제는 중혼에 대한 논쟁입니다. 개종 전에 첩을 두었던 이들이라도 진정으로 개종하였다면 다른 증거를 고려하지 않고 주님의 선교 명령에서 배척하는 시도가 있습니다. 그들은 이 견해를 지지하는 성경구절을 인용하지 못하는데, 우리가 성경에 근거해서 일치된 의견을 도출하지는 못할 듯합니다. 우리 형제들 일부는, 첫 번째 부인을 제외한 나머지 부인들을 모두 내보낸 자라야 한 아내의 남편으로 입교시킨다는 견해를 가지고 있습니다. 그러나 그런 권위를 지지하는 성경구절이 어디에 있습니까? 그들은 성경구절들을 인용하지만, 그 결론들은 나름대로 도출한 것입니다.[37]

(2) 배위량의 중혼금지론

배위량은 소안론의 관용론이 발표되고 시간이 지난 뒤 1896년 10월 있을 장로교공의회를 앞두고 7, 8, 9월 세 번에 걸쳐 *The Korean Repository*에 "기독교회는 중혼자를 받아들일 것인가?(Should Polygamists be admitted to the Christian Church?)"라는 주제로 글을 투고한다. 이 글들은 배위량이 소안론의 주장에 대해 반박하기 위한 것이다. 그는 이 글들을 투고한 이유를 2가지로 들고 있다. 그 하나는 소안론의 중혼자 입교지지의 입장을 논박하기 위함이고, 나머지 하나는 1896년 10월 장로교공의회에서 중혼자의 입교문제를 공식적으로 논의할 때를 대비하기 위함이다. 이것은 중혼자들에게 세례를 주거나 교회 직분에 참여할 수 있는 것을 반대하기 위한 것이다. 간단히 말하면 관용론자들의 중혼자의 입교 찬성에 반대를 주장하며, 장로교공의

---

37 W. L. Swallen to F.F. Ellinwood, *Letters and Reports of The Korea Mission,* PCUSA. Philadelphia, Presbyterian Historial Society, 1895.9.25.

회에서 중혼 금지론을 펼치기 위해 긴 글을 쓴 것이다.

배위량은 1896년 7월 *The Korean Repository* "기독교회는 중혼자를 받아들일 것인가?"라는 글을 투고하면서 중혼 혹은 중혼자 논쟁의 귀착지는 "둘 또는 그 이상의 여성과 성관계를 유지하는 남자들 혹은 둘 또는 그 이상의 남성과 성관계를 유지하는 여자들에게 세례를 베풀고 그들을 교인으로 받아들일 수 있는가? 하는 문제일 텐데, 후자의 경우에서 세례를 청한 여성이 없으므로 실제로는 "두 사람 혹은 그 이상의 아내들이나 첩들과 성관계를 유지하는 남자에게 세례를 줄 수 있느냐"라는 것이다.[38] 이것에 천착하여 세 가지 측면 성경적 고찰(성경구절)과 선교회들과 여러 교단들의 결정들과 교회 지도자들의 지침, 한국의 관습 등을 검토한 뒤, 자신의 입장을 정리한다. 배위량은 이 글에서 성경적 원리와 교회사에서 발견할 수 있는 사례를 제시하면서 소안론 등이 주축이 된 관용론에 대해 반박하는 형식을 취한다. 그 내용을 살펴보자.

배위량은 신구약 성경 본문을 인용하면서 관용론자들의 주장에 대해 논박한다. 그 출발은 "구약과 신약 모두 똑같이 한 아내와 결혼하는 것을 이상적인 결혼으로 인정한다"는 점을 지적하면서 출발한다. 또 그는 구약의 주요인물들(아담, 셋, 이삭, 요셉, 모세, 여호수아, 사무엘, 이사야)은 에덴에서 받은 결혼 패턴을 평생 지켜야 할 도덕으로 수용하며, 지켜서 후대에 따라야 할 전형이 되었다고 주장한다.[39] 그는 "구

38 Baird, "Should Polygamists be admitted to the Christian Church? Part 1", *The Korean Repository* 3:7, 1896.7, p.194.
윌리엄 베어드, 이상규 옮김, 「중혼자에게 세례를 베풀 수 있는가?」, 『한국기독교문화연구』 12, 2019, p.350.

약에는 중혼을 금지한 명시적 명령이 없다는 관용론에 대해 수긍하기 어렵다고 한다", "구약교회에서 중혼자가 배제된 것은 아니더라도 그것은 현재의 논의와 무관하다"며 우리가 중혼이나 축첩이 잘못되었다고 생각되고 그런 행위를 방지하기 위한 근거를 찾아야 한다."우리는 계명에서 찾기 시작하는 데 그것은 옳던지 그르던지 둘 중 하나여야 한다. 여기에는 도덕과 결부된 측면이 있다. 중혼이 옳다면 우리 모두 그대로 행하고 권면해야 한다. 중혼이 해당되는 것은 무엇일까? 우상숭배인가? 불경죄인가? 안식일을 범한 것일까? 아니면 부모불공경, 살인, 도둑질, 거짓 증언, 탐심에 해당하는가? 아니다. 만일 다윗처럼 남의 아내를 탐낸다면 탐심에 해당하지만, 이미 여러 여자를 삼은 경우, 어떤 계명을 어긴 죄일까?"[40]

배위량은 중혼에 대해 다음과 같이 말한다. "우리는 제7계명에 중혼을 금지한 가장 주된 구약의 계명이라 믿고, 구약과 신약에서 음행과 간통 등을 금한 모든 금지 명령들 또한 중혼을 반대한다고 믿는다."[41] 이런 배위량의 생각은 다음처럼 요약될 수 있다.

> 중혼은 처음부터 있어 것이 아니고 후에 생겨난 것이고, 그것은 고상하게 살았던 구약의 삶의 형태나 구약의 인문들과 배치된 것이다. 그것은 옳은 것도 아니고 권장되지도 않았고, 7계명에 의해 금지된 것이었다. 비록 그것이 구약에서 다른 죄와 마찬가지로 허용되기는 했으나 일반적인 구약의 가르침으로 볼 때 유대사회에서 배격된 것이었다. 중혼은 그리스

39 윌리엄 베어드, 위의 글, pp.350~351.
40 윌리엄 베어드, 위의 글, p.355.
41 윌리엄 베어드, 위의 글, p.356.

> 도 당시 유대인, 헬라인, 사도들이 중혼을 다루엇거나 초대교회가 그것을 허용했다는 증거도 없다. 중혼은 결혼의 기본 개념에 정면으로 배치된다. 중혼은 육적이고 세상 적이어서 교회와 개인의 최상의 이익을 해치는 개념이다.[42]

배위량은 신약 교회의 정신은 세상에서의 구별이다고 말한다. 이것을 따라야 한다고 주장한다. 소안론의 관용론이 일관적이지 않고 성경에 근거하지 않고 있으며 성경의 권위위에 있으려 한다고 논박한다. 그리고 기독교의 사랑은 죄를 버리지 않은 대중들의 죄를 덮어준다는 의미로 사용된 적이 없고 더 이상 죄를 짓지 말 것을 요구한다며 이를 따라야 한다고 1차 반박을 끝낸다.

배위량은 1896년 8월 *The Korean Repository* "기독교회는 중혼자를 받아들일 것인가?" 제2부에서 '중혼에 대해 교회 지도자들의 가르침은 어떤가'라는 주제로 자신의 논지를 끌고 간다. 그는 소수가 중혼자들에 대한 교회 권위자들의 입장이 다양하다고 주장하지만 교회가 중혼자를 받아들여야 한고 주장하지만 기독교교회는 언제나 확고한 일부일처를 옹호하고 중혼은 상대적으로 예외적인 경우에서만 용인되었다며 그렇다하더라도 교회는 일부일처제를 강하게 주장했다[43]고 글을 시작합니다. 교회사에서 언급되는 주전 325년 이전 저작으로 추정되는 『사도적 헌법(Apostolic Constitutions)』에서 "영세 예비자에게

---

42 윌리엄 베어드, 위의 글, p.365.

43 Baird, "Should Polygamists be admitted to the Christian Church? Part 2", *The Korean Repository* 3:8, 1896.8, p.235.
윌리엄 베어드, 이상규 옮김, 「중혼자에게 세례를 베풀 수 있는가?」, 『한국기독교문화연구』 13, 2020, p.207.

첩이 있는데, 그 첩이 여종이라면, 그 관계를 청산하고 법대로 결혼하게 하고", "첩이 해방된 노예라면, 합법적으로 그녀와 결혼하게 하되, 만일 이를 시행하지 않으면, 그의 영세 신청을 기각한다."고 언급한 것이나 아우구스티누스가 224번 설교에서 "누구든지 처와 첩을 거느린 자는 성찬에 참여할 수 없다. 평신도가 처와 첩을 둔 경우 출교한다." 등을 언급한다. 중세에도 이런 전통은 이어졌으며, 개신교에서도 축첩을 부도덕하게 보았다고 이야기 한다. 그는 이런 전통을 영국교회선교회와 그 이후에도 계속 유지되어 왔다고 하며, 중혼을 금지하는 하나님의 법은 두 명 이상의 아내를 취하는 행위, 소유하고 유지하는 행위도 다 금한다고 이야기 한다. 세례는 그 의식의 모든 면에서 중혼자들이 습관적으로 범하는 고백, 즉 그리스도의 율법에 복종하겠다는 공개적인 신앙고백이 포함되어 있다고 말한다. 그리고 당시 선교회의 상황을 이렇게 전한다.

> (1) 중혼자 배제 찬성, 매우 많음, (2) 중혼자 허입 찬성, 매우 많음, (3) 중도 혹은 자기 생각을 명확하게 정하지 못한 이들, 곧 불쌍한 둘째 부인들과 그 자녀들에 대한 동정심을 가지고 교회가 그들을 너무 냉대하지 말자는 소망을 표현한 자들, 매우 많음.[44]

배위량은 세 번째 입장에 대해 충분히 수용하나 중혼자에 대한 입장은 단호하다. 인도 선교 현장에서 이 문제를 다루는 것을 소개하며 중혼 금지의 입장을 단단히 전개한다. 그러면서 찰스 하지의 다음과

44 윌리엄 베어드, 위의 글, p.211.

같은 말을 인용하면서 "중혼자에게 세례를 베풀 수 있는가?" 2부를 맺는다.

> 혼인의 본질에 관한 성경의 모든 가르침을 통해서 볼 때, 그리스도가 두 몸, 두 신부, 두 교회를 갖는 것이 전혀 어울리거나 가능하지 않다면, 한 남자가 두 아내를 갖는 것도 마찬가지이다. … 중혼은 결혼의 본질을 훼파한다. 중혼은 여자의 본질에 관한 잘못된 견해에 근거한 것이며, 여자를 거짓되고 모멸스러운 위치에 두는 것으로 여자를 본래의 자리에서 몰아내고 그 권리를 훼손하고 수많은 악을 낳는 것이다. … 만일 이방인들의 나라에 기독교 세계에서 일반적으로 통용되는 법이 적용되지 않는 교회가 세워진다면, 그것은 매우 심각한 문제가 아닐 수 없다. 선교사들은 기독교의 교리뿐 아니라 기독교의 도덕도 가르치도록 보냄을 받았다. 그들이 세운 모든 교회는 그리스도가 원하시는 것을 믿고 그리스도가 원하시는 것을 행하는 그리스도의 증인들이 되겠다고 고백한다. 그들에게 잘못된 증거를 듣고 용인하라고 허락해서는 안 된다. … 사도시대 교회가 중혼을 허락하지 않았다는 것은 그 이후 어느 시대에서도 중혼이 용인된 것이 없다는 사실이 증거다. 모든 시대의 기독교인 일부가 예외일 수 있지만 중혼을 그리스도의 뜻에 배치된다고 여겼고, 그러므로 어떤 기독교회도 중혼을 용인하지 않았는데 만일 지금 이 19세기에, 이방인들 사이에 복음적인 교회를 세우고 사람들에게 기독교인이 되라고 즉 그리스도의 율법에 순종하는 자가 되라고 가르치면서, 그리스도의 강림 이후 모든 시대 성도들이 가르쳤던 것과 다르게 중혼자들도 괜찮다고 가르쳐야 한다면 그것은 참으로 개탄스런 일이 아닐 수 없다.[45]

배위량은 1896년 9월 *The Korean Repository* "기독교회는 중혼자

45 윌리엄 베어드, 위의 글, pp.213~214.

를 받아들일 것인가?" 제3부에서 '한국의 관습과 난제와 제안'이라는 주제로 중혼 금지론을 맺는다. 배위량은 이제 한국인의 관습을 살펴보면서 중혼은 정당성을 상실한다고 주장한다. 배위량은 "한국의 축첩 문제는 인도나 다른 여타의 나라보다 복잡하지 않고 중혼자들이 실제적으로 정당하게 인정되지 않는다. 중혼과 축첩이 자유롭게 용인되기는 하지만, 최소한 도덕 기준에서도 둘 다 잘못되었다고 지탄받는다. … 중혼자의 교회 허입을 주장하는 자들은 다른 나라에서보다 한 발 더 나아간 입장이며, 중혼자들뿐 아니라 첩들과의 죄악된 관계를 지속하는 자들도 인정하자고 주장한 것이다. 그러나 이런 일은 한국의 최고 관습에서도 정죄하는 일이다.[46]"라며 중혼 중도·관용론자들을 애둘러 비판하고 있다. 베어드는 한국에서의 양성관계, 축첩 등에 대한 관습을 이야기하면서 본처(The Real Wife), 두 번째 부인(A second Wife), 가직이(House-Keepers), 첩들(concubines)이 있다고 한다. 축첩을 용인하며 발생 빈도는 매우 드물지만 중혼도 용인하는 한국의 관습은 그럼에도 불구하고 일부일처제를 존중한다고 평가한다.[47] 또한 한국관습은 중혼자들과 축첩자들에게 세례를 금지한다는 점에서 성경의 요구 및 교회 권위자들의 주장과 일치한다고 평한다.[48] 그리고

---

46 Baird, "Should Polygamists be admitted to the Christian Church? Part 3", *The Korean Repository* 3:9, 1896.9, p.260.
윌리엄 베어드, 앞의 글, 2020, p.215.

47 배위량은 감리교 선교사 조지 H. 존스(rev. Geroge H. Jones)가 1896년 6월 *The Korean Repository* 에 기고한 글 "The Status of Woman in Korea"의 내용을 일부 인용하면서 다음과 같은 정리한다. "결혼은, 때로 쌍방 사이에 사적인 동거 맹세를 하기도 하지만, 통상은 별 예식 없이 그냥 함께 살자고 상호 합의한 관계이다. 첫째 아내는 유일한 합법적인 아내이고 한국인은 그 면에서 철저한 일부일처주의자이다."라고 정리한다. (윌리엄 베어드, 앞의 글, p.221.)

결론적으로 다음의 아홉 가지 행동지침을 제안한다.

> 1. 중혼과 축첩은 기독교교회에서 관용될 수 없다. 2. 오직 한 아내만 있는 신자들에게 세례를 베풀어야 한다. 3. 본처는 없고 다른 여자들과 동거하는 세례 청원자는 세례 받기 전에 복혼 관계를 다 정리하고 이 중 한 여자와 정식으로 혼인해야 한다. 4. 두 아내를 둔 자는 두 번째 아내와의 혼인 관계를 청산하기 전까지 세례 받을 수 없다. 이 결정은 당사자의 양심에 맡긴다. 교회는 바른 가르침을 줄 책임이 있다. 5. 세례를 받으려면 모든 첩은 버려야 한다. 각 첩과의 정리는 분리하여 처리하되, 인내와 사랑으로 다루어져야 한다. 자녀를 둔 어머니의 경우, 아버지는 그 첩이 다른 후원을 얻기까지 별거하면서 후원해야 한다. 그러나 결코 그 여인을 처라고 부르면 안 된다. 곧 '지금 네 옆에 있으나 네 것이 아닌(요한복음 4:18)' 아내라고 볼 수 있다. 6. 아버지는 자신의 친자식을 후원하고 세심하게 훈련할 책임이 있다. 7. 중혼자의 아내이지만 믿는 여자는 세례를 받을 수 있다. 그들은 '한 남편'을 가졌기 때문이다. 그러나 남편이 불신자이면, 여자의 뜻대로 행하기 어렵다. 8. 과거에는 동거자였으나 성경에서 말하는 간통 금지에 따라 갈라선 자들은 더 이상 구속력 있는 사이라 볼 수 없으나, 이해 당사자 한 편의 증거만 들어서는 안 된다. 9. 이상의 조건에 동의하지 않는 세례 청원자는 학습자 반에 남아서 그들이 양심에 따라 의무를 이행할 때까지 추가 교육을 받아야 한다.[49]

배위량은 위의 아홉 가지 행동지침을 세운 이유를 "교회를 위협하는 가장 큰 위험들 가운데 하나로부터 교회의 순전함을 지킬 유일한 길이다"[50]고 설명한다. 이것은 중혼자가 중혼관계를 청산하기 이전까

---

48 윌리엄 베어드, 위의 글, pp.216~221.

49 윌리엄 베어드, 위의 글, pp.229~230.

지는 세례를 베풀거나 교회의 회원으로 받아들일 수 없다는 입장을 강화한 것이며, 자신의 이 논문이 장로교공의회 및 다른 기독교 사역자들이 심사해 줄 것을 요청하며 맺는다.

*The Korean Repository*의 편집자인 감리교의 아팬젤러와 존스는 배위량이 마지막 글을 기고할 때 그의 분명한 성경 해석과 한국관습에 공정한 해석을 바탕으로 한 중혼자의 완전 금지론을 적극 지지하고, 장로교공의회가 같은 방향으로 결정으로 기대했다.[51]

배위량은 중혼 금지파의 신학적 토대를 제공하였다. 1896년 북감리회 한국 선교부는 중혼의 문제를 강경하게 처리하면서 공식 정책으로 채택한다. 여러 사업에서 협력하던 감리교의 공동 정책 요청은 장로교로서는 무시할 수 없었다. 1896년 팽팽하던 공의회의 입장은 10월 관용파인 기보가 건강악화로 미국으로 안식년을 떠나고, 북장로교나 캐나다 장로교 보다 보수적이고 엄격한 도덕률로 무장한 남장로교 선교사들이 내한 하면서 금지론은 더욱 강화되었다. 1897년부터 장로교 선교사들은 금지론 쪽으로 기울어져갔다. 3년 여 끌어오던 이 문제는 1897년 8월 열린 북장로교 한국 선교부 연례회의를 통해 일단락지어진다.

중혼문제에 있어서 강경한 금지파인 미국 북장로교 해외선교부 총무 로버트 스피어(R.E. Speer)와 그랜트(William H. Grant)가 1897년 8월 한국을 방문하면서 북장로교 선교회 연례회의와 장로교공의회를 앞당겨 개최하였다. 여기서 스피어는 자신의 입장과 미국교회가 1875년

50 윌리엄 베어드, 위의 글, p.230.

51 "Polygamist in the Church", *The Korean Repository* 3:9, 1896.9, pp.374~375.

장로교 헌법에서 중혼자(일부다처제)의 입교 금지한 것을 전달하였다. 동아시아의 중혼(처첩제)와 미국의 일부다처제는 달랐으나 'polygamy'로 이 두 개념을 이해한 미국교회의 입장은 아직 한국장로교가 미국장로교회에서 독립되지 않았기 때문에 내한 선교사들은 이를 수용할 수밖에 없었다.[52] 이 과정에서 베어드가 세 번에 걸쳐 발표한 글이 상당한 영향을 끼쳤다. 이상규는 이를 장로교공희회가 베어드 입장을 수용한 것이라고 평가한다.[53]

3. 기독교 혼인윤리의 수용과 그 이후

이숙진의 표현처럼 기독교 혼인윤리의 수용과정을 살펴보면 교회는 전통 혼례풍속에 대한 단절과 교인들을 통제라는 방식으로 기독교의 혼인윤리를 한국인 교인들에게 이식하고, 수용하도록 했다.[54] 그리고 선교사들이 중혼(축첩)에 대한 단절을 요구한 기독교 혼인 윤리는 수용에 있어서 중혼자로서 유일하게 세례를 받은 서상륜의 회원권 정지 결정을 둘러싸고 갈등의 모습으로 나타난다. 이것은 한국 장로교회가 만주의 '로스 방법'과 산동의 '네비어스 방법'을 동시에 수용하면서 중혼을 대하는 방법 사이의 상이한 정책을 조율기간의 흔적이다.

1895년 소안론에 의해 시작된 중혼논쟁에 1896년 배위량이 참여

52 옥성득, 앞의 책, p.519.

53 이상규, 앞의 글, p.34.

54 이숙진, 「기독교신여성과 혼인윤리-박인덕을 중심으로」, 『기독교사회윤리』 29, 2014, p.349.

하면서 완전 금지, 중도, 관용을 표방한 입장들이 금지와 관용의 진영으로 다시 완전 금지로 입장을 정리하게 되었다. 이 논쟁을 단순히 선교사들 사이에 서신으로 한 것이 아니라 *The Korean Repository*를 통해 전개한 것은 한국에서의 담론이 그저 한국 지식장에서 그치는 것이 아니라 지역/국가의 경계를 넘나든다는 것을 보여준다. 왜냐하면 소안론과 배위량은 자신의 입장을 표명하기 위해 해외저술은 물론이고 인도, 중국, 촘촘한 선교 망을 바탕으로 지역/국가의 경계를 서신을 통해 넘나들며 구축했기 때문이다.

장로교 선교사들이 중혼자의 교회 회원 가입에 대한 완전금지의 입장에는 배위량의 입장이 영향을 끼쳤다. 1897년의 중혼 금지가 결정되고 이를 서상륜에게도 적용하는 회원권 정지 결정, 이를 면하기 위해서는 두 번째 부인을 버려야 한다고 결정했다. 이에 대해 한국 교인들은 항의했고, 서상륜에 대한 조치를 해제해 줄 것을 선교사들에게 요청했다. 1898년 소집된 회의에서 장시간 토론 끝에 서상륜을 전교사로 복직시켰다. 하지만 중혼자의 교회 회원 유입 금지라는 결정이 번복된 것은 아니라. 1897년 당시의 시대적 환경과 맞물려 중혼자에 대한 엄격한 금지가 널리 지지 받았고, 교회는 이 입장을 견지하려고 노력하였다. 특히 중혼의 엄격한 금지는 선교사들이 한국기독교인에게 단절과 통제라는 방법으로 혼인윤리를 이식한 것이다.

1903년 연례회의에서 한국인 목회자들은 중혼문제를 두고 토론을 벌였다. 여기에는 이기풍, 길선주, 방기창, 김필수 등이 참여하였다. 장로교공의회에서는 '혼인관계위원회'를 통해 혼인 규칙을 1년 더 연구하도록 했다. 그 결과 1904년에 중혼의 완전 금지, 간음이외의 사유로 이혼금지, 불신자와 결혼 금지, 정혼(약혼)에 주의를 요함. 모든 복

잡한 경우에 해당하는 자는 오랫동안 교인 자격을 정지시키든지, 원입인으로 남겨둔다는 5개항의 규칙을 마련하여 통과시켰다.[55] 1907년 중혼문제는 금지론으로 정리를 한다. 이것은 기독교 혼인윤리가 종교적 메타포를 이용해 서구 근대의 혼인윤리를 기독교 신앙과 연결시킨 결과이다.[56]

근대전환기에 한국의 다양한 기독교 매체는 그 시대 계몽을 주장하는 다른 언론 매체처럼 새로운 윤리를 다루었다. 특히 기독교계 매체들(『죠션크리스도인회보』, 『신학월보』, 『그리스도신문』, 『그리스도회보』, 『기독신보』, 『가정잡지』 등)은 새로운 혼인윤리로 기독교 혼인윤리에 대한 강화를 시도하였다. 여기서 다룬 혼인윤리의 주제는 조혼을 금하고, 축첩(중혼)의 문제에서는 엄격했고, 교인 사이의 혼인을 권장하는 것이었다. 이것은 외래사상이 이식과 수용 그리고 변용과 확장을 통해 자리 잡게 된 것을 보여준다.

지금까지 근대전환기에 형성된 중혼관련 문제를 중심으로 기독교 혼인윤리의 수용과정을 살펴보았다. 특히 중혼자의 문제를 다루면서 지역/국가의 경계를 넘나들며 세계적 기준과 동떨어지지 않은 결정을 한 것을 주의 깊게 살펴보았다. 근대전환기 선교사들은 한국사회에서 일부일처제를 존중하고 축첩을 용인하고 아주 드물게 중혼 상태를 받아주더라도 중혼자 처리문제에 있어서 세계교회와 함께 보조를 맞췄다. 이것이 누군가의 표현대로 한국사회에 건실한 가정생활을 영

55 옥성득, 앞의 글, p.30.

56 이숙진·양선혜, 「초기 기독교의 혼임담론: 조혼, 축첩, 자유연애를 중심으로」, 『한국기독교와 역사』 32, 2010.3, p.46.

위할 수 있는 바른 원리가 되었다고 하여도 한 가지 물음이 남는다. 그것은 한국전쟁이 70년이 넘어간 이즈음에 분단, 전쟁 그리고 긴 시간의 휴전으로 발생한 중혼자들에 대한 한국교회의 윤리적 물음과 해결 노력에 관한 것이다. 이 문제를 향후 연구과제로 남기고자 한다.

근대전환기 한국기독교의 "혼인론"

: 숭실대학교 한국기독교박물관 소장본을 중심으로

1. 혼인과 혼례의 또 다른 시작

서양을 통해 기독교가 전래된 때부터 한국인의 윤리 패러다임에 영향을 준 것은 혼례와 상례와 제사와 관련된 통과의례들이었다.[1] 전통사회는 관혼상제(四禮)를 중요시 하였는데 혼례와 혼인은 사례 가운데 근대전환기 한국교회가 새로운 세계관을 알아가고 구습에서 벗어난 데 가장 큰 영향을 발휘했던 것이 혼인과 관련이 있다.[2]

---

1 이에 관한 선행연구로 우리가 주목할 만한 것은 송재용의 논문(송재용, 「개화기에서 일제강점기까지 관·혼·상·제」, 『동아시아고대학』 30, 2013)이 있다.

2 한규무, 「초기 한국 장로교회의 결혼 문제 인식(1890~1940)」, 『한국기독교와 역사』 10, 1999.; 옥성득, 「초기 한국교회의 일부다처제 논쟁」, 『한국기독교와 역사』 16, 2002.; 오지석, 「한국교회 초기 혼인관(婚姻觀)에 대한 연구」, 『기독교사회윤리』 12, 2006.; 이복규, 「한국 개신교 일생의례의 특성과 세계관」, 『比較民俗學』 39, 2009.; 이숙진·양현혜, 「초기 기독교의 혼인담론-조혼, 축첩, 자유연애를 중심으로」, 『한국기독교와 역사』 32, 2010.; 이숙진, 「기독교신여성과 혼인윤리-박인덕을 중심으로」, 『기독교사회윤리』 29, 2014.; 박보영, 「근대이행기 혼례의 변화-독일 선교사들의 보고에 나타난 침묵과 언어」, 『지방사와 지방문화』 17(2), 2014.; 이상규, 「교회는 중혼자(重婚者)를 받아들일 수 있는가?」, 『동서신학』 2, 2019.; 안수강, 「그레고리(Daniel S. Gregory)의 『도덕학』(1915)에 나타난 부부윤리분석」, 『실천신학』 71, 2020.; 안수강, 「『장로회혼상례식서』(1924/1925)를 통해서 본 혼례문화와 현재적 함의」, 『갱신과 부흥』 26(1), 2020.; 오지석, 「근대전환기의 기독교혼인윤리성립 성립과정 고찰-소안론

서양 기독교 영향 받은 근대전환기 혼인론의 형성과정을 숭실대학교 한국기독교박물관 소장 서학서(西學書)와 근대전환기 개신교 문헌자료저작 등의 자료를 중심으로 밝혀보고 그 과정속에 서양 기독교 혼인윤리의 이식, 수용, 토착화 모습을 드러내고자 한다. 이 글에서는 근대전환공간 속에서 교회가 전통 혼례풍속에 대한 단절과 교인들을 통제라는 방식으로 혼인윤리를 한국인 교인들에게 이식하고 수용하도록 한 모습[3]과 그 속에서 문화접변, 혼종 그리고 토착화의 흔적을 통해 기독교 혼인론의 의미를 재조명하고자 한다.

2. 근대전환기의 혼례와 혼인론 : 충돌과 변용

1) 전통사회의 혼례와 혼인론

전통사회는 혈연과 지연에 기반 한 공동체 문화를 가꿨다. 혼인도 마찬가지였다. 혼인은 당사자와 가족을 넘어선 일이었다.[4] 대개의 경우 남녀의 사회적·경제적 결합을 표현할 때 혼인·혼례·결혼이라는 용어를 사용한다.[5] 국립국어원의 『표준국어대사전』에서는 '혼인'을 "남자와 여자가 부부가 되는 일"[6]로 혼가(婚嫁), 혼구(婚媾), 혼취(婚娶)

과 배위량의 논쟁을 중심으로」, 『기독교사회윤리』 49, 2021.

3 이숙진, 위의 글, p.349.; 오지석, 위의 글, p.364.

4 신형식, 「발간사」, 서울특별시 시사편찬위원회, 『서울 사람들의 혼인, 혼례, 결혼』, 2012.4.

5 박혜인, 「제1장 혼인의 기능과 구분」, 위의 책, p.10.

6 https://stdict.korean.go.kr/search/searchResult.do?pageSize=10&searchKeyword=%ED%98%BC%EC%9D%B8, 검색일: 2022.7.14.

라고도 하며 비슷한 말로 가취(嫁娶), 결혼(結婚)로, 혼례를 "부부 관계를 맺는 서약을 하는 의식(결혼식)", "혼인의 예절[근례(巹禮), 빙례(聘禮)]"[7]로, 결혼을 "남녀가 정식으로 부부 관계를 맺음[8]이라고 정의한다. 여기서 보면 혼인이나 결혼은 남녀가 부부가 되는 행위가 중심이 되고, 혼례는 부부가 되는 행위에 수반되는 '예절'에 중점을 둔 용어임을 알 수 있다. 혼례를 다시 말하면 남녀의 결합을 사회적으로 공인하고 정당화하는 '의례' 행위이다. 그러므로 혼인·혼례·결혼은 '사회적으로 승인된 영속적인 남녀의 성적 결합으로 경제적 협력과 동거 관계를 수반한다.'고 일반적으로 정의할 수 있으므로 남녀의 단순한 성적 결합과는 명백하게 구별된다.[9]

전통사회의 혼인은 남녀 사이의 결합이 아니라 두 집안의 결합의 형식이었다. 왜냐하면 집안·가문이 사회를 구성하는 가장 기초 단위였기 때문이다.[10] 그렇다면 조선 시대의 혼인론은 어디에 뿌리를 두고 있을까? 조선은 성리학을 지배이념으로 삼았지만 여전히 불교적 관습이 강하게 남아 있었다. 그래서 국가정책으로 유교적 사회 규범을 강력하게 보급하였다. 여기서 말하는 유교적 사회규범이란 예법과 예속인데 예법이란 유교의 윤리이고, 예속은 유교의 의례생활 즉 '관혼상제(四禮)'의 습속인데 이는 『가례(家禮)』를 따른다.[11] 조선후기에 접

---

7 https://stdict.korean.go.kr/search/searchResult.do?pageSize=10&searchKeyword=%ED%98%BC%EB%A1%80, 검색일: 2022.7.14.

8 https://stdict.korean.go.kr/search/searchResult.do?pageSize=10&searchKeyword=%EA%B2%B0%ED%98%BC, 검색일: 2022.7.14.

9 박혜인, 앞의 글, pp.11~12.

10 박혜인, 위의 글, p.13.

11 이영춘, 「예절로 다스리는 사회의 종법 질서」, 국사편찬위원회, 『유교적 사유와 삶의

어들면 『가례』에서 제시하고 있는 상례(喪禮)와 제례(祭禮)를 서민들도 따르고 유교식 삼년상과 제사도 자리 잡았다. 하지만 혼례(婚禮)는 전통적인 인습이 강하게 유지되었고, 관례(冠禮)는 사대부 계층에서만 이어가고 있었다.[12] 조선사회는 『가례』의 근거인 『예기(禮記)』의 혼례에 대한 정의-혼례는 두 성(姓)의 좋은 점을 합쳐, 위로는 종묘를 받들고 아래로는 후손을 잇는 것이다-[13]를 올바른 혼인론으로 수용하였다. 이 정의는 '二姓之合 百福之源(두 성씨의 결합이 모든 복의 근원이다)'[14] 즉 두 집안이 합친다는 것과 또 그 위에 종묘를 받들고 가계를 이어가는 것으로 나눌 수 있다. 만일 이 두 가치가 갈등할 때 무엇이 우선인가라는 물으면 이성지합이 먼저라고 답한다.[15] 그렇다면 올바른 이성지합은 어떤 모습일까?

조선시대 사람들은 국가가 아무리 한쪽 집안, 즉 부계 쪽에서 사회를 주도해 나가기를 바란다 하더라도 여전히 두 집안의 공조에 바탕을 둔 혼인을 원하였다.[16] 그래서 국가에서 권장한 혼인규범이나 금지조항은 조선의 혼인론의 구체적 모습을 그려 볼 수 있을 것이다.[17]

변천』, 서울: 두산동아, 2009, p.169.

12 위의 글, p.171.
"조선시대 고유의 전통 의식 중에서 혼례 의식만큼 유교화에 저항한 것은 없었다. 주자의 모델을 받아들이는 데 가장 근원적인 갈등은 고려시대와 새 왕조에서 오랫동안 만연한 부처제(婦處制) 관행이었다." 마르티나 도이힐러, 이훈상 옮김, 『한국의 유교화 과정-신유학은 한국사회를 어떻게 바꾸었나』, 서울: 너머북스, 2013, p.334.

13 이순구, 「올바른 혼인」, 국사편찬위원회 편, 『혼인과 연애의 풍속도』, 서울: 두산동아, 2005, p.102.

14 『예기(禮記)』, 〈혼의(婚儀)〉, "婚禮者, 將合二姓之好, 上以事宗廟, 而下以繼後世也." 박혜인, 앞의 글, p.13.

15 이순구, 앞의 글, p.102.

16 이순구, 위의 글, pp.109~110.

조선의 올바른 혼인[18]에 관한 사항은 첫째 중매혼(가문과 가문의 결합), 둘째 동성혼(同姓婚) 금지, 셋째 상중(喪中) 혼인금지, 넷째 금혼령(禁婚令) 중 혼인금지, 다섯째 혼인사치금지, 여섯째 혼기준수[19], 일곱째 조강지처불하당(糟糠之妻不下堂), 여덟째 상처 후 3년 내 재혼금지, 아홉째 과부재가금지, 열째 신분내혼 등 10개로 정리할 수 있다. 마르티나 도이힐러(Martina Deuchler)는 유교화된 조선에서의 "혼인은 여성에게 별 관심을 받지 못하는 유년기 여성이 사회의 어엿한 일원이 되는 어른으로서 거쳐야 할 통과 의례를 의미하였다."[20]고 정의한다.

2) 전통과 충돌하는 새로운 혼례와 혼인론[21]

조선은 1876년 일본과 강화도 조약을 한 뒤, 1882년 미국, 영국, 독일 등에게 차례로 문호를 개방하면서 서양의 문물이 밀물처럼 쏟아

---

17 이순구, 위의 글, pp.109~110.

18 이 부분은 이순구, 위의 글, pp.106~117에 나온 것을 정리한 것이다. 마르티나 도이힐러의 『한국의 유교화 과정』, 「6장 신유학의 입법화와 여성에게 일어난 결과」에는 조선시대 혼인과 관련된 문제를 다루고 있다.(처첩의 제도화, 혼인규정과 전략, 『주자가례』와 혼례식, 왕실의 혼례식, 조선의 혼례식, 혼인관계의 해소, 과부와 재혼 등)

19 『주자가례』는 혼인할 수 있는 나이를 남성은 16세에서 30세로, 여성은 14세에서 20세로 규정하고 있었고, 『경국대전』에서는 남성은 15세, 여성은 14세로 하한선만 명시해 놓았으며 13세가 지나야 혼담이 가능하다고 하였다. 만약 어느 한 쪽 부모가 지병이 있거나 50세가 넘게 되면 연령 제한은 12세로 낮아지기도 했다. 연령제한의 목적은 너무 어린 나이에 혼인시키는 고려 유습을 억제하기 위한 것이다. 마르티나 도이힐러, 위의 책, p.329.

20 위의 책, p.332.

21 이와 관련된 연구로는 이영수, 「개화기에서 일제강점기까지 혼인유형과 혼례식의 면모양상」, 『아시아문화연구』 28, 2012.; 김연수, 「근대시기 혼례문화 변동 연구」, 『여성과 역사』 24, 2016.; 박보영, 「근대이행기 혼례의 변화-독일 선교사들의 보고에 나타난 침묵과 언어」, 『지방사와 지방문화』 17(2), 2014.; 송재용, 「x개화기에서 일제강점기까지 관·혼·상·제례의 지속과 변용」, 『동아시아고대학』 30, 2013 등이 있다.

져 들어왔다. 개항을 기점으로 조선은 개화·개방의 흐름이 시작되었다.

박영효(朴泳孝)는 일찍이 그의 개화 상소문에서 다음과 같이 전통사회에서 결혼과 관련된 관습과 생각들이 여성에 대한 사회적 불평등과 차별 의식을 지적한 바 있다.

> 무릇 남녀가 그 질투하는 마음은 같은데 남자는 유처취첩(有妻聚妾)하면서, 혹 그 아내를 속박하고, 또는 그 처를 쫓아내며, 아내는 그렇다고 개가도 못하고 이혼도 못하니, 이것은 법에서 여자의 간음만을 금하고 남자의 난잡함은 금하지 아니하는 까닭이다. 또 남자는 상처(喪妻)하면 재취(再娶)할 수 있게 하고 여성은 상부(喪夫)하면 아직 합근치 않았더라도 재가할 수 없으니, 이는 가족 친류(親類)가 제재하는 까닭이다.[22]

확실히 조선 사회에서 여자는 남자의 반려(伴侶)가 아니라 노예처럼 쾌락 또는 노동의 연장에서 인식되는 존재였고, 법률과 관습조차도 여자에게 아무런 권리도 인격도 인정하지 않았다.[23]

조선후기에 들어서면서 서양 종교와 새로운 사조가 유입되면서 전통사회 내부의 모순을 극복하고자 하는 노력을 보이는 한편 이때 유입된 외래문물은 우리문화보다 더 문명개화된 것으로 여겼다. 그래서 맹목적으로 외래문화를 동경하면서 우리의 전통은 낡은 것, 유통기한이 지난 것으로 여겨 새로운 사조가 그 자리를 대신하면서 우리 사회가 큰 틀에서 나서게 되었다.[24] 혼례·혼인에 대한 것 역시 예외가 아

---

22 박영효, 「개화상소」(1888), 『근대 한국 명논설집』(『신동아』 1966년 1월호 부록), pp.22~23.; 신영숙, 「사유연애·자유결혼, 그 이상과 현실」, 국사편찬위원회 편, 『혼인과 연애의 풍속도』, 서울: 두산동아, 2005, p.210에서 재인용.

23 신영숙, 위의 글, p.210.

니었다. 이러한 현상에 대해 이광수는 「혼인론-1의 속」[25]에서 자신의 소중한 '아들'과 '딸'의 일생이 걸린 중대사인 혼사를 술자리에서 결정하는 비일비재했다고 당시의 세태를 비판하였다.[26] 이는 혼인을 개인이 아닌 집안의 가장을 중심으로 한 가족과 가문과 가문으로 결합으로 본 전통사회의 혼인관이 아직 지배하고 있었기 때문이다. 하지만 갑오개혁이후 전통 혼인관에서 커다란 변화가 있었음을 류광렬(柳光烈)은 1933년 『삼천리』에서 "갑오(甲午) 이후로 조선에 자유주의의 사조가 들어오면서 혼인에 대한 관념도 일변(一變)켜"[27]라고 서술하였다. 근대전환기에는 혼례형태도 변화가 시작되었다. "가정의 부모 앞에서 행하는 이른바 개량 결혼식이 구식 혼례를 물리치고 조금씩 퍼져 나갔다."[28] 『별건곤』 1930년 5월호에서는 "가정의 부모 앞에서 행하는 재래식"의 혼례방식은 "어릿광대 놀음"[29]같다고 평가하지만 문일평은 1935년 『신동아』 5월호에 게재한 글 「간편과 절약을 주안으로」에서 "사회 저명인의 주례 아래 행하는 신식 결혼"이 활기차고 그럴듯한 어떤 것으로 인식되면서 점차 유행하게 되었다[30]고 말한다.

---

24 이영수, 앞의 글, p.152.

25 이광수, 「혼인론-1의 속」, 『매일신보』, 1917.11.23, p.1.

26 이영수, 앞의 글, p.152.

27 柳光烈, 「結婚難의 打開策-理智的 判斷과 手腕力量에 置重」, 『삼천리』 5(4), 1933, p.43.; 이영수, 위의 글, p.152에서 재인용.

28 신영숙, 「신식 결혼식과 변화하는 결혼 양상」, 국사편찬위원회 편, 『혼인과 연애의 풍속도』, 2005, p.198.

29 안복희 외, 「금춘 졸업의 모던 남녀의 결혼 이상」, 『별건곤』 1930.5, p.21.; 김경일, 『근대의 가족, 근대의 결혼-가족과 결혼으로 본 근대 한국의 풍경』, 서울: 푸른역사, 2013, p.82에서 재인용.

30 문일평, 「간편과 절약을 주안으로」, 『신동아』 1935.5, p.84.

신식혼인(결혼)은 19세기 말 개신교(기독교)의 전파와 더불어 자리 잡았다. 경제적 여유가 없는 기독교인 사이에는 신랑과 신부가 상대편의 머리를 쪽 지어 주고 상투를 틀어 주는 것으로 끝나는 이른바 '복수결혼(福手結婚)'이 성행하였다. 이 때 복수란 쪽을 지어 주고 상투를 틀어 주는 사람을 일컫는 말이다.[31] 복수결혼 형식은 일종의 변용이라고 할 수 있다. 왜냐하면 가까운 친척들만이 지켜보는 가운데 찬물을 떠놓고 한 이 결혼식은 신식 결혼식이지만 조선 시대 가난한 사람들이 행하던 빈자(貧者) 결혼과 별 차이가 없었기 때문이고 비용 부담이 적어서 하층민에게 인기가 있었다.[32] 1890년대 들어서면서 '예배당 결혼'이 시작되고 자리 잡게 되었다. 신식 혼례를 먼저 받아들인 지역은 개항지인 인천, 남포, 원산 등이었다. 근대전환기 신식 혼례는 가톨릭식(婚配聖事), 개신교식[33], 천도교식, 불교식(華婚法), 고천식(高天式), 사회식 등으로 분화되었다.[34] 기독교식은 기독교 전파와 교회당이

---

31 고영진, 「관혼상제 어떻게 변했나」, 한국역사연구회, 『우리는 지난 100년 동안 어떻게 살아갈까』 1, 서울: 역사비평사, 1998, p.274.

32 신영숙, 앞의 글, p.198.

33 최초의 개신교식(예배당) 결혼식을 한 사람에 대한 입장은 다양하다. 1888년 3월 한용경과 과부 박씨로 기록하고 있는 이이화, 신영숙, 송현강 등이 있고, 『별건곤』 16·17(1928. 12.) 82면 기사를 전거로 1890년 2월 박시실녀(시실리아)와 강신성의 결혼을 신식 결혼의 처음으로 주장한다. 『독립신문』 1899년 7월 14일자 '서양혼례' 관련 기사가 서양혼례를 다룬 첫 기사라고 하는 입장(https://blog.daum.net/jidam55/16144 914)과 1920년 4월 10일자 『동아일보』에 실린 나혜석과 김우영의 결혼식이 신문기사에 등장한 최초의 결혼식이라는 입장이 있다.

34 김성은, 「결혼과 이혼의 역사」, 이배용 외, 『우리나라여성들은 어떻게 살았을까』, 서울: 청년사, 1999, p.94.
"최근에 예수교의 혼례, 불식화혼(佛式花婚) 또는 조선식 개량혼례는 물론 현미빵식 혼인 또는 임중(林中)결혼, 공중결혼 같은 첨단적 혼례식도 유행", 김동진, 「결·이혼으로 본 조선의 자태」, 『신동아』 1931년 11월호.

세워지면서 당시 중상류층과 지식인들 사이에서 널리 선호되었다.[35] 기독교 신자가 아닌데도 이 기독교식으로 결혼하는 경우가 결혼하는 경우가 많아서, "혼인식의 의미가 없을 뿐만 아니라 일종의 허위요, 모든 사람을 속이는 수단"[36]이라는 비판도 받았다.

교회·절·공공장소 등에서 한 신식 결혼은 통칭 '사회 결혼'으로도 불렸는데, 1920년대 초기가 되면 장소가 모자랄 정도로 많은 사람이 행하였다. 이에 예식장이란 것이 등장하기 시작하였다. 그런 가운데 결혼 절차도 반드시 신식·구식의 차원을 넘어 신구 혼례의 혼합이나 절충이 모색되기도 하였다. 대부분이 신혼여행 과정까지는 신식 결혼 절차를 따랐지만 혼례 장소가 신부 집에서 예식장으로 바뀌었을 뿐 아직 전통적인 과정이 그대로 행해지는 경우도 많았다. 즉 초행·신행 등의 전통 혼례 절차가 신식 혼례의 등장에도 불구하고 소멸한 것이 아니라 새로운 형식인 신식 혼례와 결합하여 변형·지속되고 있었던 것이다.

3. 근대전환기 기독교 문헌 속의 혼인론

박보영이 이야기하는 것처럼 혼례는 사회집단 내에서 완전한 성인이 되는 것이며 동시에 새로운 가족단위로 등장하는 통과의례이면서 집안과 집안 사이의 결합이 이뤄지는 집단의 입사의례이기도 하다.[37]

---

35 김경일, 앞의 책, p.83.

36 〈대개는 형식에 불과한 소위 신식 결혼식〉, 『동아일보』, 1925.11.17.

그러므로 한국의 전통혼례는 단순히 개인의 혼례를 머무르지 않고 마을공동체 구성원으로 새롭게 진입한 것을 축하하고 받아들이는 축제로서 의미로 확장된다.[38] 이런 전통혼례는 기독교 혼인의례와 접합된 형태로 다른 의례와는 달리 특별한 거부감 없이 가장 빨리 정착되었다.[39] 그렇다하더라도 전혀 아무런 갈등 없이 단순 수용하지 않았다. 혼례에서 예(禮)를 담아내는 방식에 결정적인 차이가 있었다.[40] 또한 혼인에 대한 인식도 바뀌게 되었고 서학에서 시작되어 가톨릭과 개신교의 혼인론은 한국인들의 혼인론에 커다란 변화를 가져왔다. 그 흔적을 서학의 문헌과 숭실대학교 한국기독교박물관 자료를 중심으로 살펴보기로 하자.

1) 서학(가톨릭)문헌으로 배우는 혼인론

조선은 혼인과 부부됨의 출발을 효에 두어야 한다고 가르쳤다. 이러한 효 중심의 입장은 서학(가톨릭)과 근대전환기 개신교가 조선에 전파되면서 심각한 도전을 받았다. 특히 서학의 남녀관이나 혼인관은

---

37 박보영, 앞의 글, p.194.

38 위의 글, p.194.

39 위의 글. p.194.

40 위의 글, p.190.
"기독교 유입으로 종교의례 뿐 아니라 일생의례에 까지 전반적 의례혼합 현상이 빚어지게 되는데, 이를 대중전통과 엘리트전통의 경합으로 보고 몇몇 의례가 성공적으로 교회 안에 정착할 수 있었던이유를 대중전통의 힘에 의거하고 설명하고 있다."(이런 입장은 윤영복, 「한국 기독교 죽음의례의 변화양상」, 『종교문화비평』 16, 2009.; 차은정, 「한국 개신교 의례의 정착과 문화적 갈등」, 『한국기독교와 역사』 10, 1999.; 방원일, 「혼합현상을 이론화하기-한국 개신교 의례의 정착과정을 중심으로」, 『종교학연구』 20, 2001 등에서 발견할 수 있다.) 박보영, 위의 글, p.193.

유교와는 너무나 다른 것이었다.[41] 서학은 남자와 여자는 모두 차별 없는 천주의 소중한 피조물이라고 설파하였다.[42] 이것은 당시 여성관과는 근본적으로 다른 것이어서 양반층 부녀자에서 중하층 부녀자에 이르기까지 가톨릭을 적극적으로 수용하게 이끈 길잡이 가운데 하나라고 할 수 있다.

'서학'의 윤리 특히 부부윤리를 알 수 있는 책은 판토하의 『칠극(七克)』[43]과 알폰소 바뇨니(Alfonso Vagnoni, 王豊肅, 高一志, 1566~1640)[44]의 『제가서학(齊家西學)』이다. 그리고 서학 윤리의 영향을 받은 책으로 『류한당언행실록』[45]이 있으며, 가톨릭 신자가 지켜야 할 생활규칙을 모아 놓은 『회장규조(會長規條)』(1839)[46], 『장주교윤시제우서(張主教輪示諸友書)』 혼배 편(1857)[47]에서 가톨릭의 부부윤리를 소개하고 있다.

---

41 오지석, 앞의 글, 2006, p.79.

42 오지석, 위의 글.

43 판토하는 『칠극(七克)』 제6권 방음(坊淫)편 혼취정의(婚娶正議 - 결혼의 바른 뜻)에서 서학의 혼인관을 제시하고 있다.

44 알퐁소 바뇨니에 대한 자세한 소개는 배주연, 「해제, 제가서학(齊家西學)」, 동국역사문화연구소 편, 『조선시대 서학관련 자료 집성 및 번역·해제』 1, 서울: 경인문화사, 2020, pp.388~417을 참고.

45 『류한당언행실록』은 숭실대학교 한국기독교박물관 소장본이 전해지고 있으며, 숭실대학교 한국기독교박물관에서는 연구자들과 일반인들에게 보다 쉽게 접근 있도록 『이벽몽회록, 류한당언행실록, 사후묵상』(한국기독교 고전 세계화 시리즈 1, 2007)을 펴냈다. 『류한당언행실록』에 대한 연구로는 소재영, 「자료 해제 - 류한당언힝실록」, 숭실대학교 崇實語文硏究會, 『崇實語文』 1, 1984, pp.220~223.; 김신연, 「류한당언행실록 연구」, 『한국여성교양학회지』 6, 1999, pp.5~23.; 조연숙, 「류한당언행실록 연구」, 『아시아여성연구』 44(1), 2005, pp.365~396 등이 있다.

46 김정숙의 「조선후기 서학수용과 여성관의 변화」에서는 1921년에 간행된 『회쟝직분』과 1913년에 간행된 『최장의 본분』과 별 차이가 없어서 『회쟝직분』을 중심으로 이와 관련된 것을 제시하고 있다. 김정숙, 「조선후기 서학수용과 여성관의 변화」, 『韓國思想史學』 20, 2003, p.40.

가톨릭의 선교사들은 서학서와 교서 등을 통해서 바른 혼인과 혼인의 순결함과 일부일처제의 정당성, 그리고 축첩제에 대한 기독교의 입장을 소개하고 이식하고자 하였다.

우선 『칠극(七克)』 제6권 방음(坊淫)편 혼취정의(婚娶正議)에서 다루고 있는 일부일처제에 대한 생각을 살펴보면 다음과 같다.

> 어떤 사람이 내게 물었다. "귀국의 혼례는 어떠한지요?" 내가 말했다. "우리 고장 모든 나라의 풍속은 모두 부부를 바른 법도로 여깁니다. 위로 국왕으로부터 아래로 일반 백성에 이르기까지 한 남편은 다만 한 아내를 배필로 얻어, 혹시라도 감히 어기지 않습니다. 아내가 세상을 뜨면 다시 정처(正妻)와 혼인하고, 첩을 들일 수는 없지요.[48] 천주의 『성경』에는 천지만물을 창조하신 참된 이야기가 모두 실려 있습니다. 개벽할 때에 천주께서 이미 만물을 조성하시고 나서 아담(亞當)이라는 이름의 한 남자를 만드시고 이브(厄襪)라는 이름의 한 여자를 만드셔서 인류의 조상으로 삼으시고는 말씀하셨습니다. '너희는 부부니 두 사람이 한 몸이니라. 천주께서 짝지어주신 것을 사람이 나누지 못한다.[49]
>
> 천주께서 다만 한 남편에게 한 아내를 배우자로 정해준 것은 부부가 바른 예법이 되는 분명한 증거고, 이것이 바로 천주께서 사람을 내신 곧은 도리입니다.[50]

또 동아시아인들이 축첩을 효와 연결해서 피하려는 시도에 대해

47 『장주교윤시제우서』 혼배편, 『장주교윤시제우서』는 1857년 8월 2일 반포된 조선 대목구 최초의 사목교서이다. 이 교서에는 성직자 생활 전반에 관한 지팀과 서영회에 대한 규식이 규정되어 있었다. 박보영, 앞의 글, pp.189~271.

48 판토하, 정민 옮김, 『칠극-마음을 다스리는 7가지 성찰』, 서울: 김영사, 2021, p.510.

49 위의 책, p.512.

50 위의 책, p.513.

분명한 기독교 부부윤리를 다음과 같이 서술하고 있다.

그가 말했다. "첩을 취하는 것을 금하는 것은 반드시 분명한 근거가 있을 테니, 그 뜻에 대해 듣고 싶습니다."[51] 내가 말했다. (생략) 모든 나라, 만고의 일체 성현의 교훈과 제왕의 법령은 그 굽은 것을 깎아 펴서 본래의 곧음으로 돌아가게 하려는 것이 아님이 없습니다. 그렇다면 교훈과 법령은 반드시 천주께서 사람을 내신 원래의 법도에 맞아야만 훌륭하고 아름답지, 그렇지 않을 경우 추하고 악합니다.[52] 옛 현인이 이렇게 말했다. "사람이 한 번 바다를 건너는 것은 이상할 것이 없지만 두 번 건너는 것은 이상할 것이 없지만, 두 번 건너는 것은 이상하다. 사람이 한 번 혼인하는 것은 이상한 일이 아니지만, 두 번 혼인하면 몹시 이상하다."[53]

어떤 이가 말했다. "사람이 자식이 있는데 두 아내를 얻는다면 음란한 죄를 면치 못하겠지요. 만약 정처(正妻)에게 자식이 없어서 장차 제사가 끊어지는 불효를 염려해 후사를 구하고 다시 맞이하는 경우는 도리에 어긋나는 것이 아닐 듯싶습니다만… 내가 말했다. "그렇지 않습니다. 남편이 죽었는데 아내가 다시 시집가지 않으면, 비록 자식이 없더라도 나라의 임금이 정문(旌門)을 세워주고, 나라 사람들이 이를 칭송합니다. 아내가 비록 자식이 없다 해도 남편이 다시 여자를 취해오지 않는다면, 사람들이 또한 의로운 남편이라고 칭찬하겠지요.[54] …(중략)… 정결한 덕을 지키려다 불효의 죄를 범한다는 것은 있을 수 없는 이치입니다. 지금 사람들이 정결을 지키지 않는 것이 어찌 효를 구하기 위해서겠습니까? 다만 도덕의 힘이 정결함을 지키기에는 부족한지라, 효도의 명분을 훔쳐와 음란한 마음을 꾸미고, 불효의 죄를 빌려와서 욕망을 멋대로 채우는 죄를 사절하려는

---

51 위의 책, p.510.
52 위의 책, p.512.
53 위의 책, p.519.
54 위의 책, p.520.

> 것입니다.[55] …(중략)… 사람이 자식이 없는 것이 어찌 반드시 모두 아내의 탓이겠습니까? 또한 남편 때문일 수도 있습니다. 여인의 성품은 남자보다 여려서, 아들을 얻어 돌보고 지키려는 바람이 남자보다 심합니다. 이제 남편이 자식이 없다고 해서 아내가 다른 남자에게 시집가려 한다면 반드시 괴이하게 여길 것입니다. 아내가 자식이 없다고 해서 남편이 마침내 다른 아내를 얻어온다면, 어째서 그것만 괴이하게 여기지 않는 것인지요? 몸이 하나인데 몸이 둘인 것이 다 괴물인 것과 무슨 차이가 있겠습니까?[56]
>
> 옛날 어떤 현자가 이 때문에 한 사람에게 아내는 남겨두고 첩은 보내라고 권했다. 그 사람이 말했다. "이치야 비록 바르지만, 첩을 내가 능히 내보낼 수가 없습니다." 현자가 말했다. "당신이 능히 첩을 내보내지 않는다면, 또한 천당에서 당신을 내보낼 것입니다."[57]

또한 판토하는 부부윤리와 결혼의 의미를 "부부를 맺는 것은 진실로 벗과 우정을 맺는 것보다 더 가깝다. 두 사람이 우정을 맺을 때 체모가 걸맞지 않으면 친구가 되지 못한다. 하물며 부부야 말해 무엇하겠는가? 그래서 "아내는 나란하다"고 말하는 것이니, 대등한 몸임을 밝힌 것이다. … 천주께서 사람으로 하여금 결혼을 하게 한 것은 부부가 서로 사랑하고 돌봐주는 유익함을 얻고자 해서다."[58]고 설명한다.

『칠극』이 일부일부제와 축첩을 대해 정결과 연결해 서술한다면, 이에 비해 바뇨니의 『제가서학』 "제부부(齊夫婦)"[59]는 혼인론과 부부

---

55 위의 책, p.521.

56 위의 책, p.522.

57 위의 책, p.523.

58 위의 책, pp.51~517.

59 바뇨니의 『제가서학』은 다섯권으로 구성되어 있으며 1권은 제부부인데 8장으로 구성되어 있다. 제1장 배우자의 결정(定偶), 제2장 부인 선택(擇婦), 제3장 역할 설정(正職), 제4장 화목(和睦), 제5장 부부의 화합(全和), 제6장 남편에 대한 잠언(夫箴), 제7장 부인

윤리를 본격적으로 소개하고 있다.[60] 기독교적 일부일처의 당위는 태초 하나님이 그렇게 정하신 것이라는 신앙의 문제에 그 유일한 근거를 두고 있다. 물론 근대전환기 축첩제도 폐지와 기독교적 일부일처제가 구축된 상황과는 다르다. 배주연은 『제가서학』에서 발견할 수 있는 동서간의 일치된 혼인관은 '세대를 이어가는 주요한 과업'이며 음양(陰陽)의 상보적 관점으로 인식하고 있다는 것이고, 차이점은 결혼 제도로 조혼제, 일부다처제, 축첩제, 점성술에 의존하는 혼인 문화에서 발견할 수 있다고 지적한다. 또한 바뇨니가 축첩제를 비판하는데 그 배경은 가정의 화합, 자녀교육, 경제 등이다. 축첩제에 대한 비판은 동아시아 전통과 서학의 윤리 사이의 간극이라 볼 수 있다.[61] 또한 부부 역할에 대한 바뇨니의 생각은 중국의 전통적 음양론과 크게 벗어나지 않아 안과 밖의 공간으로 정하여 제 역할이 정해진 부부관

에 대한 잠언(婦箴), 제8장 부부해로(偕老), 제9장 재혼(再婚). 『제가서학』 또는 『서학제가』과 관련된 연구는 박지현, 「알폰소 바뇨니(高一志)의 『서학제가(西學齊家)』 「제부부(齊夫婦)」권-선교의 한 방식으로서의 부부윤리」, 『인문논총』 67, 2012.; 김귀성, 「P.A. Vagnoni의 제가서학 구조와 부부윤리」, 『교육사상연구』 27(2), 2013 등이 있다.

60 박지현은 바뇨니의 혼인론을 바뇨니가 활동했던 유럽의 가톨릭 교회 담론과 마찬가지로 신성성과 세속성의 두 가지 모순된 잣대를 가지고 바라본다고 지적한다. 박지현, 「알폰소 바뇨니(高一志)의 『서학제가(西學齊家)』 「제부부」(齊夫婦)권-선교의 한 방식으로서의 부부윤리」, 『인문논총』 67, 2012, p.545.

61 배주연, 「해제, 제가서학(齊家西學)」, 동국역사문화연구소 편, 『조선시대 서학관련 자료집성 및 번역·해제 1』, 서울: 경인문화사, 2021, pp.414~415.
박지현은 "결혼을 바라보는 바뇨니의 관점과 중국 전통 담론의 가장 큰 차이는, 바뇨니의 경우 개인과 가정을 넘어서는 그 어떤 존재 혹은 가치를 위해 결혼이 복무되거나 극복되어야 한다는 도구적 관점을 가지고 있었고 중국의 전통 담론은 결혼 그 자체가 도의 실연이 일어나는 자연적 현장의 하나라는 목적적 관점을 가지고 있었다는 것이다."라며 서학의 부부윤리와 중국 전통의 부부윤리의 차이를 설명하고 있다. 박지현, 앞의 글, p.543.

계는 대등한 관계가 아닌 주객의 관계로 이해하고 있는 한계가 있다.[62]

판토하와 바뇨니가 전한 서학의 혼인론은 한국천주교인들에게 이식되고 변용되는 모습으로 나타났다.[63] 그리고 그들이 이해한 서학의 부부윤리는 혼인에 있어 개인의 의사가 반영되어야 하고, '일부일처제'를 확립하고 '축첩제', '과부개가금지'를 폐지해야 하는 것이었다.[64] 이러한 입장은 1890년대 동학 지도자들의 축첩제 반대와 과부의 재혼권의 호소와 이후 전래된 기독교(프로테스탄트)의 부부윤리와 동질적인 것으로, 근대전환기 동안에 남녀 그리고 부부의 동등한 권리, 또 축첩을 폐지하고 조혼 금지를 고종에게 청원한 박영효와 같은 계몽 인사들의 담론에 지대한 영향력을 미쳤다.[65]

2) 기독교 혼인론의 이식 · 수용 · 토착화: 『혼례셔』, 『혼인론』, 『교인의 혼례론』을 중심으로

재한 선교부는 조혼과 축첩에 대해 단호한 입장을 취했다. 조혼 풍속은 조선사회에 나쁜 영향을 준다고 파악했다. 그 이유는 다음과 같은 네 가지로 나타난다. 첫째, 조혼은 성적으로 미숙한 결합으로 허약한 아이가 출산될 가능성을 증가시킨다. 둘째, 조혼은 학교공부를 방해한다. 셋째, 조혼은 결혼 후 불화의 원인이 된다. 넷째, 조혼은

---

62 배주연, 앞의 글, p.416.

63 이런 유형으로 『류한당언행실록』을 언급할 수 있다. 이 책은 여러 논란이 있지만 18세기 서학윤리 그 가운데 부부윤리를 수용하고 변용한 흔적으로 이해할 수 있을 것이다.

64 오지석, 앞의 글, 2006, p.80.

65 백종구, 「초기 개신교 선교부의 사회윤리」, 『敎會史學』 1(1), 한국교회사학연구원, 2001, p.142 참고.; 오지석, 위의 글, p.80.

축첩과 매춘 같은 음란한 풍속을 조장한다.[66] 이런 입장은 1899년(광무 3)에 발행된 〈대한그리스도인회보〉 "엡웟 청년회 혼인론"에 잘 반영되어 있다. 여기서는 당시 혼인의 폐단을 두 가지로 말하고 있는데 첫째는 일찍 혼인(조혼)하는 것이고, 둘째 폐단은 서로가 모르는 상태에서 거간을 통해 혼인을 부모가 결정하는 것이라고 하고 있다. 그러면서 혼인이란 두 사람이 백년 고락을 함께 하자고 약조하는 것이라고 정의한다. 백년 고락을 함께 하려면 첫째 두 사람의 마음과 뜻이 합하여야 하며, 둘째 학문과 지식이 같아야 하고 셋째 외양과 처지가 대강 같아야 한다고 결혼의 조건을 이야기한다. 그러면서 당시 혼인의 폐단을 구할 방법을 네 가지로 제시한다. 첫째 남녀가 분별이 없어 동등 권리가 있는 줄 알아야 한다. 둘째, 남녀간에 같은 학문으로 한 학교에서 공부하여 할 것, 셋째, 부모가 압제하여 혼인을 정하지 말 것, 넷째, 혼인 연령을 정할 것 등이다.[67] 이와 같은 언급은 선교사들이 이식하고자 한 서양의 부부윤리 및 혼인관계 문제와 밀접한 관계가 있다. 재한 선교부는 한국 교인들이 자신의 자녀를 일찍 결혼시키거나 다른 사람들에게 일찍 결혼하도록 하는 것을 금지시켰다. 축첩제도는 남편 쪽에서 성적 순결을 지키지 않은 것을 의미하였다. 성서는 축첩제도가 없는 일부일처제를 부부관계의 규범으로 규정하고 있다.[68]

---

66 오지석, 위의 글, 2006, p.85.

67 「엡웟 청년회, 혼인론」, 『대한그리스도인회보』 3(16), 광무 3년(1899). 차옥승 편, 『기독교사 자료집 권1-타종교 및 전통문화의 이해를 중심으로』, 서울: 고려한림원, 1993, pp.51~52 재인용.

68 Baird, W. M., "Should Polygamists Be Admitted to the Christian Church?", *The Korean Repository* 3, July~September, 1896, pp.194~198, pp.229~239, pp.256~266.; 백종구, 앞의 글, p.141에서 재인용.

근대전환기 기독교 부부윤리 혹은 혼인론은 선교사들의 이식, 한국교인들의 수용, 한국교회의 확장 등의 흔적을 찾아볼 수 있는데 『신학월보』, 마포삼열(Samuel Austin Moffett, 1864~1939)의 『혼례서』, 한승곤의 『혼인론』(1914), 로스(Cyril Ross, 한국명 盧世永, 1868~1963)의 『교인의 혼례론』에서 그 구체적인 내용을 살펴보자.

먼저 감리회의 『신학월보』[69]의 기사를 살펴보면서 근대전환기 기독교의 혼인론 또는 부부윤리의 이식과 수용의 모습을 발견해보자.

1900년 12월 『신학월보』 1권 1호 "년환회덕행규칙"에서는 덕행개정조목(남녀가 혼인하는 것, 부부가 헤어지는 일에 대해)을 다음과 같이 서술하고 있다.

> 부부도 : 제일 입교하기 전 대한법으로 혼인을 지낸 자는 자기가 자원하지 아니하면 교중례로 다시 지낼 것 없음. 제이 세례 받은 후에 혼인을 정한 자는 불가불 강례대로 교중법을 좇아 행함. 제삼 너무 어려서 혼인하는 일을 우리 힘대로 금하되 우리 생각에는 남자는 20세, 여자는 18세 전에는 혼인치 아니함이 마땅함. 제사 우리가 결단코 교인이 외인과 혼인하는 것을 허락하지 아니함. 제오 부부간 서로 해어질 연고는 간음한 일 뿐이니 부부중에 누구든지 간음하다가 서로 헤어진 자는 그 둘 중에 간임죄 있는 자면 무죄한 자 사는 동안 다시 교중례로 혼인치 못하고 그러나

---

69 『신학월보』는 1900년 12월 창간되어 신학을 주제로 한 한글로 된 기독교 학술잡지로 1910년까지 발행되었다. 미감리회에서 창간하였으며 존스(G.H. Jones, 한국명 趙元時)가 편집을 맡았고, 성장하고 있는 한국교회 현장에서 한국인들 스스로 그 진리를 탐구하고 원리들을 숙고할 수 있게 해주어야 하며, 주요한 신학적 주제 등을 그들이 검토하고 실제로 운용할 수 있도록 교회 언론지로서 기능을 하였다. 자세한 자료해제는 조선혜, 「자료해제, 한국 최초의 신학잡지 『신학월보』」, 한국기독교역사연구소 자료연구회 엮음, 『『신학월보』 색인 자료집』, 한국기독교역사연구소, 2006, pp.5~6이 있다.

무죄한 자는 법대로 서로 헤어진 후에 교중례로 혼인을 허락함.[70]

『신학월보』 1권 11호(1901.10)의 사설에서는 "첩얻는 폐단"에 대해 다음과 같은 내용으로 축첩제의 폐지를 강조하고 있다.

> 여자가 남편을 여러 두는 것을 금하듯 남자가 첩을 얻는 것 또한 금해야 한다. 여자가 아들을 낳지 못할 경우 첩을 둔다고 하였는데 아들은 사람에게 있는 것이 아니고 하나님의 명령으로 탄생될 수 있는 것이며 아들 낳지 못하는 데는 남편에게도 책임이 있다. 아들을 원함은 조상봉사 때문인데 첩의 자식의 제사를 받는 것은 조상도 기뻐하지 않을 일이라고 강조하면서 화목한 부부의 사랑을 언급함.[71]

『신학월보』 2권 3호(1902.3)의 교보 "리쳔읍(이천읍) 김제안씨의 첩 버린 일"(구춘경)의 기사는 "이천읍군 돌속장 김제안이 전도하여 돈이동, 소꼬지 두 곳에 교회를 설립하고 열심 전도함. 김제안의 혈육이 없어 첩을 두었으나, 월보를 보고 그것이 죄임을 깨닫고 첩을 내보냄[72]을 다루고 있어 기독교 부부윤리가 한국 교인들에게 이식되어 수용한 내용이다.

『신학월보』 3권 7호(1903.7) 논설 "내외하는 풍속"(문경호)은 기독교의 혼인론이 수용·확산된 내용이다.

---

70 「년환회덕행규칙」, 『신학월보』 1(1), 1900.12, pp.26~29.; 한국기독교역사연구소 자료연구회 엮음, 『『신학월보』 색인 자료집』, 한국기독교역사연구소, 2006, p.12.

71 한국기독교역사연구소 자료연구회 엮음, 『『신학월보』 색인 자료집』, pp.46~47.

72 위의 책, p.57.

> 대한의 여인들은 내외법에 묶여 집안에 갇힌 채 남편에게 종속되어 노예와 같은 인생을 살고 있지만, 예수교인들은 하나님이 짝지어주신 아내를 사랑하고 보호하며 자유권을 주어 마음대로 다니게 할 것이며 옳은 일은 서로 협력하여 행하되 함께 교회에 출석하기를 힘쓸 것.[73]

『신학월보』 4권 11호(1904.11) 사설 "믿지 않는 자와 혼인하지 말일"은 "혼인 할 때는 상대 집안의 부가 아니라 ①상대 집안과 신랑의 믿음, ②상대 집안의 인애, ③신랑될 자의 부지런 함을 보고 해야한다고" 서술하여 기독교의 부부윤리의 한 가지인 교외인과의 혼인 금지를 강조하고 있다.

장로회 마포삼열(馬布三悅)의 『혼례서』를 살펴보면서 장로회 혼인론과 부부윤리의 이식과정의 특징을 발견해보자.

숭실대학교 한국기독교박물관 소장본인 『혼례셔』는 혼인예식을 다루고 있는 예식서이다. 저자는 마포삼열이고 필사본이며 한글로 되어 있으며 15면(27.5×25.0)이다. 하지만 저술연도와 발행사항을 알 수 없다. 구성을 살펴보면 먼저 혼인에 대한 정의를 내리고 이어 정혼을 하기 전에 경계해야 할 몇 가지 문제, 제1은 혼인연령, 제2는 혼례를 치를 때 과거의 풍속을 좇지 말 것, 제3은 축첩금지, 제4는 근친혼 금지, 제5는 이혼금지, 제6은 혼인에 관한 국법준수, 제7은 주일 혼인 금지: 목사·장로·조사 등을 주례로 청할 것; 혼례를 행할 때 신랑은 좌편에, 신부는 우편에 서서 혼례를 행할 것 등을 설명하고 있다. 그리고 이어서 목사의 권면과 기도문, 혼인서약, 성혼선언, 기도문, 찬성

---

73 위의 책, p.116.

시, 성구(창세기 2장, 골로새서 3장, 베드로전서 3장, 에베소서 5장, 고린도전서 7장) 등이 부기되어 있다.[74]

『혼례셔』는 '예수교회혼례라'라는 말로 시작하며 기독교의 혼인법과 혼인론을 서술한다.[75]

> 하나님께서 사람을 지어내실 때에 남녀를 지어서 부처(夫妻)를 되게 하셨으니 혼인하는 법을 세워났니라 또한 계명 주실 때에 간음을 금하고 남의 처를 탐내지 마라하셨고 예수께서도 말씀 하시기를 사람내신 이가 처음부터 한 사나이와 한 여인을 만드시고 또 이르시되 이런 고로 사람이 부모를 떠나서 아내와 합하매 둘이 한 몸이 된다 하셨느니라 또한 말씀하시되 누구든지 음란을 한 연고 외에 아내를 버리고 다른 데 장가 드는 자도 간음을 행함이오. 버린 여인에게 장가 드는 자도 또한 간음을 행함이니라 그런고로 혼인하는 법은 인륜에 큰일이니 소홀히 못할 것 뿐 아니라 예수를 믿는 사람들이 하나님의 말씀을 순종할것이오[76]

또한 박보영이 주목하고 있듯이 기독교 전래이후 근대전환기 혼례 변화의 특징은 '침묵과 언어'라고 할 수 있다. 한국 의례는 근대화의 논리, 기독교의 영향, 그리고 식민지 정책이라는 세 가지 중첩된 압박 속에서 '근대적'으로 변모했다. 하지만 기독교 양식의 혼례는 교회 언어로 혼인동의를 담고 있는데 이는 서양의 역사성에 기반한 것으로 한국 전통 혼례에서 고수하는 '침묵'과 상충되는 것이다.[77] 『혼례셔』

---

74 오지석, 「해제 - 혼례셔」, 숭실대학교 한국기독교박물관, 『(한국기독교박물관 소장)기독교 자료해제』, 서울: 숭실대학교 한국기독교박물관, 2007, pp.236~237.

75 『혼례셔』를 현대어로 고쳐 표기하기로 한다.

76 마포삼열, 『혼례셔』, pp.1~2.

77 박보영, 앞의 글, p.189.

에는 '목사가 할 말씀'이라고 하면서 교회언어로 혼인동의를 구하는 것이 다음과 같이 나타난다.

목사가 할 말씀이라

대개 사람의 혼인을 믿는 것이 귀중한 일이라 하나님께서 옛적에 에덴동산에서 허락한 것이니 하나님의 뜻을 좇아 힘을 행할 것이오. 사람의 뜻으로 가봐야 못할 것이라. 그런고로 내가 너희에게 경계할 것은 너희들이 하나님의 은혜를 힘입어 부부의 직분을 다하고 혼인하는 작정을 이루게 할지어다.[78]

목사가 신랑에게 요구하는 말씀

신랑아 네가 이 여인에게 장가들어 아내삼기를 원하며 하나님의 뜻을 의지하여 생전에 길이 화평한 마음으로 살겠느냐

신랑이 대답하되 그리하겠삽나이다. 혹 예[79]

목사가 또 묻는 말씀

네가 하나님과 여러 증거하는 사람 앞에서 이 여인을 생전에 길이 사랑하고 중히 여기며 도와주고 위로하기로 작정하고 좋던지 그르던지 강하던지 약하던지 도무지 버리지 말고 또 신부 생전에 다른 사람에게 장가들 마음을 두지 아니하기로 작성하겠느냐

신랑이 대답하기를 그리하겠삽나이다. 혹 예[80]

목사가 신부에게 요구하는 말씀

신부야 네가 이 사람에게 시집가서 남편 삼기를 원하며 하나님의 뜻을

78 마포삼열, 앞의 책, p.8.

79 위의 책, p.9.

80 위의 책, p.10.

의지하여 생전에 길이 화평한 마음으로 같이 살겠느냐
신부가 대답하되 그리하겠삽나이다 혹 예[81]

목사가 또 묻는 말씀

네가 하나님과 여러 증거한 사람 앞에서 이 남편을 생전에 길이 사랑하고 존중히 여기고 순이 족종하며 위로하기를 작정하고 가난하던지 부자되던지 강하던지 약하던지 도무지 버리지 말고 또 신랑 생저에 다른 사람에게 시집갈 마음을 두지 아니하기로 작정하겠느냐
신부가 대답하기를 그리하기로 응낙하나이다 혹 예[82]

마포삼열의 『혼례셔』는 21세기 교회에서도 사용하고 있는 혼례서의 근간을 이루고 있어서 기독교 혼인론과 부부윤리를 연구하는 데 중요한 기초자료라 할 수 있다.

마포삼열의 『혼례셔』가 기독교 혼례 또는 혼인론을 이식하는 장면이라고 하면 한승곤(韓承坤)[83]의 『혼인론』[84]은 이식된 사상을 수용하고

81 위의 책, p.11.

82 위의 책, pp.11~12.

83 한승곤(韓承坤, 1881~1947)은 평양 출신의 기독교인으로, 숭실중학교와 평양장로회신학교를 졸업한 후 3년간 평양 산정현 교회에서 목회 활동을 하였다. 1913년 미국으로 망명하여 시카고, 로스앤젤레스 등지의 한인교회에서 시무하는 한편 1919년부터는 안창호(安昌浩)가 미국에서 조직한 흥사단 본부의 의사장을 맡아 활약하며 구미지역의 항일독립운동을 주도하였다. 1936년 6월 귀국한 뒤에는 국내에서 수양동우회를 결성하여 독립운동을 추진하다가 체포되어 1940년 8월경성복심법원 3년간 옥고를 치른바 있는 기독교 민족주의자이다. 1993년 건국훈장 애족장을 수여했다.

84 한승곤 편, 『혼인론』, 평양 광명서관, 예수교서원, 1904.1.10., p.18.(크기 18.0×12.8. 띄어쓰기 되어있지 않은 세로쓰기 한글.)
한승곤의 『혼인론』 관련된 자료 소개 또는 연구는 오지석, 앞의 글, 2007, pp.237~238.; 「일제강점기 크리스찬의 결혼생활 지침서 〈혼인론〉」, 『숭대시보』 1134, 2015.2. 9. (http://www.ssunews.net/news/articleView.html?idxno=4329, 검색일: 2022.7.14.); 박

적용·확산한 예로 볼 수 있다.

『혼인론』은 근대전환기 혼인문제에 대한 기독교의 입장에서 조선 결혼 관습을 비판하며 정리한 일종의 계몽서이자 전도문서이다. 이 책은 저자 한승곤 목사가 평양 산정현 교회에서 시무하던 시기에 저술한 것으로 저자의 종교관 및 근대의식이 그대로 반영되어 있다. 저자는 서문에서 한국의 풍속과 습관을 개량해야 하는데 특히 인륜의 중요한 부분인 혼인에 관한 풍속과 습관의 개량이 시급하다고 보았다. 혼인을 제대로 해야 좋은 부부도 많아지고 가정의 복락이 생기고 올바른 자녀교육을 통해 교회와 사회, 나라에 유익한 사람이 많이 배출된다고 강조하고 있다. 더구나 당대 혼인의 폐해, 즉 조혼, 이혼과 중혼, 축첩, 간통, 매매혼 등의 폐해로 인해 가정이 파탄되고 있고 기독교인 가운데에도 잘못된 혼인생활로 인해 출교 당하는 일이 빈번했던 저간의 상황을 감안해 보면, 혼인과 관련한 폐해는 단순히 가정과 사회의 문제뿐 아니라 교계에도 큰 해악을 끼치는 사안이었다. 그렇기 때문에 한승곤은 서문 말미에 "내가 우리나라 동포와 교유 형제 자매들을 두와주려는 마음으로 성경 말씀을 의지하고 제 의견을 붙여 혼인론이라 하는 책을 한 권 편집하였사오니 구하여 보시고 성경 뜻과 참 이치에 합하는 것을 지키고 제 의견으로 말한 중에도 합당한 것은 채용하시어 가정과 교회에 좋은 복락이 임하시기를 간절히 바라나이다."[85]라고 『혼인론』의 편찬 목적을 밝히고 있다.

혜미, 「초기 기독교 자료 해제: 『혼인론』(1914)과 『교인의 혼례론』(1922)」, 『한국기독교문화연구』 11, 2019 등이 있다.

85 한승곤, 위의 책, pp.3~4. 현대어역은 박혜미의 해제에 나온 번역을 따른다.

『혼인론』은 기독교인의 자세와 사명으로 하나님의 은혜와 참 이치를 깨달아 전통사회의 혼인의 악습을 타파하고 옳은 이치를 좇을 것을 강조하며 그 올바르고 구체적인 지침으로 제1장 '믿는 사람과 혼인할 것', 제2장 '나이 장성한 후에 혼인할 것', 제3장 '혼인할 때 돈을 주고 받지 말 것', 제4장 '부모가 자식의 혼인을 인도하는 것이 좋으나 자식의 원치 않는 것을 억지로 하지 말 것', 제5장 '과부와 홀아비가 다시 장가가고 시집갈 때 혼례를 신중히 할 것' 등 총 다섯 장으로 제시하고 있다. 그 가운데 가장 강조하고 있는 것은 제1장 '믿는 사람과 혼인할 것'에서 혼인의 제1원칙으로 내세운 교인간의 혼인, 불신자와의 혼인 금지이다. 본문 14면 가운데 절반인 7면을 할애한 것에서 그것이 당대의 가장 큰 이슈라는 것을 알 수 있다. 저자는 불신자와 혼인 금지의 이유를 다음과 같이 네 가지로 제시한다. 첫째, 믿지 않는 사람과 혼인하는 것은 성경 말씀에 어그러지는 것이기 때문이다. 둘째, 둘째, 믿는 사람이 믿지 않는 사람과 혼인하게 되면 둘 다 믿음을 잃기 쉽기 때문이라 하였다. 셋째, 믿지 않는 자와 혼인하면 집안이 항상 불화하여 패망하기 쉽기 때문이라 하였다. 넷째, 믿지 않는 자와 혼인을 하면 자손에게까지 재앙이 미칠 것이라고 경고하였다. 제2장 '나이 장성한 후에 혼인할 것'에서는 조혼 풍습에 대해 다음과 같은 네 가지 이유로 비판하였다. 첫째, 조혼은 성경 말씀에 어그러지는 반기독교적인 풍속이라고 하였다. 7~10세의 자녀를 혼인시키는 것은 혼인에 대한 귀중한 이치를 깨닫지 못한 괴악한 혼인 풍속이라고 강도 높게 비판하며 고린도전서 7장 36절, 마태복음 10장 9절, 히브리서 13장 4절을 근거로 육체와 정신이 장성한 후에야 혼인하는 것이 성경의 이치에 합당하다고 하였다. 둘째, 조혼을 하게 되면 아내가 남편을 버리고 남편이 아내를 버리는 죄를 범할 가능성이 높다고 하였다. 조혼한 까닭에 이러한 죄악이 벌어지는 일이 많다고 탄식하며, '간음한 연고 외에는 아내를 버리지 말라'는 예수의 교훈에 따라 혼인은 장성한 후에 합당하고 조심스럽게 해야 한다고 강조하였다. 셋째, 조혼은 신랑 신부의 몸과 영혼에게도 큰 해가 된다고 하였다. 장성하기 전 부부가 되면 육체와 정신이 쇠약하여질 뿐만 아니라 공부를 해야 하는 시기를 놓쳐 사람 구실을 제대로 못할 가능성이 높다고 우려하였다. 넷째, 장성하기 전에 낳은 자식은 육체가 약하고 불완전하기 쉽기 때문에 자손에게 큰 화가 된다고 경고하였다. 문명한 서양 각국의 인종이 장대하고 기골이 충실한 것은 장성한 후에 혼인을 하기 때문이고, 조선의 인종이 미약한 것은 혼인을 너무 일찍 하기 때문이라고 해석하기도 했다. 따라서 교인들은 장로교 총회 에서 결정한 혼인 연령, 즉 남자 만17세와 여자 만 16세를 지켜 혼인할 것을 당부하였다. 제3장 '혼인할 때 돈을 주고 받지 말 것'에서는 매매혼의 폐해에 대해 지적하였다. 혼인은 두 사람이 서로 원하고 의지하여 백년해로 하려는 일인데 종이나 짐승을 사고 파는 것처럼 돈을 주고 혼인하는 것은 이치에 크게 합당하지 못한 어리석은 행위라고 비판하였다. 제4장 '부모가 자식의 혼인을 인도하는 것이 좋으나 자식의 원치 않는 것을 억지로 하지 말 것'에서는 부모가 자식의 혼인을 지나치게 강제하거나 방임하는 것을 경계하며 지혜롭게 자녀의 혼인을 인도해야 한다고 하였다. 마지막으로 제5장에서는 과부와 홀아비가 재혼을 할 때에 혼례를 신중히 할 것을 당부하였다. 고린도전서 7장 39절과 디모데전서 5장 14절에 따라, 과부와 홀아비의 재혼은 성경 이치에 합당한 좋은 일이긴 하나, 조선에서는 과부와 홀아비가 혼인할 때

예도 갖추지 않고 그저 함께 모여 사는 것을 풍속으로 삼고 있음을 비판하였다.

이상에서 살펴본 바와 같이 불신자와 결혼 불가, 조혼 및 매매혼 금지 등 저자가 제시한 혼인담론은 1900년대 혼인 문제에 대한 한국 장로교회의 입장과 일치한다. 즉, 1901년 조선예수교장로회공의회에서 "교인혼인을 如何케 할 문제"를 두고 토론을 벌인 이래 혼인 문제를 둘러싼 고민을 계속하였고, 1904년 마침내 '불합당하게 결혼해서 사는 사람에게는 당회가 세례를 주지 않을 것', '음행이외의 이유로 이혼하면 당회는 그 사람에게 벌을 줄 것', '신자가 불신자와 결혼하는 것은 죄로 정함' 등과 같은 대략적인 혼인 원칙을 정하였다. 또한 1906년 12월에는 경상남도 지역의 영수·집사·조사·전도인 등이 모인 제직회에서 혼인 문제에 대해 보다 구체적인 원칙을 정했는데, 그 내용 역시 본 자료의 내용과 상당부분 일치한다.[86] 1914년 총회에서 새로운 원칙을 더 정하였는데 그 가운데 남자는 만 17세, 여자는 만 15세 이상이 되어야 혼인할 수 있다는 공식적인 원칙을 세워 조혼의 폐해를 막고자 하였다.

『혼인론』은 한국교회가 겪고 있는 전통사회의 풍속과 문화적 갈등

86 제직회에서 결정한 원칙은 다음과 같다. '①은 안 믿는 자와 결혼 못할 일이오, ②는 남녀성혼을 나이 차기 전에 미리 정혼하여 두는 풍속을 폐할 일이오, ③은 혼사를 부모가 주장하나 자식의 마음에 원치 않는 것을 억지로 못할 일이오, ④는 처녀 16세 남자 18세에 성혼하는 것을 금치는 아니하나 2~3세 더 기다려 하는 것을 교회서 아름답다 할 일이오, ⑤는 세례 받는 처녀가 세례 안 받은 남자와 결혼치 못할 일이오, ⑥은 선급돈을 금할 일이오, ⑦은 결혼소를 한본으로 두 장을 쓰고 주혼자와 증인의 성명·도장을 박아 피차 나누어 가질 일이오, ⑧은 환과 혼인도 총각·처녀 혼인과 일체로 할 일이오 …(이하 생략)' 한규무, 앞의 글, p.75.; 숭실대학교 한국기독교박물관, 앞의 책, p.238.

이 현존하는 가운데 이제 자리잡아가는 기독교인들의 부부윤리에 확실한 지침을 내리고자 한 당대 기독교 지도자들의 고민을 잘 드러내준다.

위에서 살펴본 장로회의 『혼례셔』와 『혼인론』이 기독교 혼인론과 부부윤리의 이식과 적용·확산에 방점이 찍혀있다면 로스[87]의 『교인의 혼례론(Christian Marriage)』[88]은 조선에서 20년 넘게 거주하면서 선교활동을 하면서 경험한 전통사회와 기독교인들의 혼인에 대한 잘못된 인식과 관습을 비판하고 기독교 윤리적 접근을 시도한다. 이는 외래사상의 반성적 확산의 양태라 하겠다.

『교인의 혼례론(Christian Marriage)』은 저자 로스가 조선 20년 넘게 거주하면서 특히 선천 중심으로 평북지역에서 선교활동을 하면서 자신이 겪었던 여러 가지 경험을 인용하면서 저술한 것으로 우선 일반적인 혼인에 대한 정의를 내리고 기독교의 혼인론을 관련된 성구를 근거로 정의를 내린 후, 온전한 혼인은 어떤 것인가에 대해 '혼인은 누구 앞에 할 것인가?', '혼인을 누구 위하여 할 것인가?' 등의 주제를

---

87 로스(Cyril Ross, 한국 이름은 노세영(盧世永), 1868~1963)는 미북장로회 의료 선교사이다. 1897년 미북장로회 선교사로 내한하여 부산과 경남 등지에서 의료선교사 어빈과 활동하다가 1902년 11월 평북 선천으로 이주 그 다음해 평북 선천 선교지부로 부임하였다. 그는 선천남자성경학교 교장으로 재식하면서 신성학교 설립에 참여하였고, 1912년 장로회총회 조직 때 초대 평북노회장에 취임하여 평북 지역 선교에 공헌하였으며, 1930년대에는 성서개역위원으로 참여하였고, 1937년 4월 선교사직 사임하고 귀국 하였고, 1963년 2월 캘리포니아주 그렌데일에서 별세하였다.

88 노세영, 『교인의 혼례론』, 조선예수교서회, 1922. 『교인의 혼례론』은 1922년 조선예수교서회에서 발행한 혼인 교리서로, 분량 총 24면, 크기 16.9×10.1cm, 띄어쓰기 된 세로읽기의 한글 문서이다.
『교인의 혼례론』의 연구 및 소개로는 박혜미, 「초기 기독교 자료 해제: 『혼인론』(1914)과 『교인의 혼례론』(1922)」(2019)이 있다.

논하는 방식으로 혼인에 대한 잘못된 인식과 관습으로 인해 '교회와 온 백성에게 해됨이' 많다고 비판하면서 기독교가 내놓을 수 있는 답을 제시하고자 한다.

먼저 "혼인은 간단히 말하면 한 남자와 한 여자가 마음과 몸을 합하여 이 세상에 있는 동안 생활하기로 맹세한 것이다"고 정의한다. 그 다음에 성서적 의미에서 혼인을 다음과 같이 다섯 가지로 정의한다. 첫째, 혼인은 정결한 것이다(창 2:18~25; 엡 5:22~33). 둘째, 혼인은 귀한 것(히 13:4)이다. 간음과 음행을 멀리하라. 셋째, 혼인은 사랑으로 하는 것(엡 5:25~33)이다. 남녀동등과 일부일처에 대한 강조하고 있다. 넷째, 넷째로, 혼인은 복된 것이라고 하였다. 이에 대한 근거로 잠 18:22, 31:10~31, 행 18:2, 3, 16, 롬 16:3절의 성구를 인용하였다. 다섯째, 혼인한 후에는 이혼을 어렵게 생각해야 한다고 하였다.(마 19:6~7, 5:31~32, 롬 7:2~3) 저자는 한국에서 20년간 지내는 동안 경험한 바, 남편이 실행(失行)한 아내를 버리는 경우는 많이 보았으나 아내가 실수한 남편을 버리는 경우는 별로 보지 못했다고 하면서, '여인이 범한즉 죄라 하되 남자가 범하면 실수라고만'하는 것은 불신자들의 생각일 뿐이라고 비판하였다. 여기서는 저자의 이혼에 대한 생각을 밝히고 있다. 박혜미는 로스의 이런 혼인관에 대해 "저자는 성경에 근거하여 혼인을 정의하는 한편, 전근대적인 풍토의 사회 분위기 속에서 상대적으로 낮은 위치에 있는 여성을 구체적으로 언급하고, 여성에 대한 사회적 인식, 나아가 여성 스스로 자신에 대한 인식을 변화시킬 것을 촉구하기도 했다. 다시 말해 성경을 근거로 하여 남자와 여자는 동등한 존재이며, 성서가 가리키는 조건 하에 아내 역시 남편을 떠날 자유를 가졌다고 한 것이다. 이 같은 서술은 1920년대 한국기독교계가 가지고 있던 일반적인 인식보다 진일보한 것이라고 평가할 수 있으며, 아내에게도 이혼 청구권을 부여하기 시작한 민법(1923년 개정)보다 앞서 제기된 문제의식이라고 할 수 있다.[89]"고 평가하고 있다.[90]

한편 '기독교인의 온전한 혼인은 무엇인가'라는 물음과 답이 7면에서 24면까지 이어진다. 이 부분이 로스의 『교인의 혼례론』의 토착화 특성이 잘 드러난다. 기독교인은 온전한 혼인을 어떻게 할까?'라는 물음에 저자는 크게 두 가지 주제로 나누어 설명하고 있다. 첫 번째 '혼인은 누구 앞에서 할 것인가?라는 물음에 '첫째, 하나님 앞에 할 것이며 혼인은 성례(聖禮)라고 답한다. 둘째, 사람 앞에서 할 것이다. 왜냐하면 은밀한 예식이 아니기 때문이다. 셋째, 피차 신랑 신부 앞에서 약조하는 것인데 이 약조는 거룩한 약조이다'고 답한다. 두 번째 '혼인은 누구위하여 할 것인가?'라는 질문에 첫째 물음보다는 보다 자세하고 구체적으로 답을 서술한다.

(1) 누구위하여 하지 아니할 것인가? ①조부모를 위하여 하지 말아야 한다. ②부모를 위하여 하는 것도 아니다. ③친척을 위함도 아니다. ④이웃을 위함도 아니다. ⑤중매를 위한 것도 아니다.라고 하여 혼인 당사자의 의견과 장래를 그릇되게 하는 것은 불의한 일이라 강도 높게

89 1920년대에 접어들면서 기독교계는 혼인윤리 영역에서 자유연애와 이혼의 증가라는 새로운 도전에 처하게 되었다. 기독신보 등을 필두로 한 기독교계에서는 기독교인들의 이혼 증가 현상에 대해 심각한 우려를 표하면서, 높은 이혼의 원인을 조혼과 자유연애에서 찾았다. 또한 '그리스도 신자들은 가정의 헌법인 사랑을 철저히 지키어 비록 이상에 맞지 않더라도 무너져가는 가정 윤리를 다시 세워'야 한다고 주장하며 이혼의 절대 금지와 같은 보수적인 담론을 확대해 나갔다. 이숙진, 「초기 기독교의 혼인담론-조혼, 축첩, 자유연애를 중심으로」, 『한국기독교와 역사』 32, 2010, pp.52~53.

90 박혜미, 앞의 글, pp.235~236.

비난한다. 그렇다면 (2) 혼인은 누구를 위하여 하는 것인가라는 물음에 ①혼인은 하나님의 영광을 위하여 할 것이니 먼저 하나님의 나라와 그 의를 구할 것이며(마 6:33) ②신랑 신부 스스로를 위해 해야 한다고 하였다. 저자는 특히 혼인의 당사자인 신랑 신부가 각각 서로를 알지 못하고 혼인하는 것은 매우 위태로운 일이라고 지적하며 '남자가 알지 못하는 여자'와 결혼하는 경우(12~19)와, '여자가 알지 못하는 남자'와 결혼하는 경우(20~24)에 대해 각각 다음과 같이 서술하였다.

> 1. 남자가 알지 못하는 여자에게 장가가는 것이 얼마나 위태한 일인지 잠깐 생각하고자 한다. (중략) 본 문제를 생각하면 알지 못하는 여인과 혼인하는 것이 합당하냐. 곧 다시 말하면 성명과 주소와 나이까지 알지 못하고 중매가에게 가르침을 받아 혼인하는 것이 합당하냐 함이라 또 누가 말하기를 서로 사진만 보고하면 좋지 않겠는가 하니 이것은 좋지 못한 것이라. (중략) 어찌하여 이같이 되었는고 하니 첫째 까닭은 종속이 되어 온 연고요 둘째 까닭은 어린 아이라 아내 택할 줄 알지 못함이오. 셋째 까닭은 아내를 대표로 택하는 부모가 있는 까닭이니 이 세 가지를 깊이 생각할만하며 이 같은 풍속을 어떻게 고쳐야 좋은지 또한 언제 고쳐야 좋은지 잘 고칠만한 방책을 연구하는 것이 좋을 듯 하외다. 혼인하기 전에 신부될 사람의 몇 가지 알 것이 있으니 첫째는 신부될 사람이 교인인지 또 교인이라도 참 교인인지 알아 볼 것이며 또 집안과 부모가 다 잘 믿는지 먼저 알 것이며 둘째는 건강한 힘이 있는지 병신인지 알 것이니 병신이면 장가나 시집을 가지 말라는 것은 아니나 병신이라도 갈 마음 있으면 먼저 그 형편을 알아야 될 것이며 셋째는 학식을 알 것이니 신부될 사람이 집에서 무엇을 배웠는지 또는 의복과 음식이며 모든 일을 잘하는 것과 시부모 없어도 잘할는지 잘 알아 볼 것이며, (중략) 넷째는 성품을 알아야 할 것이니 신부될 사람의 성품이 자기의 성품과 합할 수 있는지 알아야 되는데 즉 사진보고 성품을 알 수 없으니 중매가의 말로는 알기 어려우니

이 부부는 4~50년간 안락 가운데서 생활하려면 성품이 합하여야 할 터인즉 아 과연 중매하는 이들이여 이 두 사람이 평생 함께 살 것을 얼마나 깊이 생각하는가? 아마 깊이 생각지 아니하는 사람이 있는 모양이외다. (중략) 들으니 평양 길(선주) 목사가 자기 아들을 장가보내기 전에 처녀의 부모와 같이 한 곳에 모여 서로 묻기도 하며 기도하며 의론한 후 결혼하였다 합디다. 그런 즉 이런 일이 어떻게 잘될 방책은 조선에 직분 있는 이들이 먼저 기도 많이 하는 중에 믿는 부모들이 성신의 인도를 받아 깊이 생각하면 무슨 좋은 풍속이 시작될 줄 믿습니다. 또한 부족한 풍속으로 인하여 교회와 온 백성에게 해 됨은 많이 깨닫는 가운데 고칠 방책을 얻을 수가 있겠습니다. 이런고로 20년간 이 문제에 대하여 말하지 않았으니 요사이 일이 많이 보이는데 대하여 몇 말씀을 드리기를 작정하였나이다. 그런고로 교회 가운데 풍속을 세우려고 하는 중 새 풍속이므로 고칠 것이 아니라 안 된 풍속을 알고 고칠 것이라 술 마시는 사람이 새 술은 묵은 술만 못하다 하는 것 같이(눅 5:39) 이전 풍속이 새 풍속보다 좋다함도 있는지 모르나 그러나 우리는 술 마시는 사람이 아닌즉 한 가지 또 어려운 것은 풍속을 개량하는 중에 혹 어떤 이가 실수하기 쉬운 줄 알지 못함이 아니나 전 풍속대도 하면 실수가 더 많을 것이니 하나님의 말씀을 보고 정신 차리면 두 가지 풍속 중에 유익하도록 할 수 있습니다.[91]

2. 여자가 알지 못하는 남자에게 시집가는 것이 합당한지의 문제는 남자가 여자에게 장가 드는 것보다 더 어려우니 여자는 주장하지 않는 까닭으로 다시 말하면, 남자는 여자의 머리가 되는 까닭에 (고전 11:3) 여자가 주장하기는 좀 더 어려운 면이 많습니다. 그런고로 처녀가 시집을 잘 가는 못하면 총각의 장가 잘 가지 못함보다 더 어렵지요. 기자가 여러 신랑에게 혼례하는 날 묻기를 오늘 처음으로 신부를 보는가 하니 다 처음 본다고 하오. 그와 같이 신부들도 신랑을 처음 볼지니 이같이 하여 서로 알지

91 노세영, 앞의 책, pp.12~19.

못하는 형편이 많으므로 그 가정은 장차 위태하기 쉬우니 그런고로 처녀가 시집가기 전 신랑에 대하여 몇 가지 알 것이 있으니 첫째는 참으로 믿는 사람인지를 알 것이라. 혹 회당에 다니며 학습과 세례까지 받았다는 말을 들어도 분명치 아니하니 혹 세례를 받았으나 책벌 당한 자도 있고 학습했다 하나 열심 없이 다니는 이도 있어 믿는 여자에게 장가 들기를 원하여 교회에 다니는 이도 있으니(중략)그런고로 먼저 시집가고자 하는 것보다 자세히 살펴봄이 요긴한 것인즉 혼인에 상관되는 여자는 신랑 되고자 하는 사람의 형편을 잘 살필 것이오. 또 신부될 사람이 이런 중대한 일을 누구에게 맡기면 위태하니 충성한 사람에게 맡길 것이라. 그러나 친히 살펴보는 기회를 얻는 것은 더욱 합당한 것이다. 둘째는 성품을 알아야 할 것이니 자기가 좋아하는 것과 하고자 하는 것과 신랑 될 사람의 성품이 같은지 알기 전에 어찌 자기를 사랑할 수 있는지 알겠습니까. (중략) 셋째는 의식주 하게 할 만한 사람인지 알아야 할 것이니 사람이 자기 일가를 돌아보지 않고 더욱 자기 집안사람을 돌아보지 아니하면 믿음을 배반한 자요 믿지 아니하는 자보다 더 악하다 하였으니(딤전 5:8) 만일 남편이 아내를 못 먹이면 자기 아버지가 자기를 먹여주기를 바라는 것은 합당하거니와 어찌 사업이 없는 자가 아내까지 먹일 수 있겠는가? (중략) 기자의 경험대로 생각한 즉 총각이 18세 될 때까지 기다리면 걱정된다고 말하는 부모와 중매가가 많습니다. 어떤 사람은 18세 이상 되면 장가 보내지 못할까 보다 하는 이도 있고 또 다른 사람의 짐작에 병신인가보다 하는 감정을 얻을까 겁내는 사람도 있으니 만일 아들이 7계명을 범할까 염려하여 장가보낸다 하면 더 말할 것 없으나 특별히 공부하려면 졸업하기 전에 장가감이 옳지 아니하니 가령 장가가서 공부하는 중에 아내나 자식이나 병나면 보아줄 수밖에 없으니 매우 방해가 되는 것인즉 졸업하고 좋은 사업을 얻어 세상살이에 요족한 후에 장가 드는 것이 좋을 것이라. 그러나 (조선에서) 지내보니 아직 옛 풍속을 좇는 힘이 많은 듯하다. 기자의 집에 7~8년 있었던 과부에게 아들이 있는데 얼마큼 아이가 장성하기 전에 장가 보내지 말라고 부탁하였더니 18세까지는 기다렸으나 아직 키가 작고 몸

> 도 약한 아이인데 그 어머니가 서간도로 이사하였다가 왔기로 지금 아이를 장가보냈는가 물으니 조선풍속을 어기지 못하였다고 부끄러운 낯으로 대답한 것을 보았습니다. 어떠한 사람은 혹 18세가 되었으나 몸이나 지식이 어린아이와 같은 사람도 있으니 18세로만 표준할 것이 아니라 장성하기를 기다려 혼인함이 필요할 줄 아나이나. 그런즉 이러한 혼인 풍속을 개량 할 이는 누구입니까 선교사는 성경말씀대로 가르칠 수 있으나 재미있게 되려면 먼저 목사나 조사나 장로들이 친히 입으로, 모본으로 가르침이 좋을 것이나 아직 직분자 가운데도 고치지 못하는 이가 있어 누가 핑계로 많은 직분 가운데 잘못하는 사람으로 본을 삼기 쉬우니 많은 사람 가운데 잘하는 사람으로 본을 삼는 것이 좋은 즉 만일 교인들이 좋은 풍속으로 인도하지 아니하면 누가 능히 하리오. 우리가 첫째 그리스도를 본받을 것이며 먼저 잘하는 이를 본받아야 할 것이다.[92]

로스의 『교인의 혼례론』은 그의 20여년 동안의 조선선교 경험이 녹아져 있는 것이다. 특히 혼인을 위한 사진에 대한 언급이 나오는데 이는 근대전환기의 특수한 결혼 사례로 등장한다. 1910년부터 1924년 10월까지 사탕수수 재배회사와 미국 이민국의 적극적인 협조 아래 사진 결혼 프로젝트가 진행되었는데 사진만 보고 결혼한 늙은 남편과의 소통도 문제였고 부족한 탁아시설도 의료혜택도 문제였다.[93] 이 책이 출판된 때에는 아직 이런 문제도 있어서 언급한 것으로 보인다. 요컨대 로스는 혼인은 육신만 상관되는 것이 아니라 정신과 영혼까지 연결되는 것인데 중매가 강권에 따라, 혹은 사진만 보고 혼인하는 것

---

92 위의 책, pp.20~24.

93 박혜인, 『서울 사람들의 혼인, 혼례, 결혼』, 서울특별시시사편찬위원회, 2012, pp.170~172.

은 매우 어리석은 일이라고 하였다.

이 책의 마지막 부분에서 저자는 "혼인 풍속을 개량 할 이는 누구입니까?"라는 물음을 던지며 교인들이 앞장서 혼례에 대한 구습을 개량할 것을 주문한다. 이것은 이제 기독교 혼인론, 부부윤리가 단순히 이식, 수용을 넘어서 토착화에 단계에 진입하고 있음을 알 수 있게 해준다.

4. 나오는 말

버트란트 러셀은 『결혼과 도덕(Marriage & Moral)』에서 왜 새로운 결혼과 도덕이 필요한가?[94]라고 화두를 던진다. 21세기를 살아가는 우리에게도 똑같은 물음이 던져진다면 어떻게 답할 것인가? 그 답의 실마리를 근대전환기 기독교윤리의 한 유형인 "혼인론"에서 찾아볼 수 있지 않을까? 그러기 위해 우선 전통사회의 혼례와 혼인론을 살펴보았다. 그리고 근대전환기의 새로운 혼례와 혼인론에서 새로운 결혼과 도덕이 필요한 상황을 이해할 수 있었다. 또한 새로운 흐름이 의식을 변화시키고 전통의 의례와 도덕와 충돌하고 수용하고 변용해나가는 모습이 오늘 기독교의 의례 특히 혼례, 혼인론에 영향을 막대한 영향력을 끼친 것을 마포삼열의 『혼례서』를 통해 알 수 있었다. 박보영이 주목하는 것처럼 근대전환기 한국의 혼례는 근대화의 논리와

94 버트란트 러셀, 이순희 옮김, 『결혼과 도덕(Marriage & Moral)』, 서울: 사회평론, 2016, p.6.

기독교의 영향과 식민지 정책이라는 세 가지 중첩된 압박 속에서 전통의 혼례에서 비판받던 부분을 개량하고 선택적으로 서양의 요소를 수용하여 혼합의례의 성격이 되었다. 그 한가운데 자리 잡고 있는 것이 혼인동의를 위한 침묵과 언어의 충돌, 서양흉내내기라고 할 수 있을 것이다. 혼인동의를 위한 교회언어의 등장을 자연스럽게 표현한 것이 마포삼열의 『혼례셔』이다. 이 모습에서 기독교 혼인론의 이식의 모습을 발견할 수 있다. 1914년 평양 장대현 교회의 한승곤은 『혼인론』을 편집하여 발간하면서 기독교와 서양사상이 유입되어 전통사회의 풍속과 충돌하면서 겪었던 문화적 갈등을 보여주었고, 단순히 서양 기독교의 혼인론을 이식받은 것에 그치지 않고 적극적 수용과 확산하고자 하는 의도를 보여주었다. 로스의 『교인의 혼례론』은 외래사상이 단순히 이식과 수용, 변용, 확산에 그치지 않고 외국인에 의한 토착화 시도를 보여준다.

이 연구를 통해 외래사상과의 접변이 단순히 외래사상의 전파와 수용이라는 프레임으로 설명할 수 없고 메타모포시스 현상으로 접근하는 것이 바람직하다는 이해를 얻을 수 있었다. 또한 버트란트 러셀이 묻는 “왜 새로운 결혼과 도덕이 필요한가?”라는 물음은 기독교사회윤리를 공부하는 우리에게 유의미한 것이다. 근대전환기 기독교인처럼 우리는 어떤 새로운 결혼과 도덕에 대한 정의 그리고 예식을 내놓을 수 있을까?

송인서의 『칠극보감七克寶鑑』에 나타난 기독교 윤리의 변용 흔적

1. 초기 기독교 문서와 기독교 공동체

한국 기독교의 교회됨과 그리스도인됨에 대한 성찰이 필요하다[1]고 본다. 왜냐하면 한국기독교의 현실이 공동체에 대한 근본적인 물음과 스스로의 답이 무척이나 부족하고, 덕의 내면화 내지 성품화(性品化)가 절실한지를 말해주기 때문이다. 우리는 성품의 함양이라는 시각에서 내러티브와 성품에 대한 관심 및 공동체적 가치의 회복과 통하는 요소들 이외에 독특하고도 고유한 정체성[2]에 주목해야 한다. 우리가 한자문화권에 속하기 때문에 내러티브 윤리 혹은 덕 윤리의 수용에서 덕의 왜곡을 유의하면서 접근해야한다. 그럴 때 기독교가 추구하는 덕의 성품화와 유교의 성인군자의 덕목이 동일하지 않음을 발견할 수 있다. 이는 마치 동음이의어와 같아서 민감하지 않으면 잘 구별하기 쉽지 않다. 전통적 가치와 서양에서 전해진 낯선 가치가 충돌하던

---

1 문시영, 「덕 윤리의 한국기독교적 재론을 위한 조건과 과제」, 『기독교사회윤리』 44, 2019, pp.223~250.

2 위의 글, p.241.

근대전화기에 전통적인 유교적 덕과 기독교의 덕이 수시로 씨줄과 날줄로 엮여질 때 어떤 일이 있었을까?

한국기독교는 근대전환기에 공동체를 형성하면서 이미 문서에 대한 지속적인 관심과 중요성을 강조하였다. 기독교공동체는 천정환이 주목하고 있는 것처럼 감리교 선교사 올링거의 삼문출판사, 예수교서회 등의 등장으로 지금 우리가 경험하고 있는 것보다 더 근본적이고 파급력이 강하며 현재적 변화의 기원이 된 문화변동을 먼저 경험하게 되었다.[3] 1880년대 서양식 연활자가 도입되고, 거듭하여 활자매체 제작기술이 개량되면서 대량생산과 대량소비가 가능해짐[4]에 따라 더 이상 소수 엘리트 계층에게만 허락되었던 누구나 글을 읽고 글로 써서 의사소통하는 역사상 유례없는 시대가 열린 것이다. 다시 말해 책 읽기와 독자의 탄생은 생활양식의 변화를 이끌었다. 독자는 실제로 책을 읽고 그것에 반응을 나타내는, 개별적인 동시에 집합적인 사회적 실체이다. 책을 읽는다는 것은 각 개인들이 홀로 텍스트를 대면하여 책 속의 세계를 해석하고 전유하는 주관적이며 정신적인 행위에 그치는 것이 아니라 복합적인 의미를 가진 사회적 행위이다.[5] 독자는 책

---

3 천정환, 『근대의 책 읽기』, 서울: 푸른역사, 2003, p.25.

4 박천홍, 『활자와 근대 - 1883년, 지식의 질서가 바뀌던 날』, 서울: 너머북스, 2018, p.10.

5 천정환, 『근대의 책 읽기』, 푸른역사, 2014, p.46.
이러한 현상은 마포삼열의 1899년 10월 보고서에서 잘 드러난다.
"이곳(숙천군)에서도 군수가 나를 방문했습니다. 그는 나를 만나기 위해 교회로 왔습니다. 우리는 복음의 핵심 진리에 대해 오랫동안 대화를 나누었습니다. 나는 그가 평양 서점에서 구한 많은 기독교 서적을 읽고 있는 것을 알게 되었습니다. 이곳에서도 지역에서 유명한 많은 유학자들이 방문했고, 그중 일부는 저녁 전도 집회에 참석했습니다. 식자층 사이에 구도의 정신이 성장하고 있는데, 대체로 학문적으로 열등한 기독교인들이 지식과 지적인 획득에서 양반층을 빠르게 추월하고 있음을 이들이 깨닫기 시작했기

읽기 과정, 즉 수용은 적어도 세 단계의 과정을 겪는다. 첫째 독자가 어떤 책과 작품을 선택하는 과정, 둘째 책을 읽어가는 해석, 해독의 과정, 셋째 책을 읽은 뒤 책 읽기의 영향에 의해 자신의 삶을 재구조화하는 과정이다.[6]

한국기독교는 초기부터 독자를 확보한 공동체였고, 함께 읽을 내러티브 생산에 힘을 쏟았다. 그 노력 가운데 하나가 송인서(宋麟瑞, 1867~?) 목사가 1918년 역술한 『칠극보감』이다. 『칠극보감』은 17세기 예수회 선교사 판토하가 쓴 『칠극』[7]을 저본으로 20세기 프로테스탄트 공동체가 읽고 실천할 수 있게 역술하고 발췌 정리한 책이다. 이제 송인서의 『칠극보감』을 통해 초기 한국교회 공동체의 기독교윤리 이해와 변용의 흔적을 찾아보자.

2. 송인서의 『칠극보감』의 성격

예수회 신부 판토하가 1614년 북경에서 지은 『七克(칠극)』은 17세기부터 조선에 들어와 사대부와 백성들에게 전파되었을 뿐 아니라 영조 때 사도세자가 대궐 안에 까지 읽었다.[8] 그리고 1801년 천주교

때문입니다." [옥성득 책임편역, 『마포삼열 자료집 2』, 서울: 숭실대학교 가치와 윤리연구소, 2017, p.703.]

6 천정환, 앞의 책, p.47.

7 『칠극』과 관련된 대표적인 연구로는 김승혜, 「『칠극』에 대한 연구」, 『교회사연구』 9, 1994 등이 있다.

8 정민, 〈정민의 다산독본-대궐 안에 일찍이 침투한 천주교… 사도세자도 '성경직해' 읽었다〉, 『한국일보』, 2018.10.25. p.28.

신자의 집을 압수수색하면서 발견된 서학서들을 기록한 「요화사학소화기(妖畵邪書燒火記)」에서도 『칠극』이 등장한다.

『칠극』은 조선 후기에 유입된 후 다섯 차례 한글로 번역되었다. 구한말 김덕민(金德敏)이 인항성당에서 한글로 낸 것과 그 요약본, 1918년 장로교 목사인 송인서가 평양에서 번안 발췌한 『칠극보감』 그리고 1857년 홍콩 나자로 수도원에서 상하 두 권으로 펴낸 『칠극진훈』을 1996년 박완식과 김진소가 공역하여 전주대학교출판부에서 펴낸 『칠극-일곱 가지 승리의 길』, 박유리가 1998년 일조각에서 펴낸 『칠극-그리스도교와 신유학의 초기 접촉에서 형성된 수양론』 그리고 정민이 번역하여 2021년 김영사에서 출판한 『칠극: 마음을 다스리는 7가지 성찰』 등이 바로 그것이다.[9]

정민에 따르면 국립중앙도서관 소장 『지나역사회모본(支那歷史繪模本)』이 있는데 이것은 사도세자의 문집인 『능허관만고(凌虛關漫稿)』 6권에 '화첩제어(畵帖題語)'와 '후제(後題)'라 실려 있다. 『능허관만고(凌虛關漫稿)』의 '소서'에는 자신이 본 소설책의 목록을 '대조목(大條目)'과 '소조목(小條目)', '대중소질(大中小秩)'과 '음담괴설(淫談怪說)' 등 모두 네 가지 범주로 나눴는데, 이 중 '소조목'에 속한 책 이름 가운데 『성경직해(聖經直解)』와 『칠극(七克)』이 포함되어 있다. 또한 이재기의 『눌암기략(訥庵記略)』, 『사학증의(邪學懲義)』 부(附) 「요화사학소화기(妖畵邪書燒火記)」의 에서도 『칠극』 관련된 기사가 전해진다.

또한 『칠극』의 조선 전래에 대한 여러 가지 설들이 있는데 최중복은 2015년 가톨릭대학교 대학원 석사학위논문 「천주교 서적이 초기 한국천주교회 순교복자들의 신앙생활에 미친 영향 연구-'요화사서소화기'에 기록된 천주교 서적을 중심으로」에서 『칠극』의 소개자로 허균을, 소개시기를 1615년으로 삼고 있다. 이재기의 『눌암기략』의 내용 중 "광해군 때 허균이 『칠극』을 구입하여 왔다."는 구절을 이용한다.

9 박유리, 「책머리에」, 빤또하 저, 『七克-그리스도교와 신유학의 초기 접촉에서 형성된 수양론』, 서울: 일조각, 1998, iv.; 이훈상, 「번역후기」, 빤또하 저, 위의 책, p.473.; 오지석, 「동서 기독교 윤리학의 가교로서의 서학 윤리사상」, 『기독교사회윤리』 21, 2011, p.212. 1890년대의 한국인 저작으로 홍정후의 『칠득(七得)』이 있는데 판또하의 『칠극』을 염두에 둔 변증서로 추정하고 있다(http://ihappy99.com/main/chhtry/roottxt18.html).

『칠극』과 관련된 연구는 다수 있지만 송인서가 역술한 『칠극보감』에 관한 연구는 드물다. 또한 송인서에 대한 연구 또한 1907년 9월 17일 한국 장로교 최초의 목사 안수를 함께 받은 한석진, 길선주, 이기풍, 양전백, 방기창과는 달리 단편적이다.

1) 송인서(宋隣瑞, 1867~1930?), 그는 누구인가?

▲ 목사 송인서[10]

◀ 장로교 최초 7인의 목사[11]

송인서는 한국 장로교의 최초 7인의 목사 가운데 한 사람이다. 1867년 평안남도 평양에서 출생하였다. 그는 어린 시절부터 한학(漢學, 舊學)을 공부하였고, 인생의 의미를 찾아 유랑하며 불교와 도교에 빠져있다가 1891년 마포삼열(Samuel A. Moffett)선교사와 그의 조사 한석진(韓錫晋)의 인도로 기독교로 귀의하였다. 그 후 마포삼열과 인연은 계속되었다. 1893년 황해도 재령군 신환포교회에서 마포삼열을 도우며 전도 활동을 하였고, 1894년 평양의 첫 기독교인 박해사건[12]에 연루되어

10 사진 출처, http://www.pckworld.com/article.php?aid=4661626031, 검색일: 2020.7.13.

11 사진 출처, https://blog.naver.com/cuidaifan33/100169643068, 검색일: 2020.7.13.

한석진, 김창식과 더불어 평양 감영에 수감되어 모진 고문을 당하고 풀려나와 1895년 마포삼열에게 정식으로 세례를 받고 조사가 되었다. 마포삼열의 추천으로 1902년 평양 장로회신학교의 설립과 동시에 입학하였다.[13] 그는 신앙공동체에 대한 관심이 깊어 1892년 평안남도 평원군 한천교회[14], 1894년 평원군 명당동교회, 용강군 준본리 교회,

---

12 마포삼열은 "The Work of the Spirit in North Korea", *Missionary Review of the World*, 1895.11, pp.831~837에서 이 사건을 자세히 다루고 있다.
옥성득 책임편역, 『마포삼열 자료집 2』, 2017, pp.762~765.; 옥성득, 『첫 사건으로 본 초대 한국교회사』, 서울: 짓다, 2016.
옥성득은 『첫 사건으로 본 초대 한국교회사』 '3부 서북 지방으로'에서 평양의 첫 기독교인 박해, 김창식의 신앙고백(1894.5)을 통해 이 사건의 실체적 접금을 통해 역사 사건으로 등장시킨다.

13 마포삼열은 *Korea Field*(1903.11)에서 1903년 6월 신학반에 대해 이렇게 기술하고 있다. "공의회가 4명의 목사 후보생을 추가로 우리 관리 하에 두도록 허가해준 후에, 6명의 학생으로 구성된 우리 신학반이 공식적으로 시작되었고 … 6명 중 4명은 안수 받은 장로입니다. 모두 이전에 교사, 조사 또는 조력자의 직분을 감당했고 6년에서 10년 동안 선교사와 밀접한 관계 속에 있었습니다. 모두 한문 문헌에 대한 상당한 지식을 갖도록 해주는 한국 교육을 받았습니다. … 이들은 안수 받을 첫 번째 목회자가 될 것이므로 간단한 설명을 하겠습니다. … 송인서 조사는 34세로 1894년 박해 때 기도회에서 구타를 당한 후 기독교이라고 선언하기로 결심했습니다. 그는 1895년 세례를 받았습니다. 그는 시골의 한 미조직교회의 영수로, 교사였고 4년 동안 황해도 중심 지역의 발전에 주된 견인차 역할을 하며 헌트 목하와 함께 일했습니다." [옥성득 책임편집, 『마포삼열 자료집 3』, 서울: 숭실대학교 가치와 윤리연구소, 2017, pp.927~929.]

14 마포삼열은 1895년 10월 평양선교지부 보고서에서 한천교회를 소개하면서 송인서의 활약에 대해 이렇게 적고 있다. "그곳은 우리 학습교인 송인서가 사업을 하는 곳입니다. 1년 넘게 그는 그곳에서 복음의 씨앗을 뿌려왔고 수시로 많은 책을 배포했습니다. 처음에는 강한 반대에 부딪혔습니다. 비록 그가 간곡히 권유했지만 아무도 들으려 하지 않았고, 오히려 기독교인이 된 그를 조롱했고 약 1년 전에 그가 내게 말한 것을 똑똑히 기억하고 있습니다. 그러나 그는 끈기 있게 전하기 시작했고, 그래서 지난 봄에는 그곳에서 한 구도자가 우리를 찾아왔습니다." (옥성득 책임편집, 『마포삼열 자료집 2』, p.611.)
한천교회와 송인서의 활약에 대해 1896년 10월 보고서에서도 언급하고 있는 데 송인서가 영수로 활동하고 있다.

1896년 주천교회, 1898년 강동군 설파교회, 강동읍 대원교회를 설립하였다. 그리고 신학수업을 이수하는 중에는 평원의 한천교회에서 교역을 하였고, 1907년 초에는 동교회서 장로 장립을 받았다. 1907년 6월 20일 평양 장대현 교회에서 평양장로회신학교 제1회 졸업식을 하였다. 졸업생은 7인이었는데 의주 한석진(41세)·서경조(58세) 귀성 양전백(39세), 평양 길선주(40세)·방기창(58세)·이기풍(40세), 송인서(40세) 등이었다.[15] 이들의 목사 장립은 1907년 9월 17일 오후 2시 평양 장대현 교회에서 집행되었다. 이들은 한국 교회 최초의 목사7인이다. 송인서는 증산, 한천, 외서장, 영유, 허리마을교회의 전도목사로 취임했다.[16] 마포삼열은 1907년 2월 14일에 쓴 "한국에 있어서 교육 받은 교역자들"라는 글에서 송인서의 졸업에 대해 이야기하고 있는데 직접 들어보자.

> 송린서는 1895년 내게서 세례를 받았다. 그는 1894년 민병석 감사의 박해사건에 투옥되어 사형선고를 받았던 사람 가운데 하나이다. 그는 감옥에서 모진 매를 맞고 나왔으나 조금도 변함없이 널다리 교회에 출석하였다. 그의 인격과 신앙이 타에 모범이 되므로 1902년에 신학생으로 추천되었던 것이다. 그리고 이번에 영예로운 졸업을 하게 되었다. 그는 수년간 평양 서북부지역에서 열심히 전도하였는데 앞으로도 그 지역의 지도자 및 전도인의 사명을 갖고 일하게 될 것이다.[17]

---

15 채필근 편저, 『한국기독교개척자 한석진목사와 그 시대』, 서울: 대한기독교서회, 1971, p.119.

16 채필근, 위의 책, p.134.

17 마포삼열박사전기편찬위원회 편, 『馬布三悅博士傳記』, 서울: 대한예수교장로회총회 교육부, 1973, pp.234~235.

송인서 1907년 조직된 제1회 대한예수교장로회 독노회의 개회사를 맡았고 초대 임원 부서기로 선출되어 활동하였으며 1909년 제3회 독노회에서는 소안론 선교사의 동역목회자로 활동하였다. 1912년 각 노회가 성립된 이후 평남노회 소속 목사로 평남 서부지역의 전도와 교세확장에 힘을 쏟았으며 1916년까지 평남 진남포시에 거주하며 진남포 억양기 교회를 시무하였다가 신병으로 인해 잠시 휴직하였는데 이때 『칠극보감』을 역술하고 1918년 2월 5일 발행한다. 『칠극』 판권기에 나오는 역술자의 주소는 진남포부 억량기리 십이통 칠호(鎭南浦府億両機里十二統七戸)되어 있어서 이를 뒷받침한다. 또한 발행소를 평양부 경창리 칠번지(平壤府景昌里七番地)자신의 자택으로 표기하고 있어서 그가 신병치료를 하면서 지내는 기간의 활동을 유추할 수 있다. 그는 1921년 복직하였고, 평남노회가 1922년 분립될 때 평서노회 노회장으로 평남 서부지역에서 활동하다가 1926년 건강상의 이유로 다시 휴직한 후 1929년 이후 사망한 것으로 추정한다.

『기독공보』 2010년 4월 15일 특집 "장로교초대목사의 리더십을 말한다-송인서 목사"[18]에서 영남신대 영남교회사학회는 송인서 목사의 목회지도력을 세 가지를 제시한다. 첫째, 구도자적 열정의 지도력 둘째, 신앙공동체를 중시한 지도력 셋째, 민생을 중시한 섬김의 지도력이다. 여기에서 송인서가 신병 치료 중에도 왜 『칠극』을 선택하여 초기한국교회공동체에 맞게 역술했는지 그 의도를 짐작할 수 있다.

---

18 「이전 것은 모두 죽을 공부였다」, 『한국기독공보』, 2010.4.15, http://www.pckworld.com/article.php?aid=4661626031, 검색일: 2020.7.13.

2) 『칠극보감』은 어떤 책인가?

현재 송인서의 『칠극보감』을 소장하고 있는 곳은 숭실대학교 한국기독교박물관, 장로회신학대학교 도서관(귀중자료실), 그리고 대한예수교장로회(합동) 총회역사관(전시실) 등이다.[19] 이 연구의 저본은 숭실대학교 한국기독교박물관 소장본이다.

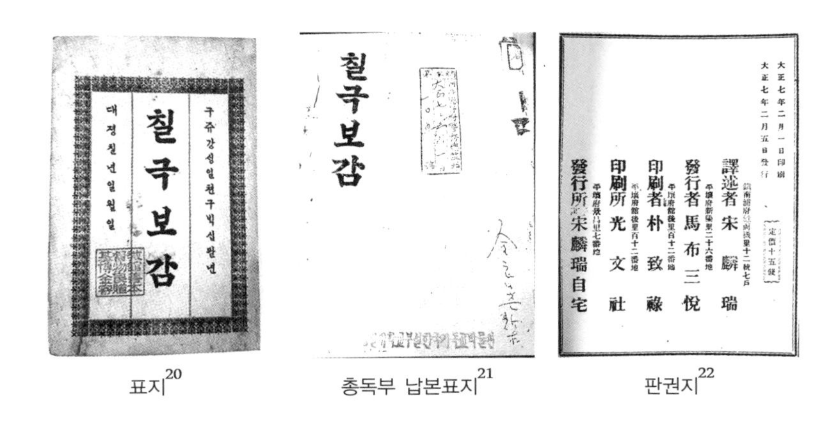

표지[20] 총독부 납본표지[21] 판권지[22]

19 『칠극보감』의 소장하거나 전시하면서 잘못된 정보를 제공하고 있어서 바로 잡으려 한다. 장로회신학대학교 도서관 본은 저자를 스크랜튼이라고 소개하고 있는데 이는 역술자 송인서로 정정해야 하고 「예장합동 역사관, 두루마리 토라·칼뱅의 '기독교 강요'등 눈길-총회설립 105년 만에 세운 예장합동 역사관을 가다」(『국민일보』, 2017. 4.3.)에서 칠극보감(七克寶鑑)을 소개하면서 '신앙생활에서 극복해야 할 일곱 가지를 논한 마포삼열 선교사의 칠극보감'이라고 한 것 또한 판권지를 자세히 읽지 않아서 발생한 오류이다. 판권지에는 馬布三悅(마포삼열)은 발행자로 되어 있다. 역술자를 정정해야 한다.

20 숭실대학교 한국기독교박물관 편, 『한국기독교박물관 소장 기독교자료해제』, 서울: 숭실대학교 한국기독교박물관, 2007, p.199.

21 숭실대학교 한국기독교박물관 사진 제공.

22 숭실대학교 한국기독교박물관 사진 제공.

숭실대 소장본 『칠극보감』(유물번호 IA0161)[23]은 상하권으로 되어 있고, 유물번호 IA0162는 하권만 있다. 『칠극보감』(유물번호 IA0161)을 중심으로 책의 구성을 간단히 살펴보기로 한다. 겉표지의 특징은 김양선 목사의 소장본이라는 것과 조선총독부경무총감부에 납본 번호(130)가 기록되어 있다. 또한 대한제국기 통감부이후 판권기에는 저작권에 대한 표시가 나타나는 데 이 책에는 없다. 서문은 한문서문(七克寶鑑序文)과 한글서문(칠극보감셔문)으로 되어 있는데 그 내용이 두 서문이 일치하지 않아 송인서의 단순한 번역이라기보다는 발췌 번안역이라는 것을 미루어 짐작할 수 있다. 『칠극보감』의 상권은 7권 중 4권(91면)이고 각권의 제목은 '데일권 교만을의론홈(驕慢을論홈), 데이권 탐린을의론홈(論貪吝), 데삼권 음란을의론홈(論淫亂), 데ᄉᆞ권 분노를의론홈(論忿怒)'이다. 하권은 7권 중 나머지 3권(55면)으로 '데오권 탐식을의론홈(論貪食), 뎨륙권 질투를의론홈(論疾妬), 뎨칠권 히타를의론홈(論懈惰)' 등으로 구성되어 있다.

『칠극』에 대한 선행연구 가운데 김승혜와 금장태, 조광, 오지석의 평가에서 『칠극보감』의 성격을 유추해보자.

김승혜는 판토하가 『칠극』에서 토마스 아퀴나스의 『신학대전』 2권 윤리 부분 칠죄종(七罪宗, seven capital sins)과 칠추덕(七樞德, seven cardinal virtues)의 개념을 '극기(克己)'라는 한 주제에 맞추고 유교적

---

23 서지사항은 다음과 같다. 원저자는 빤또하(龐迪我), 역술자는 송인서(宋隣瑞)이고, 발행자는 마포삼열(馬布三悅), 인쇄소는 광문사(光文社) 발행일은 1918년 2월 15일, 2월 5일로 되어있다. 위에서 언급했듯이 역술자의 주소와 발행소의 주소가 다르다는 것이다. 역술자 주소는 진남포 억양리 교회의 주소이고 발행소는 평양의 자택이다. 책값은 정가 15전이다. 이 책은 한글 세로 내려쓰기로 되어 있으며, 크기는 18.7×13.0cm이다.

용어로 사용하고, 성서와 성인전, 그리스·로마의 철학 및 대중적 이야기들을 풍부하게 인용하고 있어서 유학자들이 그리스도교적 수양론을 이해하기 쉽게 하였다고 평가한다.[24] 금장태는 "천학초함(天學初函,理篇)해제"에서 판토하의 『칠극』을 일곱 가지의 죄 달리 말해 교오(驕傲), 질투(嫉妬), 간린(慳悋), 분노(忿怒), 미음식(迷飮食), 미색(迷色), 해타우선(懈惰于善)를 극복하는 방법을 제시하고 있는 윤리서라고 하고 있다. 또한 조광은 『칠극』은 인간중심의 윤리에서 하나님 중심의 윤리로 전환하는 데 공헌이 있다고 보았다. 오지석은 『칠극』에 대한 선행연구의 결과를 수용하여 『칠극』에 대해 "유교에서 강조하던 윤리관은 효제나 충신 같은 인간을 중심으로 한 것이었지만, 『칠극』에서는 그 윤리의 초점을 하나님께 맞추었다. 그리하여 인간 내부에 적요되는 윤리도 하나님과 연결될 때만이 의미가 있다는 것을 설명하고 있다"[25] 기술한다.

다시 정리해 보자면 『칠극보감』은 『칠극』의 칠추덕의 개념과 기독교 공동체의 내러티브와 그리스·로마의 철학 및 대중적 이야기를 담고 있다는 점에 주목하고 동아시아의 윤리적 전통인 인간중심에서 하나님 중심의 윤리로, 그리고 인간의 윤리도 하나님과 연결될 때만이 의미가 있다는 성격을 근대전환공간에서 유학의 언어, 가톨릭의 용어가 아닌 프로테스탄트의 용어로 윤리 담론을 담고자 하였다는 점을 발견할 수 있다.

---

24 김승혜, 「『칠극』에 대한 연구」, 『교회사연구』 9, 1994, pp.171~172.

25 오지석, 「동서 기독교 윤리학의 가교로서의 서학 윤리사상」, 『기독교사회윤리』 21, 2011, pp.212~213.

3. 한국 기독교윤리의 변용 흔적으로서의 『칠극보감』

송인서의 삶은 초기 한국교회 공동체를 만들어 가며, 바로 세우려는 고민과 헌신이었다. 그 고민의 흔적이 『칠극보감』에 고스란히 담겨있다. 『칠극보감』 서문의 내용을 살펴보면 그의 집필동기를 읽을 수 있다.

> “죵교덕ᄉᆡᆼ활ᄒᆞᄂᆞᆫ쟈는 남녀를물론ᄒᆞ고극긔입덕ᄒᆞᄂᆞᆫᄎᆡᆨ셔를아지못ᄒᆞ면즁도에폐ᄒᆞ기쉬으니그ᄎᆡᆨ셔는도를밋고ᄭᆡ닷기가어렵고ᄒᆡᆼᄒᆞ고일우고직히ᄂᆞᆫ것들이라 (종교적 생활을 하는 자는 남녀를 물론하고 극기 입덕하는 이 책을 알지 못하면 중도에 폐하기 쉬우니 이 책은 도를 믿고 깨닫고 행하고 이루고 직히는 것들이라[26])”

그는 17세기 가톨릭 공동체의 수양론 또는 성품, 덕에 대한 이야기를 그대로 전하지 않고 20세기 아직 어린 한국교회 공동체에게 이해하기 쉬운 덕 이야기로 역술하였다. 그의 서문은 그것을 이야기한다.

> 아바지계신놉흔텬당에오르ᄂᆞᆫ길에엇지마귀의쟝ᄋᆡ와세샹의고초가업스리오도덕에립지ᄒᆞ신여러형뎨ᄌᆞᄆᆡ는이필극보감을ᄒᆞᆫ번보시와극긔ᄒᆞ시ᄂᆞᆫᄃᆡᄒᆞᆫ도음이되기를ᄇᆞ라와셔학문의쳔단ᄒᆞᆷ을도라보지아니ᄒᆞ고역슐ᄒᆞ엿스니부죡ᄒᆞᆫ곳을용납ᄒᆞ시고밋음에돕ᄂᆞᆫ것과직히ᄂᆞᆫᄃᆡ힘이나게ᄒᆞᄂᆞᆫ것을차자가지시기를원ᄒᆞ야두어마ᄃᆡ로칠극보감이엇더ᄒᆞᆫ거신지조고마침셜명ᄒᆞᄂᆞ이다[27]

---

26 연구자의 현대어역임.

27 빤또하 지음, 송인서 역술, 「칠극보감셔문 2」, 『칠극보감』, 평양: 송인서 자택, 1918.

판토하의 「칠극자서(七克自序)」와 송인서의 「七克寶鑑序文」, 「칠극보감서문」을 비교하면서 서학의 윤리가 어떻게 기독교윤리로 변용되는 지 그 흔적을 찾아보려고 한다.

판토하는 「칠극자서」를 "사람이 태어나서 하는 모든 일은 없애고 쌓는 두 가지 벗어나지 않는다. 따라서 몸을 닦는 모든 일이란 옛 것을 없애고 새로운 것을 쌓는 것을 말하는 것이다"라고 말하며 시작한다.[28] 또한 모든 악한 일은 욕망에서 나오는 데 욕망이 본래 나쁜 것이 아닌데 사람들이 오직 자신을 위해서만 사용하기 때문에 죄가 되고 허물이 되어 온갖 악이 그것을 뿌리로 삼는다하며, 욕망을 이기고 덕을 닦는 일을 종일토록 논의하고 평생토록 힘쓰는데도 거만함, 질투, 분노, 같은 여러 욕망은 사라지지 않고 겸손, 어짊, 곧음, 참음 등과 같은 덕이 쌓여지지 않는 까닭을 근본을 생각하지 않고, 마음을 깨끗하게 하지 않으며, 절차를 따르지 않음에서 찾는다.[29] 이 부분은 동아시아 윤리적 전통과 수양론과 크게 어긋나지 않는 모습을 보인다. 판토하는 이어 서학윤리의 길을 다음과 같이 제시하고 있다.

> 덕을 닦고 욕망을 이기려는 사람은 오직 그의 온 마음을 깨끗이 하여서 하느님(上帝)에게 향해야만 그 뜻이 높다고 할 것이다.[30] … 그래서 예수회의 가르침을 따라, 뛰어난 분들께서 환히 밝혀주신 가르침을 익히 듣고서 자신을 바로잡고 교화시키려고 하였다. 그런데 저 사악한 이야기들이 길을 가득히 메우고 있어서 하느님이 인간과 사물의 참된 주인임을 알지

28 빤또하, 앞의 책, 1988, p.13.
29 빤또하, 위의 책, p.14.
30 빤또하, 위의 책, p.15.

못하고, 하늘나라에 오를 수 있는 참된 지름길이 있음을 생각하지 않는 것을 가련하게 여겼다. … 사람의 마음의 병은 일곱 가지가 있고, 이것을 치료할 약 또한 일곱 가지가 있는데, 그 큰 뜻을 모아 보면, 결국 옛것을 없애고 새로운 것을 쌓는 것에 지나지 않는다. 그런데 쌓는 것 가운데 가장 좋은 것은 영원한 즐거움과 영원한 복을 쌓는 것이요, 없애는 것 가운데 가장 좋은 것은 영원한 괴로움과 영원한 재앙을 없애는 것이다.[31]

일조각에서 나온『칠극』번역서에는 판토하의「칠극자서」마지막 밑에 다음과 같이 칠죄종과 칠추덕을 다음과 같이 적고 있는데 이는 송인서의「七克寶鑑序文」의 내용과 유사하다.

천주교에서는 죄의 근본에 일곱 가지의 실마리가 있다고 한다. 그 첫째는 교만이고, 둘째는 질투이고, 셋째는 인색함이고, 넷째는 분노이고, 다섯째는 마음이 먹고 마시는데 빠지는 것이고, 여섯째는 여색에 빠지는 것이고, 일곱째는 착한 일을 함에 게으른 것이다.

또 이 죄의 일곱 가지 실마리를 이겨내는 데는 일곱 가지의 덕이 있다고 한다. 그 첫째는 겸양으로 교만함을 이겨내는 것이고, 둘째는 남에게 어질게 대하고 남을 사랑하여 질투를 이겨내는 것이고, 셋째는 재물을 버려 인색함을 이겨내는 것이고, 넷째는 참고 견딤으로써 분노를 이겨내는 것이고, 다섯째는 집착을 없앰으로써 먹고 마시는데 빠짐을 이겨내는 것이고, 여섯째는 욕망을 끊어서 여색에 빠짐을 이겨내는 것이고, 일곱째는 하느님(上帝)를 부지런히 섬겨서 착한 일을 함에 게으름을 이겨내는 것이다.[32]

---

31 빤또하, 위의 책, p.17.

32 빤또하, 위의 책, p.18.

그렇다면 송인서의 「칠극보감서문」을 들여다보자.

(전략)도의 큰 근원이 하늘에서 왔으니 첫째 하나님을 공경하는 것이니 하나님을 공경하는 직분은 근신행덕에 있으니 덕이라는 글자의 말뜻은 일곱 개의 단서가 있다. 첫째가 겸양(謙讓)이오. 둘째는 시재(施財, 제물을 베풂이요) 셋째는 정욕을 절제(節慾)하는 것이오, 넷째는 항상 참으며(恆忍), 다섯째는 맑고 깨끗함(淡潔)이오, 여섯째는 어진 마음으로 사랑함(仁愛)이오, 일곱째는 부지런하고 성실함(勤懇)이다. 이 일곱 실마리 마음을 참마음을 다하여 정성스럽게 간직하고 늘 가슴에 품어 부지런히 게으름 피지 않으며 하나님을 경외할 수 있으며 도덕을 준비한 것이다.

그러므로 하늘의 도는 뿌리이며, 사람의 도는 가지이니 다만 하늘을 공경하면서 덕이 없는 것은 가지 없는 뿌리와 같고, 일곱 가지 덕을 행하는 자가 하나님을 공경하지 않는 자 역시 뿌리 없는 가지니라. 뿌리와 가지는 서로 신뢰하여 상처가 하나 없어야 뿌리가 단단하여 잎이 무성하며 꽃이 피고 결실을 맺어 배우는 자는 어정거리며 몸과 마음이 완미하여 한 마디 한 마디 조사하고 생각하여 진리를 알아낸다함은 즉 좋지 않은 자가 스스로 도덕을 온전하게 할 수 있다는 것이다. 교인을 깨우쳐 이끌어도 그 자기를 바르게 변화시키는 사람의 요긴한 일이다. (후략)[33]

판토하의 「자서」와 송인서의 「칠극보감서문」에서는 일곱 가지의 덕을 제시하고 있는데 기독교인들이 추구 해야할 덕을 유교적 덕과는 다른 지향점이 있음을 밝히고 있다. 이것은 최소한 기독교와 유교와의 만남, 덕 공동체를 지향해온 한국교회의 초기의 모습을 잘 드러내주는 것이라고 할 수 있다. 이것은 문시영이 한국 기독교가 덕의 본질

33 빤또하, 「칠극보감 셔문 1」, 『칠극보감』, 번역은 필자.

의 회복을 위해 관심을 가지려고 할 때 행위(doing)보다 존재(being)에 주목하여서 성품에 대해 논의해야 한다는 맥락과 일치한다고 할 수 있다.[34] 왜냐하면 한국의 교회는 1907년 평양대부흥의 경험을 통해 영적 각성은 교회의 부흥과 함께 도덕적 변화로 이어졌기 때문이다. 이 과정에 나타난 도덕적 변화와 실천의 모습들은 도덕적 금기사항(복음 이전의 옛 생활에 대한 청산 혹은 극복의 과제)과 도덕적 권장사항(교회의 덕을 세우기 위한 '건덕')으로 설명할 수 있다.[35]

송인서의 『칠극보감』에서 1907년 이후 기독교공동체의 성장과 그에 따른 윤리적 고민의 흔적을 발견할 수 있는데 그 가운데 하나가 송인서는 『칠극보감』에서 판토하의 『칠극』과 『칠극진훈』과는 다른 목차를 제시하고 있다는 것이다. 이것은 당대의 한국인 또는 한국기독교 공동체가 추구해야 할 덕을 제시하고 있는 것이라 할 수 있고, 다시 말해 근대전환공간에서 절실했던 개인의 수양, 기독교인의 덕목을 보여준 것이다.

	『칠극』	『칠극진훈』	『칠극보감』
1	복오(伏傲) －교만을 누르다	겸극오(謙克傲) 겸허한 마음으로 오만함을 극복하는 길	교만을의론홈 －驕慢을論홈
2	평투(平妬) －질투를 가라앉히다	인극투(仁克妬) 사랑으로 시기와 질투를 극복하는 길	탐린을의론홈 －論貪吝
3	해탐(解貪) －탐욕을 풀다	인극로(忍克怒) 인내심으로 분노를 극복하는 길	음란을의론홈 －論淫亂
4	식분(息忿) －분노를 없애다	정극음(貞克淫) 순결로 음욕을 극복하는 길	분노를의론홈 －論忿怒

34 문시영, 「건덕에서 덕 윤리로」, 『근대 사상의 수용과 변용 I』, 서울: 선인, 2019, p.31.
35 위의 글, p.23.

5	색도(色度) －탐을 내어 먹고 마시는 것을 막다	사극린(捨克吝) 베푸는 마음으로 인색함을 극복하는 길	탐식을의론홈 －論貪食
6	방음(坊淫) －음란함을 막다	담극도(淡克饕) 담박한 생활로 탐욕을 극복하는 길	질투를의론홈 －論疾妬
7	책태(策怠) －게으름을 채찍질하다	근극태(勤克怠) 근면으로 게으름을 극복하는 길	히타를의론홈 －論懈惰

여기서 주목할 것은 각권의 차례이다. 17세기의 『칠극』, 19세기의 『칠극진훈』, 20세기의 『칠극보감』에서 나타난 바와 같이 교만과 게으름에 관한 것은 같은 위치에 있고, 『칠극』과 『칠극보감』에서 다섯 번째는 탐식이다.

이것을 봤을 때 송인서의 『칠극보감』이 판토하의 『칠극』, 또는 『칠극진훈』을 단순히 한글로 그대로 번역한 것이 아니라 당시의 한국기독교 또는 한국기독교공동체의 절박한 문제들을 중심으로 발췌 번안 역술한 것임을 추측할 수 있다.[36] 왜냐하면 번역은 원문에 대한 해석이자 세상을 보는 다른 창이기 때문이다.[37] 그리고 급격한 사회 변동기나 바깥으로부터의 문화가 격심하게 몰려올 때 배경과 형태를 바꾸는 번안 작업이 활발하게 이루어지기 때문이다.[38]

특히 2권 탐린을 의론함[39]과 3권 음란을 의론함[40]이 『칠극』이나 『칠

36 신원하는 토마스 아퀴나스의 정리에 따라 7죄종의 순서를 "교만, 시기, 분노, 나태, 탐욕, 탐식, 정욕"으로 삼고 자신의 7죄론을 전개하고 있다. 신원하, 『죽음에 이르는 7가지 죄』, 서울: IVP, 2012, p.11.

37 백욱인, 『번안 사회 - 제국과 식민지의 번안이 만든 근대의 제도, 일상, 문화』, 서울: 휴머니스트, 2018, p.40.

38 위의 책, p.10.

39 제2권 '탐린을 의론함'은 제1장 탐심을 풀어 헤칠 것(탐심을푸러헤칠것), 제2장 재물은 마땅히 구제품으로 알아야 할 것(지물은맛당히구제품으로알으야홀것), 제3장 황금은

극진훈』보다 앞서 배치된 것은 당시의 구제(救濟)의 문제와 교회를 다니면서도 해결되지 않은 축첩제[41]에 대한 문제 제기이며 교회 공동체의 일원으로써 갖추어야 할 덕목에 대한 제시라 할 수 있다.

송인서는 "3권 음란의 논의함"에서 乾南坤女이라 하여 남녀의 구분을 이야기하고, 一夫一女은 인륜의 도리라며 기독교의 일부일처제와 정절의 세 단계를 설명하고 있다. 하지만 판토하가 바울의 성도덕과 서양 기독교 전통의 일부일처제를 다루고 있는 '결혼의 바른 뜻(婚娶正議)'이 제외되어있다. 이 부분이 생략된 것은 단순히 발췌번역의 한계가 아니라 프로테스탄트 선교 30년이 지나 충분하지는 않지만 기독교 혼인론과 성도덕이 자리잡고 있었기 때문일 것이다.

한국기독교인들은 기독교와 유교의 문화적 요소가 공존하면서 상호 침투하는 것을 경험하면서 산다. 그 흔적이 『칠극보감』에 고스란히 담겨져 있다. 우리는 『칠극보감』에서 공동체의 내러티브를 통해 교회공동체다움의 수양론과 제자도에 기초한 덕의 성품화를 시도해야 할 이유를 찾을 수 있다. 또한 한국인들에게 익숙하지 않은 죽음에 이르는 7가지 죄에 한정된 기독교담론을 공동체와 개인의 덕 서로가

사람을 안정케 못하고 요란케 한다함(황금은사ᄅᆞᆷ을안졍케못ᄒᆞ고요란케ᄒᆞᆫ다ᄒᆞᆷ) 제4장 구제(구졔) 등 4장으로 구성되어있다.

40 제3권 "음란을 의론함'은 제1장 간음을 막을 것(간음을막을 것 - 음심은넘치ᄂᆞᆫ물과ᄀᆞᆺᄒᆞ니방축을든든히ᄒᆞ야막으ᄃᆡ정결(貞潔)노ᄒᆞᆯ것), 제2장 貞正 訂正이 큰 덕을 이룸(뎡졍이 큰덕을일움), 제3장 음심을 소멸케 하는 데는 고운 태도를 엄금함(음심을쇼멸케ᄒᆞᄂᆞᆫᄃᆡ는고운ᄐᆡ도를엄금함), 4장 음란의 길을 미리 막을 것(음란의길을미리막을 것) 등 4장으로 구성되어 있다.

41 초기한국교회공동체는 중혼의 문제, 특히 축첩의 문제에 대해 많은 논의가 있었다. 특히 선교사 스왈른과 베어드는 이 문제를 *The Korean Repository* 1896년 7~9월호에 걸쳐 다루고 있다.

상호 영향을 주고받는 덕 윤리 실천에 관심을 가질 때 개인의 차원이나 게토화된 기독교공동체 안에만 머무르지 않고 시민사회와 소통하는 데 이를 수 있게 할 수 있다. 따라서 송인서의 『칠극보감』의 목차와 판토하의 『칠극』의 목차 배열을 보면서 시대의 요구를 반영한 기독교윤리의 변용의 흔적을 발견할 수 있다.

4. 나오는 말

앞서 살펴본 것처럼 최초의 장로교 목사 7인 가운데 한 사람인 송인서의 『칠극보감』을 한국기독교공동체의 내러티브 윤리학의 자료로 이해하고 그 특징을 발견하였다. 그 이해는 한국의 근대전환기의 한 특징을 활자 문화를 통한 인쇄와 독자의 탄생에서 찾은 것이다. 즉 독자의 탄생에는 다양한 해석이 있으나, 근대전환기의 기독교 공동체는 근대적 의미의 독자와 책읽기 그리고 내러티브가 양성되는 산실의 역할을 하였다. 기독교 공동체의 책 읽기는 단순히 듣는 신앙을 벗어나 스스로 독립할 수 있는 신앙으로 옮겨가는 것을 의미한다. 송인서는 마포삼열 선교사의 전도와 훗날 동료 목사로 일한 한석진의 인도에 따라 기독교 공동체에 발을 들여놓았고, 열심히 전도하고, 신학생으로 추천 받아 신학교에서 공부하고 목사로 장립받아 목회자로서 활동하면서 거의 말년에 서학 윤리서로 알려진 판토하의 『칠극』을 역술한 『칠극보감』을 한국기독교 공동체에 내놓았다. 『칠극보감』은 1907년 대부흥을 통해 양적으로 성장한 한국기독교에게 진정한 기독교인, 교인다움이 무엇인가를 제시하고 있다고 할 수 있다. 단순히 교리서로 접근하기보다는 동서양의 만남이 있는 『칠극』을 통해 하나님을 섬기는 일, 그리고 그 일이 쉽지 않기 때문에 갖추어야 할 덕윤리를 소개하고 교회 공동체의 독서를 통해 이뤄나가기를 의도했다는 데 그 특징이 있다.

빤도하가 지은 『칠극』은 조선 후기 조선지식인들과 천주교 공동체에 많은 영향을 끼친 책으로 극기와 영성수련, 실천에 영향을 주어 구한말 한글로 번역되었다. 그리고 현전하지는 않지만 홍정후가 1895년 『칠극』에 대한 변증서로 지었다는 『칠득』을 통해 그 영향력을 가름할 수 있다. 장로교 목사인 송인서가 『칠극보감』의 저본을 무엇으로 하였는지 알 수는 없지만 내용에 있어서는 『칠극』을 발췌 역술한 것이고, 상하권 체제로 한 것은 『칠극진훈』에 영향을 받은 것으로 추측할 수 있다.

송인서의 『칠극보감』에서 근대전환기의 기독교 공동체의 윤리 담론의 한 형태를 살펴볼 수 있었고, 서양 기독교윤리사상의 수용과 변용의 흔적을 찾을 수 있었다. 이 연구를 계기로 판토하의 『칠극』과 송인서의 『칠극보감』의 7추덕에 대한 개별연구가 진행되기를 바라면서 글을 맺는다.

근대전환기 최초의 한글 논리학 교과서

: 편하설(C.F. Bernheisel)의 『논리략히(論理略解)』

1. 논리학, 논리학 교과서가 필요한 이유

이 글은 근대전환기 한국에서 서양 논리학 교육이 언제, 누구에 의해 시작되었는가라는 물음에서 시작한다. 논리학은 철학을 위한 도구 또는 예비학문이라 불려졌다. 그것은 아리스토텔레스의 논리학에 대한 생각이 이어져오기 때문일 것이다. 하지만 아리스토텔레스는 논리학이라는 말을 사용하지 않고 '오르가논'으로 총칭했다. 아리스토텔레스의 학문 분류에 따르면 '분석론'(ta analtika)이며, 본격적인 학문적 지위 없는 모든 학문을 위한 예비학이자 도구였다. 따라서 아리스토텔레스에게 논리학은 이론철학과 자연철학을 탐구하기 위한 '도구'로 여겨질 수 있다.[1]

아프로디시아스의 알렉산드로스가 헬라어 'logikē'를 논리학이라는 의미로 처음으로 사용한 사람이다. 그는 "논리학 과제는 철학에서 오르가논의 위치에 있다. 논리학에서 추구되는 것이 그 무엇든지, 그

1 김재홍, 「해제-아리스토텔레스의 정치철학: 윤리학과의 만남」, 아리스토텔레스, 김재홍 옮김, 『정치학』, 길, 2017, pp.672~673.

것이 철학에 유용한 한에서 추구된 것이다."라고 이야기 하였다. 또한 암모니오스, 심플리키오스, 필립포노스, 올림피오도로스, 엘리아스 등은 논리학을 '철학의 도구'로 기술한다. 디오게네스 라에르티오스는 이들과는 달리 논리학을 철학의 한 부분이지만 "논리학은 학문 전체의 일부를 이루는 것이 아니라 오히려 다른 학문에 대한 도구로서 엄밀하게 연구되는 것이다."라고 본다.[2]

논리학에 대한 이러한 생각은 중세 스콜라 철학자들에게서도 발견된다. 이들은 기독교의 교리 증명을 헬라 철학에서 그 변증의 방법을 찾으려고 하였고, 아리스토텔레스의 논리학적 전통을 이어간다. 이들은 헬라어에서 라틴어로 번역하였고, 그리고 주석 작업을 지속적으로 해갔다. 아리스토텔레스의 논리학과 포르퓌리오스(Porphyrios)의 『이사고게(Eisagōgē)』[3]를 배우고 이해하고 주석하는 이런 전통은 종교개혁이후 예수회에도 남아있었다. 명말청초시기에 예수회선교사가 동아시아로 오면서 소개한 서양의 논리학의 한 흐름이다. 19세기 근대전환기에 들어서면서 영미를 중심으로 한 프로테스탄트 선교사들이 유럽 논리학을 소개한다. 이들은 아리스토텔레스의 연역적 추리보다는 자연과학의 발달로 이어진 영국의 프란시스 베이컨의 『신기관(Novum Organon)』에서 귀납적 논리에 의지해 논리학을 소개한다. 그리고 그들은 영국의 제번스(W. S. Jevons), 밀(J. S. Mill) 등의 논리학을 번역하거나 발췌해 출간한다. 이 흐름이 서양 논리학을 소개하는 또

2 위의 글, p.674.

3 포르퓌리오스(Porphyrios)의 『이사고게』(Eisagōgē['논리학 입문'], Quinque Voces)는 학생들에게 아리스토텔레스 논리학 텍스트를 이해하려는 데 도움을 주려고 쓰였고, 일종의 『범주들』(카테고리아이)에 대한 입문서로 알려져 있다.

다른 흐름이다. 이 두 흐름에서 무엇을 발견할 수 있을까? 2장에서는 이 물음에 대한 답을 시도할 것이다. 3장에서는 첫 물음이었던 근대전환기 한국에서 논리학을 누가 누구에게 어떻게 가르쳤을까? 그리고 그 내용은 어떤 것이었을까?에 대한 답을 평양 숭실대학의 논리학교과서인 편하설의 『논리략해』에서 찾아볼 것이다. 맺음말에서는 편하설의 『논리략해』의 특징이 서양 논리학이 동아시아에 소개되는 과정과 유사하고, 1924년 경성제대 철학교육과 1931년 한치진이 한글로 쓴 『논리학개론』보다 11년 앞선 논리학 교육의 흔적이라는 것에 주목하고자 한다.

2. 논리학 수용의 두 흐름

1) 명말 청초 예수회의 논리학(Logica, 落日加)과의 만남

종교개혁 이후 예수회 선교사들은 명말 청초 때 중국에 들어와서 서양의 학문과 종교를 소개하고 중국의 문화와 고전들을 서양에 소개하는 데많은 힘을 쏟았다. 그들은 동서 문화 교류의 현장의 활동가이며, 번역가, 저술가이며 학자이기도 했다. 이에 대한 선행 연구들 가운데 안재원의 「16~18세기 유럽에서 중국으로 온 책들과 중국에서 유럽으로 간 채들」(『중국문학』, 2017)에서 언급하고 있는 〈북당 도서관 목록〉은 주목할 만하다. 왜냐하면 그것은 16세기 이후 유럽에서 중국으로 들어온 책들을 당시 북경 소재 천주교 성당 도서관들(남당도서관, 천주교 동당도서관, 서당도서관, 북당도서관과 군소 도서관에 소장된 책들)을 북당에서 모아 정리하였기 때문이고, 이것의 의의는 중국이 서양 학문에 대한 관심이 어디에 있는지를 보여주고, 서양에서 출판된 서적들이 거의 동시에 중국에서 읽혔다는 것이다.[4] 17세기 이후 예수회 선교사들이 중국에서 활동하면서 저술한 것 가운데 신학과 철학 분야에도 많은 저술이 있었다. 그 가운데 주요 문헌들은 1629년 출판된 『천학초함』에 들어있다. 이 책들은 17세기 서양에서 온 책들을 저본으로 하여 지어진 것이다. 여기서 주목하고 자 하는 것은 논리학에 대해 언급하고 있는 바뇨니의 『동유교육』과 알레니의 『서학범』, 『직방외기』, 푸르타도의 『명리탐』, 페르비스트의 『궁리학』 등이다.

예수회 선교사들은 왜 논리학을 중요하다고 생각하였을까? 그들은 자신들이 유럽에서 공부한 중세 스콜라 철학 기반 위에서 철학의 도구인 논리학을 소개하고 교육시키면 기독교 선교에 효율적이라고 생각하였다. 자신들이 배운 논리학을 통해 중국인의 논리를 부정하고 새로운 기독교적 세계관을 전파하고자 하였다. 예수회 선교사들은 그 목적을 위해서 logica가 서양 학문에서 어떤 위치에 있고, 어떻게 정의하고 있는지에 대해 저술을 통해 소개하고 설명한다. 바뇨니와 알레니의 논리학 소개는 서양학문 분과에 대한 간단한 소개와 교육순서를 다루고 있어 서로 저술활동한 시기도 비슷해 내용이 다르지 않으나 간략하게 소개하기로 한다.

예수회의 1599년판 Ratio 예수회학사규정에 따르면 철학교육과정은 아리스토텔레스를 중심으로 첫해는 주로 논리학을 배웠다. 처음 두 달간은 톨레투스(Francis Toletus)나 폰세카(Peter Fonseca)의 교과서

4 안재원, 「16~18세기 유럽에서 중국으로 온 책들과 중국에서 유럽으로 간 책들」, 『중국문학』 93, 한국중국어문학회, 2017, p.4.

를 사용하여 논리학을 가르쳤다. 이탈리아 출신 리치는 the Collegio Romano에서 논리학 수업을 들었으며, 그의 후임자인 알레니는 파두아 대학에서 톨레투스의 주석에 기초한 논리학을 공부했다. 그리고 포르투갈 출신 푸르타도는 폰세카의 주석를 개정한 코임브라 대학에서 논리학의 기술을 얻었다.[5]

우선 바뇨니는 『동유교육』에서 논리학(落日加)을 수사학을 배우고 난 뒤 철학에서 배우는 것이라고 하고, 논리적으로 밝게 변별해내는 학문 분야라고 말한다. 이는 모든 학문의 근본으로 시비, 허실, 내외를 변별하고 사물에 숨겨진 이치를 밝혀 오류가 없게 하는 것[6]이라고 소개한다. 알레니는 『서학범』에서 서양어 논리학을 음차 번역하여 '락일가'(落日加, lourijia) 표기하고, 『직방외기』에서는 그 뜻을 새겨 '명변지도'(明辯之道, mingbian zhi dao)라고 언급한다. 알레니는 서양의 학문을 6개 분야로 소개하고 있다.

> 극서의 여러 나라를 구라파라고 하는 데 중국에서 구만리나 떨어져 있다. 문자로 된 경전과 서적은 각각 본국의 성현들이 지은 것이다. 인재를 선발하는데 나라마다 법제가 다르지만 대동소이하다. 요약하면 모두 여섯 가지 교과에 다 포함된다. 하나는 문과로 '레토리카'(수사학)이라 하고, 하나는 이과로 '필로소피아'(철학)라고 하며, 하나는 의과로 '메디치나'(의학)라고 하며, 하나는 법과로 '렉스'(법학)하며, 하나는 교과로 '카노네스'(종교법)라고 하며, 하나는 도과로 '테오로기아'(신학)라 한다. 오직 무과

5 Joachim Kurtz, *The Discovery of Chiness Logic*, Leiden: Brill, 2011, pp.24~25.

6 알폰소 바뇨니, 김귀성 옮김, 『바뇨니의 아동교육론-童幼教育』, 북코리아, 2015, p.191. "一日落熱加, 譯言明辯之道也, 以位諸學之根基, 而貴辨是與非, 實與虛, 裏與表, 蓋開茅塞而于事物之隱蘊, 不使誤謬也"

(武科)만은 별도의 교과를 두지 않았다. 지위가 낮은 관리는 재관(材官)들은 지혜와 용기를 갖춘 자여야 하고, 지위가 높은 관리는 세주(世胄, 대대로 국록을 얻는)들은 어질고 뛰어난 인격을 갖추어야 한다.[7]

알레니는 필로소피아를 이과(理科) 혹은 이학(理學)으로 번역하고 그 하위분과학문으로 논리학을 소개하고 설명한다.

논리학은 철학을 공부할 때 처음 1년 동안 배운다. 논리학(落日加)이란 번역하면 밝게 변증하는 방법으로 모든 학문의 기초가 되며, 그것은 옳고 그름과 허와 실, 겉과 속을 변별하는 여섯 가지 방법이다. 법학자나 종교학자들은 반드시 이 과정을 거쳐야 한다. 1) 논리학의 모든 예측론으로 이학에서 사용하는 모든 명목에 대한 해석이다. 2) 만물오공지론(萬物五公稱之論), 즉 모든 사물을 다섯 가지 범주로 분류하여 지칭하는 술어 형식의 방법이다. … 3) 이유(理有)의 논리로 형상을 박으로 나타내지 않고 오로지 사람이 밝게 깨달아 아는 가운데 뜻과 이치가 있다. 4) 십종론(十宗論)은 천지간에 만물을 열가지 종부(宗府)로 분류한 것이다. … 5) 변학(辯學)의 논, 즉 학문을 변증하는 이론인데 변(辯)이란 시비득실을 확실히 하는 여러 방법이다. 6)지학(知學)의 논인데, 즉 실제적인 지식과 추측한 것 간의 착오에 대한 변별을 논한다. 이것이 첫 번째 체계이다.[8]

바뇨니와 알레니의 경우는 논리학에 대한 간략한 소개 정도에 그쳤으나 푸르타도는 본격적으로 예수회의 논리학을 번역하여 출판한다. 이지조와 함께 그는 17세기 포르투갈 예수회 대학의 논리학 교과서였

---

7 G. Aleni, 김기성 옮김, 『17세기 조선에 소개된 서구교육-『서학범』, 『직방외기』』, 원미사, 2001, p.21.

8 위의 책, pp.25~27.

던 *Commentarii Collegii Conimbricensis Societate Jesu In Universam Dialecticam Aristotelis*[9]를 저본으로 삼아 『명리탐』으로 번역하여 출판했다.[10] 이지조와 푸르타도는 『명리탐』에서 'logica'를 명리(明理)라고 번역하였다. 그는 "명리를 논하는 것으로는 양쪽의 주장을 함께 이야기하는 것에 속하는 것으로 서구에서 디알렉티카(Dailectica)로 부르는 것과 명확하여 그렇지 않을 수 없는 것에 속하는 것으로 서양에서 로지카(格日伽, Logica)로 부른다. 궁리(窮理)는 이 용어의 두 가지 뜻으로 함께 사용할 수 있으니 그것으로 추론의 일반적인 기술(推論之總藝)을 부르는 이름으로 삼겠다. 이것에 의하여 로지카를 명리탐(明理探)으로 번역한다."고 하였다.중국에서 서양의 논리학은 어떤 반응이 있었을까? 부베의 『강희제 전기』에 나오는 이야기를 들어보면 알 수 있을 것이다.

---

9 *Commentarii Collegii Conimbricensis Societate Jesu In Universam Dialecticam Aristotelis*은 아리스토텔레스의 『범주론』과 포르퓌리오스의 『이사고게』에 각각의 주석도 포함된 라틴어 교과서이다.

10 푸트타도의 『명리탐』에 대한 연구로는 다음과 같은 것들이 있다.
염정삼, 「'논리(Logic)'라는 개념어의 형성: 중국에서의 활용사례를 고찰하며」, 인제대하교 인간환경미래연구원, 『인간·환경·미래』 3, 2009.; 염정삼, 「明代 말기 中國의 서양 학문 수용-『西學凡』과 『名理探』의 소개를 중심으로」, 『중국학보』 63, 2011.; 염정삼, 「중국 예수회 선교사들의 '논리학' 요청의 배경-그들은 왜 《범주론》을 번역했는가」, 『교회사학』 13, 2016.; 염정삼, 「『명리탐(明理探)에 소개된 서구 논리학의 특성」, 인제대하교 인간환경미래연구원, 『인간·환경·미래』, 16, 2016.; 허민준, 「아리스토텔레스 《범주론》에 대한 16세기 중국 번역본의 출처: 《명리탐》과 신플라톤 학파의 주석 전통」, 『인간·환경·미래』 16, 2016.; 염정삼, 「'명리(名理)'의 '명(名)'과 중국선진시기 '명가(名家)'의 '명(名)'」, 『중국문학』 95, 2018.; 염정삼, 「중국에 소개된 서양철학입문-17세기 예수회선교사들의 저작 및 번역에서」, 『교회사학』 15, 2018.; 강상진, 「지록위마(指鹿爲馬), 문장의 진리치에 관한 《명리탐》의 침묵에 관한 논변」, 『교회사학』 16, 2019.; 염정삼, 「《명리탐》에서 '칭(稱)'을 번역어로 선택한 이지조의 입장과 명실론(名實論)의 전통」, 『교회사학』 16, 2019.; 강상진, 「『명리탐』의 합칭지명(合稱之名) 연구」, 『인간·환경·미래』 24, 2020.; 김기훈, 「아리스토텔레스 문헌 전승과 《명리탐(名理探)》」, 『교회사학』 20, 2020.

> 황제가 몰두했던 것은 중국의 학문만이 아니다. 그는 태생적으로 좋은 것들에 대한 안목을 가지고 있었다. 유럽의 학문에 대해 조금 알게 되자마자 이것을 배우려는 굉장한 열정을 보여주었다. 황제 스스로가 우리에게 이야기한 것과 같이, 그가 유럽의 학문을 처음 접하게 된 것은 중국 내에서 최근에 있어서 박해의 장본인인 불경한 양광선과 예수회의 페르비스트 사이의 차이점이 계기가 되었다. 문제는 중국의 천문학이었다. … 황제는 유럽의 천문학이 우월하다고 판결했다. 황제는 예수회 선교사들을 만나서 알게된 지식을 계기로 수학을 배우려는 열망을 가졌다. 강희제는 수학에 전념하였다. … 그는 유클리드의 기본원리의 명제와 관련 있는 것을 이해하는 것을 어려워했으나, 이제는 즉시 명제와 증명을 기억해냈다. 또한 어느 날 우리에게 말하기를, 그는 처음부터 끝까지 12번도 더 그것을 읽었다고 한다. … 황제는 기하학 다음으로 철학을 배우고자 했다. 왕립 아카데미의 뒤아멜의 고대와 현대 철학서가 우리가 가진 목적에 더 적절해 보였다. … 황제는 철학서의 입문용으로 우리가 쓴 표면적으로 짧은 논리학서만 보았다.[11]

서양의 책들은 번역되거나 요약 및 발췌의 형식으로 한자로 옮겨져 유통되었다. 또한 부베의 기록에서 말하는 것처럼 강희제가 병을 얻어 자세하게 읽지 못했지만 서양의 대학에서 사용되었던 교과서가 중국에 소개되었고, 이것 또한 서양의 학술 논의가 중국에서도 동시에 이뤄지는 것을 보여준다.[12]

커르츠(Joachim Kurtz)가 1623~1683년까지 예수회가 ‘Logic’을 중국어번역을 정리한 것을 살펴보면 1623년까지는 음차 번역어로는 락

---

11 안재원, 앞의 글, pp.11~13.

12 위의 글, pp.15~16.

일가(落日加), 격일가(格日伽), 락열가(落熱加)을 사용하였고, 뜻을 새겨서는 명변지도(明辯之道), 변시비지법(辯是非之法)이라 하였다. 또한 1631년에는 뜻을 새겨 번역하여 명리(明理), 명리탐(明理探), 명리지학(明理之學), 명리론(明理論), 변예(辨藝), 추론지총예(推論之總藝), 추론지법(推論之法)라 하였으며, 1683년에는 이변학(理辨學), 이변(理辨), 이추학(理推學)으로 번역하였다.[13]

예수회가 논리학을 전하려고 했던 의도와 유가들의 작품에서 번역어를 찾으려는 시도가 큰 성과를 이루지 못했지만 전혀 다른 언어로 생각과 세계관이 만나는 다리를 놓았다는 데서 의의를 찾을 수 있을 것이다.

2) 근대전환기 프로테스탄트의 논리학

예수회가 전한 유럽 논리학은 페르비스트가 『궁리학』에서 펼친 삼단논법이후 거의 200년 동안 중국의 상황에서 더 이상 언급되지 않는다.

경건운동이 유럽과 미국을 휩쓸고 난후 1807년부터 영국과 미국 중심의 프로테스탄트 선교사들이 중국으로 들어온다. 이들은 아리스토텔레스의 후예였던 예수회 선교사들과는 다른 접근을 시도한다. 들은 뉴턴의 역학이후 산업혁명을 거쳐 다윈 진화론의 세례를 받은 이들이다. 특히 이들은 형식적인 연역 추리에 불만을 느껴 귀납적 논리를 주장한 영국의 프란시스 베이컨의 생각을 기초로 삼는다.

19세기 중반에 이르기까지 중국에서 '논리적 물음'은 아직 의미 있게 다가오지 않았다. 그러는 동안에 독일과 영국에서는 논리학분야에

13 Joachim Kurtz, *The Discovery of Chiness Logic*, Leiden: Brill, 2011, p.263.

서 주목할 만한 새로운 진전이 있었다. 그것은 수학적 논리학, 기호논리학이다. 중국에서 활동하는 프로테스탄트 선교사들은 고전논리학에서 현대논리학의 전환에 대해 깊은 관심을 가지거나 흥분하지 않았다. 그들에게 논리학은 주변에 불과했기 때문이다.

독일 출신의 선교사 파베르(Ernst Faber)는 『덕국학교논략서(德國學校論略書)』(1873)의 재판에서 '논리학'을 로극(路隙, luxi)로 번역하면서 유럽대학교에서 철학으로 가는 가르침의 일부로, 생각의 법칙(yifa, 意法)이라고 소개한다. 의료선교사로 활동한 홉슨(Benjamin, Hobbson, 合信)은 1850년대에 이미 "이론적 주장"들은 중국어 번역을 피하는 것이 좋다고 생각했다. 그래서 logic에 대한 중국어 번역을 피한다.

중국에서 그려진 프란시스 베이컨의 이미지는 프로테스탄트 선교사들과 변법사상가들, 관료들에 의해 만들어진 것이다. 베이컨의 사상을 가장 세밀하게 주장한 사람은 영국 선교사 무어헤드(William Muirhead)는 베이컨의 『신기관』을 몇몇 선교잡지에 시리즈로 소개한다. 1888년 『신기관』의 1권을 『격치신기(格致新機)』라는 제목으로 번역해 출판한다. 그는 베이컨의 귀납원리를 '추진지법(推進之法)'이라 번역한다. 무어해드는 베이컨의 방법론을 근대과학과 기독교인들을 지배하는 원리로 연결시킨다. 그는 중국에서 아리스토텔레스의 논리학을 소개한 예수회의 노고에 대해 어떤 언급도 하지 않았다.

에드킨스(Joseph Edkins)는 논리학을 논쟁의 학으로 이해한다. 그는 중국 선교사 가운데 유럽의 지성사에서 철학자들의 위치를 무어헤드보다 더욱 균형있게 다룬 사람이다. 그래서 아리스토텔레스의 논리학과 삼단론법에 대한 관심을 환원시킨다. 그는 아리스토텔레스의 논리학을 '라길격'(羅吉格, luojige)이라 부른다. 그는 1880년 청조 해관 총

세무사 영국인 로버트 하트의 초빙을 받아 중국에서 유럽의 논리학을 번역하기 시작했다. 그는 동문관과 그 밖의 공립학교에서 사용할 수 있는 고등학교 교과서를 중국어 시리즈로 내는 것이었다. 에드킨스는 이 시리즈 가운데 13권을 맡았는데 현대기호논리학의 창시자인 조지 불(Geroge Boole)의 후계자인 제번스의 논리학 입문서 『초등 논리학(Elementary Lessons in Logic)』을 번역했다. 제번스는 오늘날 경제학자로 기억되는데 그 당대에는 걸출한 유럽의 논리학자 가운데 한 사람이었다. 그는 논리학에서 밀과 대립되는 입장을 주장하며 학생들을 위한 연습문제들로 구성된 『연역논리연구(Studies in Deductive Logic)』를 출판하기도 하였다. 푸르타도의 『명리탐』은 중국의 전통 지식인들에게 거의 영향을 끼치지 못하였기 때문에 서양의 논리학은 250년 정도 침묵할 수밖에 없었다. 서양의 근대 논리학이 수입되면서 주목한 것이 앞서 말한 *Elementary Lessons in Logic*이다. 에드킨스는 1896년 『변학계몽(辨學啓蒙)』으로 번역 출판하였다. 『변학계몽』은 모두 27장으로 구성되 있는데 2장인 인론이고 3장부터 14장까지는 연역논리, 15장에서 24장까지는 귀납논리, 25~27장은 논리적 오류를 소개하고 있다.

에드킨스는 『서학략술(西學略述)』에서 논리학을 논변리학(論辨理學)이라고 한다. logic을 이변(理辨)으로 rhetoric을 구변(口辨)이라고 번역한다.

19세기에 논리학을 중국에 소개하는 데 공이 많은 마지막 프로테스탄트 저자는 프라이어(John Fryer)이다. 그는 과학에 관련한 책들을 많이 집필했다. 그는 자신의 전임자가 부적절하게 제번스의 논리학을 다뤘다고 생각했다. 왜냐하면 번역이 너무 고원해 학생들에게 논리학에 대해 훨씬 간단하게 설명할 필요가 있기 때문이다. 『이학수지(理學須知)』가 그런 설명을 시도한 것이다. 이 책은 41면으로 되어 있는 짧은 책이다. 6장으로 구성되어 있으며, 제1장은 理學之原意[논리학의 의미], 제2장은 名與事實[명사와 사실], 제3장은 求據之法[추론], 제4장은 類推之法[귀납법], 5장은 錯誤之處[오류론], 6장은 格致之理[학문분류]이다. 프라이어는 1~5장은 밀의 『논리체계(System of Logic)』에 기반으로 두고 기술하였고, 6장은 콩트의 『실증철학강의(Cours de philosophie positive)』을 비판적으로 다뤘다. 프라이어는 logic을 이학(理學)으로 번역하였다. 『이학수지』에서 이야기하고자 한 것은 논리학은 모든 분야의 과학적 실천과 긴밀하게 연결되어 있다는 것이다. 프라이어는 『이학수지』에서 논리학은 무수히 많은 사물들 사이에서 자연발생적으로 일어나는 인과관계를 탐구하는 과학적 훈련이라고 설명한다. 『이학수지』는 프로테스탄트들이 19세기 중국에서 서양지식을 설명한 방식의 빈틈을 끊임없이 채우려는 좋은 시도라고 할 수 있다. 커츠는 프라이어를 중국인 청중들에게 논리학의 위치를 제대로 자리할 수 있도록 시도한 최초의 저자라고 평가한다.

19세기 이후 logic은 음차 번역과 의미역으로 교차하며 번역되었다. 명리(明理), 이학(理學), 로극(路隙), 논변리학(論辯理學), 명학(名學), 논리학, 논리, 사리학(思理學), 변론술(辯論術) 등으로 각각 번역되었다. 추리의 학이라는 개념의 논리학은 1901년 이후 일본에서 중국으로 들어왔다.

니시 아마네는 『백학연환』에서 logic을 치지학(致知學)이나 명리학(明理學)이라 번역하였다. 커츠는 롭사이드의 『영화자전』에서 logic을 명리, 이론지학으로 번역한 것을 참고하여 '논리'라고 조어했을 것이라고 한다.[14] 니시 아마네가 logic을 논리학이라고 번역 소개한 뒤 논설학, 격치철학, 논법 같은 번역 용어들은 자리에서 밀려났다.

논리학이 동아시아에 소개된 두 흐름을 살펴보았다. 명말 청초의 예수회 선교사와 개종한 중국학자들은 아리스토텔레스의 논리학을 통해 서양학문을 소개하고 기독교의 세계관으로 전환할 수 있게 하여 선교를 원활하게 하고자 하였으나 그 영향은 미미했고, 19세기 프로테스탄트 선교사들은 베이컨을 통해 logic을 변법의 도구로 사용하고자 했다. 역시 프로테스탄트 선교사들도 논리학을 선교의 수단으로 보고자 하였다. 하지만 제번스, 밀의 논리학을 소개하고 교육한 흔적을 남겼다.

3. 평양 숭실대학의 철학교수 편하설, 그리고 『논리략해』

logic의 한국어 번역은 어떤 흔적이 있을까? 근대전환기의 이중언어 사전 속에 그 답이 있다. 리델의 『한불자전』(1880)에서는 불어 Raison을 론리(論理)라 번역하였다. 그리고 언더우드의 『한영자전』(1890)에는 Logic을 의론을 밀위ᄂᆞᆫ법이라고 풀이하고 있다. 존스의 『한영자전』(1914)에서는 2487 Logic 론리학(論理學) Deductive(연역법), Inductive(귀납법), 2488 Logical 론리상, 합리상으로 기술하고 있다. 게일의 『삼천자전』(1924)에서는 Logic을 론리학, 론리뎍, 리론상으로, 김동성의 『최신 선영자전』(1928)에서는 론리학(論理學) Logic이라고 번역하였

14 염정삼, 앞의 글, 2009, p.152.

다. 게일의 『한영대자전』(1931)에서는 론리(議論), The principles of reason: logic이라고 표현한다. 이것들을 살펴보면 최소한 1880년부터 Logic은 논리, 또는 논리학이라고 번역하고 있었다.

그렇다면 logic을 우리는 처음 어떻게 알고 있었을까? 이 물음은 이지조의 『천학초함』 속에 알레니의 『서학범』, 『직방외기』를 읽었던 조선의 지식인들이었다고 답할 수 있을 것 같다. 하지만 정부의 공식 문건에 등장한 것은 1881년 4월 10일부터 윤 7월 2일까지 약 4개월 동안 일본의 문물제도를 시찰하였던 조사시찰단(朝士視察團) 조사 조준영(趙準永)의 보고서 『문부성 소할 목록』이다. 이 기록에는 논리학을 여러 학문 활동에 긴요하기 때문에 법리문학부 제1년 반년 동안 매주 2시간 배우는 과목으로 소개되어 있다. 그리고 교과서로 시맹의 『논리학』을 소개한다.[15]

그리고 1907년 윤태영이 역술한 『사범교육학』에서 궤범학과로 윤리학, 미학, 논리학을 소개하면서 논리학을 진위의 궤범이라고 정의한다.

경성제대에서 철학전공을 개설하기 전까지 처음 논리학 교육이 실시된 곳은 아마도 1855년부터 시작된 가톨릭 신학교일 것이다. 가톨릭 신학교 대신과정 6년 가운데 2년 과정을 철학과라 했기 때문이다. 1905년 평양 숭실에서는 대학부가 설치되고 1906년에 학부의 인가를 받아 대학교육을 실시하기 하였는데 철학을 비롯한 인문중심의 자유

---

15 조준영 편, 신창호 옮김, 『문부성 소할목록』, 우물이 있는 집, 2005, p.73.
다른 번역으로는 단국대학교 일본연구소 Hk+사업단이 기획한 『지식 생산의 기반과 메커니즘』(도서출판 경진, 2019)의 부록으로 김경남, 허재영의 「문부성 소할 목록」이 있다.

교양교육을 실시하였다. 미국인 선교사 편하설은 평양숭실대학의 철학, 논리학 담당전임교수였고, 현전하는 편하설의 『논리략해』를 통해 보면 근대전환기의 논리학 강의 수준을 가름 해 볼 수 있다.[16] 그리고 1910년 숭실대학교 교과과정표를 보면 3학년에 논리학이 2학점이고, 1913년 숭실대학 편람에는 편하설이 철학과목 담당교수로 철학, 논리학, 기독교사회학, 근대사를 가르친 것으로 되어 있다. 그해 교과과정이 조정되어 논리학이 3학년 3학점으로 되어 있다. 1919년 평양사립숭실대학교 일람표에 따르면 문학과 이학과, 실업과로 나누어지고, 문학과에서는 1학년때 논리학을 배운다. 과정번호표를 보면 과정번호, 과정, 학년, 학기, 매주시수, 시수합계, 비고 등으로 되어 있다. 논리학(601)은 1학년(3학점), 2학기(2학점) 총 5학점을 이수해야 하고 교육 내용은 귀납법과 연역법이다. 1934년 교고과정에 의하면 논리학은 계속 유지되고 있다.[17]누가 평양 숭실에서 철학, 논리학 강의를 전담했던 교수들은 누구인가? 미국인 선교사 편하설은 1912년부터 1929년까지 철학담당 전임교수로 활동했다. 일본 유학생 출신 채필근이 1926년부터 1934년까지, 경성제대 졸업생 박치우가 1934년 9월부터 1938년 3월까지 하였다.[18]

박영식의 연구에 따르면 1907년 보성전문학교 교과과정에 처음으로 3학년 1·2학기에 논리학이 개설되고, 1925년 교과과정에서 법과

16 조요한, 『관심과 통찰: 이경 조요한 선생 유고집』, 숭실대학교출판부, 2004, p.36.

17 오지석, 「한국 근대전환기 철학교육의 메타모포시스: 평양 숭실의 경험을 중심으로」, 『인문사회21』 11(4), pp.498~499.

18 숭실대학교 120년사편찬위원회 편, 『사진과 연표로 보는 평양 숭실대학』, 숭실대학교 한국기독교박물관, 2018 참고.

1년에 논리학을 배우는 것으로 되어 있다. 이화여전에서 논리학을 강의한 교원은 1926년 최현배, 한치진은 1932~1937년까지 논리학을 강의했다. 그는 아마도 논리학 강의를 위해 1931년에 『논리학개론』을 한글로 출판한 것 같다. 그 후 1939년 박종홍이 강의하였다. 연희전문의 1924년 교과과정에는 3학년 2학기에 개설되었다. 고형곤, 박상현 등이 논리학을 가르쳤다.

1923년 경성제국대학 예과세칙에 나타난 학과과정표에는 2학년에 논리가 있다. 그리고 당시 문과의 학과목에는 心理 及 論理가, 철학사 전공자 이수과목에는 논리학이 등장했다.[19]

이제 근대전환기 대학에서 한국어로 논리학을 강의하고, 한글로 논리학 교과서를 쓴 외국인 교수 편하설[20]과 『논리략해』에 대해 알아

---

19 박영식, 「인문과학으로서 철학의 수용 및 그 전개과정 - 1900~1965」, 『인문과학』 26, 1972, pp.105~132 참고.

20 그의 영자 이름은 Chales F. Bernheisel이고 한자로는 片夏薛이다. 그는 1874년 미국 인디애나 주 컬버에서 아버지 제이콥 S. 번하이젤(Jacob S. Bernheisel)과 어머니 로벡카 제인 번하이젤(Rebecca Jane Bernheisel) 사이에서 태어났다. 그리고 1896년 하노버 대학을 졸업하고 1900년 시카고 매코믹 신학교를 마쳤다. 그해 3월 미국 북장로회에서 선교사로 임명되어 그 해 가을 한국으로 출발, 10월 16일 부산을 거쳐 10월 19일 선교지인 평양에 도착했다. 1902년 숭실 중학에서 수학과 지리학을 강의하기 시작하여 1903년부터 장로회신학교의 도덕학, 성서지리학, 수학 교수로 활동했다. 1905년 12월 선교사 헬렌 커우드와 약혼을 한다. 1906년 1월 평양 산정현 교회를 설립하고 초대 목사가 되어 목회 활동을 하였다. 그해 4월 19일자 일기를 보면 컬럼비아 대학 철학교수인 하이슬럽(James H. Hyslop)의 *Problems of Philosophy*(1905)을 읽었다고 되어 있다. 편하설은 후에 논리학 강의에서 하이슬럽의 *The Elements of Logic*(1892)의 체계를 따른다. 1906년 9월 서울에서 핼랜과 결혼한다. 1907년 평양 대부흥을 체험하고 그 해 여름 안식년을 맞아 미국으로 떠난다. 1908년 미국에서 안식년을 보내면서 모교인 하노버대학에서 연구하여 문학석사를 취득하였고, 다시 한국으로 돌아온다. 1911년 10월 105인 사건에 연루되어 기소된다. 1912년에 숭실대학교의 교수로 임명되어 1929년까지 활동한다. 그리고 1912년 영문 논문 "The Apodtolic Church as Reproduced in Korea"을 선교본부에 보낸다. 1913년 함께 교회 업무를 하던 한승곤에

보자.

편하설은 『논리략해』한글 서문에서 평양숭실대학에서 10여 년간 의 학생들에게 논리학을 가르친 노력의 결과라고 이야기 한다. 편하설은 우리나라에서 처음으로 근대적 철학교육을 담당한 사람이라고 알려져 있다. 곽신환은 편하설을 우리 민족의 아프고도 의미 있는 일련의 사건들의 현장 목격자, 후원자, 행동 추동자, 그리고 기록자였고, 철학과 논리학을 강의한 교수, 『논리략해』와 『도덕학』을 집필한 저술가라고 평가한다.[21]

앞서 말한 것처럼 편하설은 『논리략해』를 1920년에 간행하였다. 이 책의 영어제목은 *The Elements of Logic*이다. 이 영문제목 *The Elements of Logic*은 하이슬럽의 논리학 책 제목이기도 하다. 예수회 선교사들이 서양의 책들을 번역하거나 요약 및 발췌 번안의 형식으로 옮겨 유통하였던 것과 마찬가지로 편하설도 교과서를 집필하면서 이를 따랐다. 배위량, 안애리 부부가 1906년부터 평양숭실대학, 평양숭실중학을 위해 발간한 과학 교과서와 편집한 방식이 유사하다.

『동물학』 같은 경우는 안애리가 미국의 여러가지 교과서를 편집

게 산정현교회 담임목사직을 이양하고, 협동목사로 산정현 교회와 함께 한다. 1914년부터 1924년까지 한국선교공의회의장으로 활동하였다. 1920년 KMF에 삼일운동의 '슬픔이 기쁨이 된다'는 글을 투고하였다. 1920년 숭실대학 학장 대행을 하며, 『논리략해』를 출간한다. 1929년 숭실전문의 교수직을 사임하고, 1930년 평양외국인학교의 교장으로 일한다. 1938년 신사참배문제로 주기철 목사가 구속된 뒤 산정현 교회를 이끈다. 1941년 편하설 부부는 만국부인기도회 사건으로 미국으로 강제출국당했다. 1958년 미국 인디애나폴리스에서 84세를 일기로 세상을 떠났다. 자녀로는 찰스 K. 번하이젤(Charles K. Bernheisel)과 헬렌 F. 번하이젤(Helen F. Bernheisel)이 있다.

21 곽신환, 『편하설(片夏薛)-복음과 구원의 글로벌화』, 숭실대학교 한국기독교문화연구원, 2017, pp.15~16.

하여 번역하여 출간하였다. 그것을 보게 되면, 표지에 한글과 영어로 제목 표시, 서문, 총론, 목차, 내용, 한글색인, Index, 영문 서문, 영문 감사의 글 순서로 되어 있다. 『식물도설』은 아사 그레이의 Botany for young people and common schools: how plants grow(1858)를 발췌·번안한 책이다. 그리고 『생리학초권』은 '이 책을 번역할 때 본 영문 뜻을 의지하여'라고 표현하듯 원서의 구성과 내용에 충실하게 번역하였다. 배위량은 『텬문략히』(1908)의 저본으로 조엘 스틸(Joel Dorman Steele)의 Popular Astrodnomy Part Ⅰ, Ⅱ(1899)을 삼고, 린더 윌리엄 필쳐(Leander William Pilcher, 李安德)의 중국어 번역 『天文略解』(1896)을 참고하여 대조 번역하였다.

편하설의 동료 방위량 선교사는 편하설 선교사가 평양숭실의 철학 전담 교수로 발탁된 배경에 그가 당나귀를 타고 다녀야하는 산간지역 순회전도하는 동안 안장에 한자 책을 펴놓고 공부하였고, 한자를 잘 알기 때문이라고 한다.[22] 이러한 배경이 논리학 교과서의 제목을 『논리략해』라 정하는 데 영향을 끼쳤을 것이라고 추정한다.

편하설의 『논리략해』는 논리학의 기초를 가르치기 위한 본격적인 철학교과서이며, 한글로 된 최초의 논리학 교과서이다. 1931년 발간된 한치진의 『논리학개론』과 다름과 같음이 있다. 이 두 책 사이에는 발간년도가 11년의 차이가 있고, 저자가 미국인 선교사이고 미국 유학생이라는 다름이 있다. 편하설의 『논리략해』는 10여년 동안의 강의 결과물이라고 한다면 한치진의 『논리학개론』은 강의준비를 하면서 발간한 것이다. 논리학 용어에 있어서도 차이가 있다. 편하설의 책에

22 위의 책, p.38.

는 일본 용어가 반영되어 있고, 한치진의 책에는 일본 용어가 들어 있지만 자신의 언어(한글로 된 용어)로 바꾸려는 시도가 읽힌다. 이 두 책에서 발견되는 공통점은 대학 수준의 교양 논리학 교과서라는 점이고, 한글로 집필했다는 것이다.

편하설은 이 책을 1920년 11월 저술하고 12월에 출간하였다. 간기를 들여다 보면 대정(大正) 9년(1920) 12월 6일 평양 숭실의 교과서를 인쇄하던 일본 요코하마 복음인쇄합자회사(福音印刷合資會社)에서 인쇄하여 10일 출간하였다. 영어로 된 표지에는 저자 편하설이 한국 평양 연합기독교 대학 철학·논리학 교수라고 밝히고 있다. 책의 구성은 겉표지(1), 속지(1) 서문(2), 목차(9), 내용(98), 부록(논리학 연습문제 16), 용어 일람표(5), 영문 서문(1), 영자 책제목(1), 간기 순으로 되어 있으며, 이 책은 19장(章), 36고(股), 19단(段), 11층(層) 순으로 목차를 구성하고 있다. 이 책은 국한문 혼용에 주요한 용어를 영어와 라틴어로 제시하고 있다. 이 책은 19章, 예를 들면 제4장 명목(名目)의 종류(Kinds of Terms) 처럼 표기한다. 이 책의 소장처는 장로회신학대학교 도서관이고 이 책은 김태완 역해로 2017년 숭실대학교 한국기독교문화연구원에서 발간되었다.

이 책의 영문 서문에서 책을 쓰게 된 경위가 객관적으로 서술되어 있어서, 책의 가치를 제3자 관점에서 평가하고 있다. 또한 편하설이 저본으로 삼고 있는 책에 대한 설명이 나오는 데 앞서 언급한 바 있는 컬럼비아 대학에서 윤리학과 논리학 교수로 활동하였다. 특히 컬럼비아 대학 재직 시절 *The Elements of Logic*(1892), *Elements of Ethics*(1895), *Problems of Philosophy*(1905)와 심리학 관련 교과서를 집필하였다. 그의 저술들은 Works by or about James H. Hyslop at

Internet Archive을 통해 접할 수 있다. 하이슬럽은 1854년에 태어나 1920년 65세를 일기로 생을 마감하였다. 그는 철학자, 심리학 연구자, 초심리학자, 작가라고 기억된다. 그는 *The Elements of Logic*(1892)의 서문에서 영국의 논리학자 제번스의 영향을 받았다고 밝히고 있다. 특히 하이스럽은 제번스가 『초등 논리학(Elementary Lessons in Logic)』에서 학생들에게 실제적인 추론과 올바른 사고로 이끌고자 한 의도한 바를 반영하고자 했다. 제번스의 *Elementary Lessons in Logic*은 중국에서 에드킨스에 의해 1896년 『변학계몽(辨學啓蒙)』으로 번역 출판되었다. 이러한 점을 살펴보면 편하설의 『논리략해』는 적어도 제번스와 하이슬럽의 영향하에 있다고 할 수 있으며, 안재원이 주목한 바처럼 서양과의 학문교류의 장이 현장성있게 진행되었다는 사실을 발견할 수 있다. 편하설의 철학 강의, 논리학 강의는 나름대로 최신의 자료를 활용했다고 평가할 수 있으며, 중국이나 일본이라는 프리즘을 통하지 않고 서양인에 의해 직접 전해지고, 이식되는 현장이었다고 할 수 있을 것이다.

편하설은 서문에서 논리학이 가장 오래된 학문이며, 논리학이외에 완성된 학문이 없다고 이야기한다. 그래서 자신은 새로운 추론 형식을 발견할 것이 없으므로 이전에 정리된 추론 방법을 새롭게 설명하는 것 외에 달리 발전할 것이 없다고 보았다. 그렇기 때문에 『논리략해』에서 다루는 것은 새로운 추론방법을 발견해낸 것이 아니라 완성된 추론방법을 한국어로 소개한다. 이 책에서 사용되는 예는 거의 예전부터 사용해온 것들이고, 새로운 예는 그리 많지 않다. 그는 명제나 용어, 개념 등을 사용하거나 설명할 때 한국의 현황에 맞게 변용하고 한국인들에게 익숙한 용어나 한국의 사례로 번역해서 제시한다. 그

예로 아시아 사람, 한국 사람, 서울 사람을 제시하거나 제주도, 명당성당이라는 지명을 사용하거나, 김서방, 김가, 이가, 박가, 최가 등을 써서 학생들이 논리학에 쉽게 접근할 수 있도록 하였다.[23] 이런 것은 10여 년 간의 논리학 강의 경험이 묻어나오는 것이라고 하겠다.

『논리략해』의 목차와 내용을 살펴보자. 제1장 논리학의 해석(解釋)에서 논리학은 사고(思想, Thought)[24]하고 추론하는 방법을 공부하는 학문이고, 추론을 잘하는 방법을 가치는 학문이라고 정의하고, 추론이 논리학의 본질이라고 서술하고있다. 다시 말해 논리학을 '올바르게 생각하는 것이 어떤 것인지 살펴보는 학문'이고 '올바른 추리의 형식을 연구하는 학문이다'고 정의한 것과 별다른 것이 없다.[25] 제2장 추론(推論)을 논의(議論)함에서는 추론의 일반적 방법을 첫째 經力(Experience, 경험), 둘째 同一함으로함(Identity, 동일성), 셋째 歸納法或達類小源(Induction, 귀납법), 넷째 演繹法或執本求末(Deduction, 연역법)로 나누어 서술하였다. 제3장 推測式(삼단논법)을 議論함(Form of Syllogism)에서는 삼단논법의 일반적인 형식을 다루었다. 여기서 주목할 만한 용어는 Syllogism, Term(名目), Proposition(表句)이다. 이노우에 테츠지로(井上哲次郎)의 『철학자휘』(1881/1884)에서 추측식이라하였고, 『철학자휘』(1912) 3판에서는 추측식과 추론식을 같이 사용하였다. Karl Hemeling은 『官話』(1916)에서 Syllogism을 추측식이라 했고, proposition을 표구(表句)로 번역하고 있다. 핫토리 우노키치(服部, 宇之吉)는 『논리학강의』

---

23 위의 책, p.57.

24 이노우에 테츠지로(井上哲次郎)의 『철학자휘』(1881/1884)에서는 thoght의 번역어로 思想과 思考를 같이 사용했는데, 『철학자휘』(1912) 3판에서는 思考만 사용된다.

25 최명관, 『논리학개론』, 숭전대학교출판부, 1985, p.9.

(1904)에서 Term을 名目으로 번역하였다. 편하설은 논리를 공부할 때 표구(proposition)와 명목(Term)은 기계적인 것이라 이것을 사용하는 방법을 분명히 알아야 한다고 강조한다. 1~3장은 논리학의 일반적 형식을 소개하고 있다. 제4장 名目의 種類(Kinds of Terms)에서는 單獨名目(Singular Terms), 普通名木(General Terms). 合體名目(Collective Terms), 具體名目(Concrete Terms), 抽象名目(Abstract Terms), 正名目(Positive), 不正名目(Negative), 連續名目(Relative Terms), 不連續名目(Absolute Terms) 등에 대해 기술하고 있다. 김태완은 『논리략해』를 역해하면서 Term이 Concept의 의미로도 사용된 것 같다며 개념과 명사로 번역하였다. 하이슬럽이 The Elements of Logic 제3장의 제목을 Terms or Concepts And Their Kinds라고 하고 있으므로 충분히 타당하다.[26] 제5장은 名目이 未分明함(Ambiguity of Terms, 개념의 불명료)이고, 제6장은 '內包와 外延'(Intention and Extension), 제7장은 '定類'(Classification, 분류)은 개념론에 해당한다. 제8장은 표구론(proposition, 명제론)이다. 1. 표구(명제)의 종류에는 肯定表句(Affirmative Proposition), 不定表句(Negative), 約結表句(Conditional)[27], 離接表句(Disjunctive),[28] 全稱表句(Universal), 特稱表句(Particular) 등이 있고, 2. 名目의 擴充(Distribution of Terms, 개념의 주연)은 박종홍의 기준으로는 판단론에 해당한다.[29] 3. 表句의 對當(판단의 대당)

---

26 James H. Hyslop, *The Elements of Logic: Theoretical and Practical*, New York: Charles Scribner's Sons, p.31.

27 카네다 니사쿠(金太仁作)은 『論理學教科書』(1907)에서 conjunctive proposion을 約結命題라 번역한다.

28 楊天驥는 "disjunctive proposion"을 자신의 『論理學』(1906)에서 離接命題라고 번역하였고 江蘇師範生도 『論理學』(1906)에서 離接命題라 번역하였다.

29 박종홍, 『일반논리학』, 박영사, 1962, p.47.

이고, 4. 直接推論(Immediate Inference)은 고전논리학의 직접추리에 해당한다. 제9장 思想의 原理(Law of Thought)에서는 同一律(The Law of Identity), 矛盾律(The Law of Contradicion), 排中律(The Law of Excluded Middle), 充足한 原由律(The Law of Sufficaent Reason, 충족이유율)을 다루고 있는데, 충족한 원유율을 다루면서 제시한 예 "만물창조(萬物創造)함을 두고 말(言)하면 상제(上帝)가 계셔서 상제의 능력(能力)으로 된 거시며 時計로 말하면 공장(工匠)의 재조(才操)가 충족(充足)한 원인(原油)니라"를 보면 기독교의 색채가 나름 드러난다. 이는 고전 논리학의 기본원리에 해당한다. 박종홍의 『일반논리학』(1948), 최명관의 『논리학개론』(1985) 등 일반적인 논리학 교과서를 보면 서론 부분 배치하고 있는데 비하여 왜 편하설은 일반적인 순서를 따르지 않았을까? 그 이유는 김태완의 설명처럼 삼단논법을 설명하기 위한 전제[30]인가 아니면 하이슬럽의 *The Elements of Logic*의 체계를 따르기 위함일까? 하이슬럽은 *The Elements of Logic*의 22장으로 배치하고 그 뒤 21장에서 귀납적 추리(Indictive Reasoning)를 다루기 때문이다. 편하설은 제10장~15장까지 추측식(삼단논법)을 다루고 있는데 이는 하이슬럽이 *The Elements of Logic* 11장~17장까지 Syllogism을 다루는 것과 같이 가장 중요하게 다룬 것이다. 제10장 推測式의 法(Rules of the Syllogism, 삼단논법)[31], 제11장 推測式의 論格(Moods and Figures of The Syllogism, 삼단논법의 논식과 논격)[32], 제12장 論式과 論格을 改造法(Reduction of Moods and Figures,

30 김태완, 「『논리략해』 해제」, 편하설, 김태완 역해, 『논리략해』, 숭실대학교 한국기독교문화연구원, 2017, p.iv.

31 *The Elements of Logic*의 11장 Principles of Mediate Reasoning.

32 *The Elements of Logic*의 12장 Moods and Figures of The Syllogism.

삼단논법의 논식과 논격)[33], 제13장 추측식의 분류(Forms of Syllogistic, 삼단논법의 분류)[34], 제14장 若決推測式(Hypothetical Reasoning, 가언적 삼단논법)[35], 제15장 離接推測式(Disjunctive Syllogism, 선언적 삼단논법)[36]은 合式(Categorical)과 二重體(Dilemmatic)를 다룬다. 합식은 用式(Modus ponedo tollens, 긍정적 부정식)과 廢式(Modus tollens ponedo, 부정적 긍정식)으로 이중체는 構成體(Constructive)와 파괴체(Destructive)로 나누어 설명하고 있다. 제16장 過誤[37]의 分類(Classification of Fallacies, 오류의 분류)[38]'는 解釋(Herme- neutic을 잘못함으로 되는 過誤와 論理過誤(Logical Fallacies))으로 나누고, 논리적 과오는 形式上過誤(Formal Fallacies)[39]와 材料上過誤(Material Fallacies)로 나누어 설명하면서 재료상의 과오는 애매어(의도적으로 사용하는)의 오류에 속하는 '집합과 분리과오(Composition and Division)와 偶有性(Accident)'과 憶斷(Presumption)이다. 억단에는 논점 절취의 오류와 순환논법의 오류가 해당된다. 과오의 분류는 연역법의 오류이다. 제17장 賓格分量決定法(Quantification of The Predicate, 객어의 양화)[40]은 박종홍의 『일반논리학』판단론에 속하는 것으로 주개념과 빈개념을 한정하고 있다. 제18장 수추론(Mathematical and Other Reasoning,

---

33 *The Elements of Logic*의 13장 Reduction of Moods and Figures.

34 *The Elements of Logic*의 14장 Forms of Syllogistic Reasoning.

35 *The Elements of Logic*의 15장 Hypothetical Reasoning.

36 *The Elements of Logic*의 16장 Disjunctive Syllogism.

37 카네다 니사쿠는 『論理學教科書』(1907)에서 Fallacies를 謬誤, 過誤, 誤謬 등으로 번역한다. 편하설의 번역에는 카네다 니사쿠의 용어들이 자주 등장한다.

38 *The Elements of Logic*의 17장 Classification of Fallacies.

39 현대 논리학에서는 '언어상의 오류'라고 한다. 여기에는 애매한 말(ambiguity)의 오류와 강조(Accent)의 오류가 있다.

40 *The Elements of Logic*의 19장 Quantification of The Predicate.

수학적 추론)[41]은 기호논리학을 간략하게 소개하고 있다. 제19장 귀납방법추론(Inductive Reasoning, 귀납추론)[42]은 귀납법과 귀납 추리에 관련된 과오(오류)를 무관찰의 과오(不觀察, 違觀察), 연역법과 귀납법을 분속하지 아니함, 원인을 잘 관찰하지 아니함으로 간략하게 설명한다. 부록으로 연습문제가 68개 문항으로 되어 있고, 용어일람표에는 107개 항목으로 되어 있는데 Alphabet 순서로 영어 한글, 한자로 분류되어 나열되어 있다.

편하설은 우리나라에서 최소한 1910년부터 한국어로 논리학을 강의한 교수이며, 논리학교과서인 『논리략해』를 한글로 써 근대전환기 한국에서 실시된 논리학 교육 수준의 흔적을 남겼다. 이광래의 연구에 따르면 한국인으로 우리나라 대학에서 논리학을 처음 강의한 사람은 백상규였다. 그는 미국 브라운 대학에서 경제학을 전공하였고, 1915년 4월 개교한 경신학교 대학부에서 논리학 강의를 시작하였다.[43] 그 뒤 1930년 미국 남캘리포니아 대학에서 철학박사학위를 취득하고 귀국한 한 한치진이 1931년 한글로 『논리학개론』을 출간하였고, 1932년부터 1937년까지 이화여전에서 논리학 강의를 하였다. 그 후 한글 논리학 교과서는 자취를 감추었다. 연희전문에서는 고형곤과 박상현이 논리학을 강의하였다. 본격적인 한글 논리학 교과서가 등장한 것은 1947년 이재훈의 『논리학』(대성출판사, 1947), 김준섭의 『논리학』(태백서적공사, 1947)이 출판되면서부터이고, 이어서 1948년 안호상의

41 *The Elements of Logic*의 20장 Mathematical and Other Reasoning.

42 *The Elements of Logic*의 22장 Inductive Reasoning.

43 윤사순·이광래, 『우리 사상 100년』, 현암사, 2001, p.311.

『논리학』(문화당, 1948), 박종홍의 『일반론리학』(백영사, 1948)은 고전 논리학을 벗어나 현대 논리학의 수용을 보여주는 예이다.

편하설의 『논리략해』는 서양의 학문이 동아시아 세계에 전달과 이식, 정착하는 과정에서 근대 이전 비체계적으로 개별적으로 소개되던 것과는 다르게 근대학교체계에서 본격적인 서양 지식인들에 의한 본격적인 학문 도입을 알리는 중요한 책이다. 왜냐하면 앞에서도 언급했듯이 편하설이 대학에서 철학 교육을 실시하였고, 대학 교육을 위한 논리학교과서를 직접 번역, 편집, 약술하였기 때문이다. 『논리략해』는 근대적 논리학 교육과 교과서의 효시이다. 편하설은 하이슬럽의 *The Elements of Logic*(1892)을 논리학 강의와 교과서의 저본으로 삼았다. 하이슬럽의 이 책은 23장(p.366)과 실제 문답(p.16)과 연습문제(p.16), index(5)로 구성 되어있고, 편하설이 언급하지 않은 것은 제2장 Elements of Logical Doctrine, 제9장 Opposition, 제10장 Immediate Inference, 23장 Science Method 등이다. 이것으로 보아 편하설이 *The Elements of Logic*을 단순히 번역만 한 것이 아니라 당대 철학교육 요구수준과 범위에 맞춰서 발췌, 요약, 편집, 번안 한 것을 나타내는 것이다. 김태완은 『논리략해』를 박종홍의 『일반론리학』과 비교하면서 지나친 형식적 논증방식, 기호논리학에 대한 소개가 소략하고, 교과서 구성의 불균형 등의 한계를 지적한다. 또한 편하설이 본격적으로 철학을 익힌 철학자는 아니기 때문에 철학 교수로서 또 그의 『논리략해』는 논리학교과서로서 한계와 의의를 동시에 지니고 있을 수밖에 없다고 평한다.[44]

44 김태완, 위의 글, p.vivii.

근대전환기 선교사들은 열정적으로 선교활동을 하였고, 또한 '한국학(Korean Studies)'의 발명·전파, 국제화를 주도하였다. 왜냐하면 서구의 세속적인 문화적 가치의 중개 활동에 종사했으며, 서양 선교사들은 촘촘한 선교 망(網)을 바탕으로 지역/국가 경계를 넘나드는 지식체계를 구축할 수 있었다.[45] 특히 단순히 기독교 선교에만 머무른 것이 아니라 병원과 근대교육에도 힘을 쏟았다. 편하설도 그런 사람 가운데 하나였기 때문에 논리적 추론에 기독교적 이해를 포함시키기도 하였다. 특히 실지적 문제(11, 19, 23, 56, 58)에서 드러나기도 한다. 또한 번안 또는 변용의 흔적으로 삼을 수 있는 것은 "조선인은 아세아인이요, 평양인은 조선이요, 그러므로 평양인은 아세아인이오"로 삼단논법을 설명한다거나, 목사라는 명칭의 변화를 '명목이 미분명함(개념의 불명료)'의 예로 든다지 등이다. 편하설은 동료 방위량 선교사가 이야기 하듯이 한문에 대한 깊은 이해가 있었다. 그러기 때문에 논리학을 강의하거나 교과서를 집필할 때 중국과 일본에서 나온 논리학관련 용어를 번역하거나 강의 할 때 사용하였다. 강영안의 말처럼 우리의 철학 용어는 한결같이 근대어이며, 이 근대어는 서양 용어의 번역을 통해 형성된 말이다.[46] 특히 논리학과 관련된 용어는 단순히 일본을 통해서만 형성된 것이 아니라 19세기 중엽부터 중국주재 프로테스탄트선교사들의 서양 학문 번역작업과도 이어져 있다는 점에 주목할 필요가 있다. 그럴 때 이 책이 근대전환기 한국어 형성에 어떤

---

45 육영수, 「서양 선교사와 19세기 후반 한국학의 (재)발명」, 숭실대학교 한국기독문화연구원, 『2020학술대회보-선교사와한국학』, 2021.1.27., pp.67~68.

46 강영안, 『우리에게 철학은 무엇인가』, 궁리, 2003, p.179.

계기가 되었는지 어떤 발달과정을 거쳤는지에 대한 정보를 제공할 것이다.

4. 편하설의『논리략해』의의

편하설의『논리략해』는 "논리학은 사상의 법과 추론하는 법을 공부하는 것"라고 정의하면서 시작된다. 논리학은 올바르게 생각하는 것이 어떤 것인지 살펴보는 학문이다. 달리 말하자면 논리학은 '사고(思考)하고 추론하는 방법을 연구하는 학문'이고 그저 막연하게 느끼거나 그리워하거나 추억하는 따위의 생각을 연구하지 않는다. 그 보다는 세계나 현실의 사실들 및 과정들의 실상을 알려고 인간이 추리할 때의 생각의 형식을 연구한다.[47]

1920년 한글로 된 논리학 교과서가 평양에 등장하면서 서양논리학 교육의 흔적을 남겼다. 그 흔적을 거슬러 올라가다 보면 1800년대 서학열(西學熱)과 만나게 된다. 특히 신후담은『서학변(西學辨)』에서 알레니가『직방외기』에서 유럽의 교육체계를 다룬 내용을 소개하면서 논리학을 등장시킨다. "중학은 이과(理科)라고 하며 세 학년을 두었다. 1학년에는 로지카(落日加, Logica, 논리학)를 배우는데 번역하면 옳고 그름을 변론하는 법(辨是非之法)이다.[48]" 그리고 이렇게 평한다. "중학에서 옳고 그름을 분별하고 성리를 살핀다는 것은 그 말이 그럴듯하

47 최명관,『논리학개론』, 숭전대학교출판부, 1985, p.9.

48 신후담, 김선희 옮김,『하빈 신후담의 돈와서학변』, 사람의 무늬, 2014, p.174.

다. 그러나 다만 그 (덕성을) 함양하고 (근거를) 배양하는 공효의 단계가 이미 처음에 빠져 있으므로, 분별하고 살피는 것이 근거할 만하여 기초로 삼을 바가 없는 것과 같으니 또한 치우쳐 굳어져 불안하게 된다.[49]" 이런 반응조차 대체로 근대전환기 이전에 없었고, 서양학문 논리학은 그 용어조차 사용되지 않고 잊혀졌다.

중국에서 Logic이 주목받기 시작한 것은 명말청초시기에 예수회 선교사들의 노력과는 달리 19세기 영미 중심의 프로테스탄트 선교사들이 베이컨, 제번스, J.S. 밀 등의 현대논리학을 유입하면서부터이다. 그리고 일본유학등 해외교류를 통해 논리학에 대한 교육과 연구가 진행되었다. 이에 비해 서양과의 교류가 늦은 한국은 개항 후 미국 중심의 선교사들이 교육에 관여하면서 시작되었다고 할 수 있다.

평양 숭실대학에서 서양의 논리학을 강의한 편하설 교수는 미국 북장로회선교회 소속으로 한국에 파견되어 선교사의 업무를 수행하다가 1913년 철학교육, 논리학 교육을 전담하게 되어 1929년 사임할 때까지 철학교육에 힘을 쏟았다. 선교사들의 많은 경우에 자신의 대학 생활 때 배운 교과서를 가지고 강의하거나 번역하였는데 편하설의 경우는 비록 전문적으로 철학을 연구하거나 배우지는 않았어도 당대 컬럼비아 대학의 철학교수였던 하이슬럽의 *The Element of Logic*(1892), *Elements of Ethics*(1895), *and Problems of Philosophy*(1905)를 철학교육에 활용하였다. 특히 *The Element of Logic*(1892)은 평양 숭실대학의 논리학 교육의 근간이 되었다. 이 책은 제번스의 영향을 받아 기술하였다고 한다. 최소한 편하설이 실시한 논리학 교육

49 위의 책, pp.177~178.

은 J.S. 밀보다는 제번스의 논리학에 기초하였다고 할 수 있다. 그러나 보니 『논리략해』에서 기호논리학과 귀납법에 소개가 소략하다. 외국인 선교사가 한국인 학생을 대상으로 대학교재로 사용하다보니 400면이 넘는 *The Element of Logic*를 완역하기보다는 간략하게 소개하고 이해시키는 방식으로 책을 저술하였다. 그래서 책 제목을 "논리략해"라 붙인 것 같다. 성경을 번역하거나 문학작품이나 교재를 번역할 때 한국인의 도움이 있었고 그 도움에 감사를 표했는데 이 책에서는 그것을 발견할 수 없는 것으로 보아 직접 번역, 발췌, 번안, 편집한 것으로 이해할 수 있다. 그래서 저자 표시할 때 역술(譯述)이 아니라 저(著)라 한 것이라고 추정할 수 있다. 이지조와 푸르타도의 『명리탐』, 에드킨스의 『변학계몽』, 프라이어의 『이학수지』처럼 동양인에게 다른 세계관으로 들어가는 통로와 같은 역할을 했다. 그리고 한 동안 잊혀졌다가 다시 연구되기 시작했다. 또한 편하설의 『논리략해』는 평양 숭전이 일제 강점기 신사참배 거부로 폐교하면서 잊혀졌다. 그러다 2017년 발굴되어 현대어로 번역되고, 영인되어서 세상의 빛을 보게 되었다.

편하설의 『논리략해』는 근대전환기 서양사상의 이식과 변용이 어떤 흔적을 남겼는지를 알려주는 자료이다. 물론 『논리략해』교과서로서 갖는 한계가 있음에도 불구하고 경성제대 철학전공이 개설되기 이전 한국에서 실시된 철학, 논리학 교육의 수준을 알려주는 현전 최초의 한글 교과서라고 할 수 있다. 평양 숭실에서의 철학교육은 외국인에 의한 이식, 그리고 외국인에게 교육을 받아 일본으로 유학을 다녀온 철학전공자의 교육, 경성제대 철학과 출신의 교수로 이어지는 한국의 근대전환기 학문장의 특징이 잘 나타난다.

서울과 다른 학문장이 있었던 평양과 그 무대였던 평양숭실전문의 자료가 폐교와 분단, 전쟁으로 많은 소실되어서 충분한 자료를 통한 연구가 진행되지 못했다는 한계와 중국과 일본을 비교하면서 진행해야 했음에도 일본측 자료 접근이 소략하다는 점이다. 일제 강점기에 한글로 저술된 논리학 교과서들에 대한 자료와 그 저본의 발굴을 통해 단순한 소개가 아닌 논리학 용어의 변화와 정착에 대한 연구를 향후 과제로 남겨두고자 한다.

참고문헌

1부. 한국근대전환기 기독교역사 이야기 속의 금칙어

• 같은 곳을 바라보며 다른 길을 걸어간 이들 : 김창준 그리고 정인과

김승태,「정인과 목사」,『한국기독교와역사』 3, 1994.

민경배,『鄭仁果와 그 時代』, 한국교회사학연구원, 2002.

유영렬,『(기독교 민족사회주의자) 김창준』, 숭실대학교 출판부, 2006.

______,『기독교민족주의사회주의자 김창준 유고』, 숭실대학교 한국기독교박물관, 2011.

이재룡,「3.1운동의 민족대표 金昌俊」, 숭실인물사편찬위원회 편,『인물로 본 숭실 100년』 1, 숭실대학교출판부, 1992.

최영근,『기독교 민족주의 재해석: 일제강점기 정인과와 장로교단의 기독교 민족주의운도에 대한 비판적 성찰』, 대한기독교서회, 2021.

탁정언,「김창준 목사의 생애와 사상」,『한국기독교사연구』 25, 한국기독교역사연구소, 1989.4.

• 한국교회의 자존심 : 한국교회는 한국 사람의 힘으로 한석진 목사 이야기

옥성득,『(첫 사건으로 본) 초대 한국교회사』, 짓다, 2016.

______,「[평양 기독교 역사 03] 한국인 권서와 선교사들의 개척 전도여행」,『기독교사상』 722, 대한기독교서회, 2019.

채필근,『(한국 기독교 개척자) 한석진 목사와 그 시대』, 대한기독교서회, 1971.

• 상생相生, '루테로'의 후예後裔 그리고 교황의 '종자從者'

김유진,「『예수진교사패』 한글 번역의 의미와 내용 분석」,『교회사연구』 62, 한국교회사연구소, 2023.

신광철,「개항기 한국천주교와 개신교와의 관계」,『宗教研究』 11, 한국종교학회, 1995.

윤경로, 「初期 韓國 新舊敎 關係詞 硏究」, 『論文集』 9(1), 한성대학교,
조광, 「[신앙유산, 새 생명에 초대] 형제 사이의 서글픈 이야기: 예수진교사패」, 『경향잡지』 86(2), 1994.02
홍승표, 「[기독교와출판, 그 만남과 동행의 여정] 가톨릭과 개신교의 문서논쟁과 일치를 향한 노정」, 『새가정』 700, 새가정사, 2017.

• 게으름, 그리고 절제 : 한국교회의 불편한 진실

대한기독교서회, 『대한기독교서회 창립 130주년 기념 화보집』, 대한기독교서회, 2021.
박정세, 「길선주의 『만사성취』 및 삽도 고찰」, 『대학과 선교』 22, 한국대학선교학회, 2012.
박효은, 「스왈른 목사 舊藏 箕山風俗圖 Korean Art Gallery와 관련 문서」, 『숭실대학교 한국기독교박물관지』제3호, 숭실대학교 한국기독교박물관, 2008.
안수강, 「길선주 목사의 『해타론』(1904)과 『만사성취』(1916)에 나타난 그리스도인의 실천적 삶, 『신학과 실천』 88, 한국실천신학회, 2024.
오지석, 『소안론(蘇安論)』—숭실을 사랑한 선교사, 숭실대학교 지식정보처 중앙도서관, 2022.
윤은순, 『1920-30년대 한국 기독교 절제운동 연구』, 숙명여자대학교 박사학위논문, 숙명여자대학교 대학원, 2008.
장금현, 「1920-30년대 한국 기독교 절제운동 연구」, 『한국기독교역사연구소소식』 82, 한국기독교역사연구소, 2008.4.

• 위생衛生, 그 이데올로기의 양면

강신익·김시천 엮음, 『생명: 인간의 경계를 묻다』, 웅진지식하우스, 2008.
정미현, 「한국교회 초기 선교의 한 유형—릴리어스 호톤 언더우드를 중심으로」, 『신학논단』 80, 연세대학교 신과대학(연합신학대학원), 2015.

• 메멘토모리(Memento mori) : 오늘 우리는 누구의 어떤 죽음을 기억해야 할까?

김열규, 『메멘토 모리, 죽음을 기억하라』, 궁리, 2001.
신은희, 「메멘토 모리(Memento mori)의 신학—죽음 기억과 치유의 한국 신학적 성찰」, 『신학사상』 189, 신학사상연구소, 2020.

이상철, 「메멘토 모리－'죽음을 기억하라'(1): 죽음의 고고학」, 『제3시대』 1, 제3시대 그리스도교연구소, 2009.6.
______, 「메멘토 모리－'죽음을 기억하라'(2): 죽음의 고고학」, 『제3시대』 2, 제3시대 그리스도교연구소, 2009.7.
______, 「메멘토 모리－'죽음을 기억하라'(3): 죽음의 고고학」, 『제3시대』 3, 제3시대 그리스도교연구소, 2009.9.
______, 「메멘토 모리－'죽음을 기억하라'(최종): 자살공화국, 대한민국」, 『제3시대』 5, 제3시대 그리스도교연구소, 2009.10.

• 내가 전쟁에 개입하면 그 전쟁은 모두 거룩한 전쟁이다! : 한국기독교의 전쟁개입, 그리고 그 초라한 辯

김기태, 「한국전쟁과 군 선교」, 『선교와 신학』 26, 세계선교연구원, 2010.
김승태·이명화, 「일제 말기 한국기독교계의 변질·개편과 부일협력」, 『한국기독교와 역사』 24, 한국기독교역사연구소, 2006.
류태영, 「베트남 전쟁에 대한 한국 개신교의 태도」, 『한국기독교와 역사』 21, 한국기독교역사연구소, 2004.
서정민·이상규, 「중일·태평양 전쟁과 기독교－한일 기독교의 대응 상황 비교를 중심으로」, 『한국기독교와 역사』 21, 한국기독교역사연구소, 2004.
손인화, 「월남전 속의 한국군」, 『기독교사상』 11(7), 대한기독교서회, 1967.7.
신형기, 「베트남 파병과 월남 이야기」, 『동방학지』 157, 연세대학교 국학연구원, 2012.
장병일, 「십자군의 대열을 정비하자」, 『기독교사상』 10(1), 대한기독교서회, 1966.1
편집부, 「노무현 정부는 무모한 파병 강행을 즉각 중단하라!: 편집부, 『한국여성신학』 57, 한국여성신학자협의회, 2004.7.

• 기독교와 사회진화론의 부적절한 만남

김권정, 「근대전환기 윤치호의 기독교 사회윤리사상」, 『기독교사회윤리』 22, 한국기독교사회윤리학회, 2011.
우남숙, 「사회진화론의 동아시아 수용에 관한 연구」, 『한국동양정치사상사연구』 10(2), 한국동양정치사상사학회, 2011.
______, 「미국 사회진화론과 한국 근대」, 『한국동양정치사상사연구』 11(1), 한국동

양정치사상사학회, 2012.
허동현, 「1880년대 개화파 인사들의 사회진화론 수용양태비교 연구－유길준과 윤치호를 중심으로」, 『사총』 55, 고려대학교 역사연구소, 2002.

• **우리가 하는 기도를 하나님께서 들어주실까요? : 국가조찬기도회**

권혁률, 「[교계 포커스(12)]누구를 위한 국가조찬기도회인가?」, 『기독교사상』 674, 대한기독교서회, 2015.2.
권혁률, 「[지금 교계는] 대통령없는 국가조찬기도회」, 『새가정』 51(558), 새가정사, 2004.7·8.
최태육, 「초창기(1965-70)의 국가조찬기도회」, 『기독교사상』 713, 대한기독교서회, 2018.5.
장규식, 「군사정권기 한국교회와 국가권력:정교유착과 과거사 청산 의제를 중심으로」, 『한국기독교와 역사』 24, 한국기독교역사연구소, 2006.
한규무, 「[특집: 우리시대, 교회의 정치적 책임은 무엇인가] '국가조찬기도회', 무엇을 남겼는가」, 『기독교사상』 48(1), 대한기독교서회, 2004.1.

• **한국교회와 저작권에 대한 단상** : Copyright vs Copyleft**에 대한 생각 들춰보기**

김용주, 「저작권, 카피레프트, 그리고 네티즌」, 『인물과사상』 126, 인물과사상사, 2008.10.
교회신뢰네트워크, 『한국교회와 저작권을 생각한다』 토론회 자료집, (사) 기독교윤리실천운동, 2007.
남형두, 「저작권의 역사와 철학」, 『산업재산권』 26, 한국지식재산학회, 2008.8.
문화관광부 저작권위원회, 『한국저작권 50년사』, 2007.
박성호, 「'카피레프트'(Copyleft) 개념의 생성과 그 전개」, 『계간 저작권』 12(3),한국저작권위원회, 2000.
제갈창수, 「한국교회와 저작권의 문제」, 『기독교사회윤리』 20, 한국기독교사회윤리학회, 2010.
추병완, 『정보윤리교육론』, 울력, 2001.
한승헌, 『정보화시대의 저작권』, 나남, 1992.
허호익, 「[지금 웹(WWW)은] 카피 레프트」, 『새가정』 26(608), 새가정사, 2009.

• **누가 욕欲하며, 무엇을 욕慾할까?**

오지석, 「근대전환기의 기독교 혼인윤리 성립과정 고찰—소안론과 배위량의 논쟁을 중심으로」, 『기독교사회윤리』 49, 한국기독교사회윤리학회, 2021.

옥성득, 「초기 한국교회의 일부다처제 논쟁」, 『한국기독교와 역사』 16, 한국기독교역사연구소, 2002.

이숙진·양현혜, 「초기 기독교의 혼임담론: 조혼, 축첩, 자유연애를 중심으로」, 『한국기독교와 역사』 32, 한국기독교역사연구소, 2010.

• **내 자리는 어디일까?**

오택현, 「구약성서 양식비평 연구사: 궁켈의 연구와 이후의 발전을 중심으로」, 『신학과 목회』 19, 영남신학대학교, 2003.

• **난, 소중하다! 그래서**

김도형, 「[교회와 목회] '자살'을 생각하다(1): 〈'자살'을 생각하다〉 연재를 시작하며」, 『기독교사상』 655, 대한기독교서회, 2013.7

이종원, 「기독교 생명윤리적 관점에서 본 존엄사」, 『기독교사회윤리』 17, 한국기독교사회윤리학회, 2009.

장 아메리, 『자유죽음: 삶의 존엄과 자살의 선택에 대하여』, 김희상, 김남시 옮김, 씽크빅, 2010.

채수일, 「특집—너, 사람아! / 자살은 죄인가」, 『기독교사상』 47(9), 대한기독교서회, 2013.7

케이 레드필드 재미슨, 『개인적이고, 사회적이며 생물학적인 자살의 이해』, 미문희 옮김, 뿌리와이파리, 2004.

편집부, 「[교회와 목회] '자살'을 생각하다: 그때 그 순간, 교회와 그리스도인은 어떻게 대응할 것인가?」, 『기독교사상』 655, 대한기독교서회, 2013.7

• **난 정치하는 돈 까밀로, 넌 누구냐 : '폴리스천'에 대한 단상**

강휘원, 「기독교의 정교분리사상—성서시대부터 계몽주의사상까지 : 기독교의 정교분리사상」, 『신학사상』 136, 한국신학연구소, 2007.

김권정, 윤정란, 「제255회 학술발표회 주제발표: 초기 한국기독교의 "정교분리"문제와 사회참여—한국기독교의 사회참여방식을 중심으로/ 논찬」, 『한국기독교

역사연구소소식』 79, 한국기독교역사학회, 2007.
김창률, 「2007 한국대선, '폴리페서'와 '폴리널리스트'를 묻는다」, 『仁濟論叢』 23(1), 2008.
류동길, 「대학교수의 정치활동을 어떻게 보아야하나」, 『지역사회』 68, 한국지역사회연구소, 2013.
죠반니노 과레스끼, 『신부님 우리들의 신부님』 시리즈 1-10권, 김명곤 옮김, 백제, 1979.
________________, 『돈 까밀로와 빼뽀네』, 김효정 옮김, 서교, 2013.
최영근, 「한국 기독교에서 교회와 국가 관계: 선교 초기부터 해방 이전까지 정교분리 논의를 중심으로, 『신학사상』 157, 한신대학교 신학사상연구소, 1912.

• **예수 믿고 복 받으세요! : 함께 더불어 사는 행복**

김선욱, 『행복의 철학: 공적 행복을 찾아서』, 도서풀판 길, 2011.
문시영, 『아우구스티누스와 행복의 윤리학』, 서광사, 1996.
______, 『기독교윤리이야기』, 한들출판사, 2006.
오지석, 「'웰빙'과 '힐링' 시대의 한국인과 종교적 성향」, 『한국기독교문화연구』 14, 숭실대학교한국기독교문화연구원, 2020.
______, 「행복의 윤리와 생로병사(생로병사): 생명과 죽음의 이해」, 『기독교사회윤리』 29, 한국기독교사회윤리학회, 2014.
이종원, 「온전한 행복의 조건」, 『기독교사회윤리』 23, 한국기독교사회윤리학회, 2012.

• **난 하면 뭐든 세계 제일이라니까! : 임신중절과 인구정책에 대한 씁쓸한 추억**

문시영, 「기독교사회윤리학적 관점에서 본 임신중절의 문제」, 『기독교사회윤리』 2, 한국기독교사회윤리학회, 1999.
이경직, 「낙태에 대한 한국 교회의 입장」, 『기독교철하연구』 8, 백석대학교 기독교철학연구소, 2007.
이진우, 「낙태－자유인가 아니면 살인인가?: 기술시대의 생명윤리를 위하여」, 『철학연구』 53, 대한철학회, 1994.
송창식, 「돌돌이와 석순이」, 『송창식 골든 제2집』, 1978.

• **너는 나를 누구라 하느냐**

구교형, '개독교'는 하루아침에 만들어지지 않았다, 〈오마이뉴스〉 2019.06.17.

남종석, 「[비찬과 비평] 기독교를 이해하기 위해-3 기독교가 개독교된 이유」, Redian, 2013.09.12. http://www.redian.org/archive/59995

이진구, 「최근 한국사회의 안티기독교 운동과 기독교의 대응양상」, 『한국기독교와 역사』 38, 한국기독교역사학회, 2013.

장석현, 「평신도를 품에 안고: 살며 생각하며; 이 참담한 이름 개독교인(改督教人)」, 『활천』 710, 기독교대한성결교회활천사, 2013.

• **난 괜찮은데 자식들이 걱정이야**

이상훈, 「공공신학적 관점에서 본 교회개혁과 고령화 사회」, 『기독교사회윤리』 25, 한국기독교사회윤리학회, 2013.

• **태초에 '당신', 당신의 말, '말씀'이 있었다네! : 말은 그 흔적을 남긴다**

주승중, 『한국교회에서 바로잡아야 할 용어들』, 장로회신학대학교, 2001.

최태영, 「教會用語考」(Ⅱ), 『崇實語文』 18, 숭실어문학회, 2002.

______, 『교회용어 이대로 좋은가?』, 한국장로신문사, 카이로스, 2006.

• **돌아가고 싶지만 돌아갈 수 없는 그 곳, 한국 베이비부머들의 교회 : 눈 앞에 보이는 탕자를 품어주는 교회**

이상훈, 「베이붐세대의 직업인식 변화필요성: 호모라보란스(Homo Laborans)와 호모루덴스(Homo Ludens)의 통합적 이해」, 『기독교사회윤리』 35, 한국기독교사회윤리학회, 2016.

차성란, 원효종, 「베이비붐 세대의 사회적 자원 관리」, 『한국가족자원경영학회 학술대회논문집』 2011(11), 한국가족자원경영학회, 2011.

헨리 나우엔, 김항안 역, 『탕자의 귀향』, 글로리아, 1997.

• **힐링과 액티비즘의 사이 : 나의 고통, 상처만을 해결하고자 매몰되고 있는 한국기독교인들에게 우리가 누구에게 집중하고 누구와 함께 해야하는지**

백소영, 『엄마되기, 힐링과 킬링 사이: 21세기 개신교 기혼여성의 모성 경험과 재구성』, 대한기독교서회, 2013.

오지석, 「'웰빙'과 '힐링' 시대의 한국인과 종교적 성향」, 『한국기독교문화연구』 14, 숭실대학교한국기독교문화연구원, 2020.

- **2014년 4월 16일 이후 우리가 서 있는 자리 : 모욕과 품위의 경계**

아비샤이 마갈릿, 신성림 역, 『품위있는 사회』, 동녘, 2008.

2부. 한국근대전환기 기독교문화의 메타모포시스

- **근대전환기의 기독교 혼인윤리 성립과정 돌아보기: 소안론과 배위량의 논쟁을 중심으로**

금장태, 『유학사상과 유교문화』, 파주: 한국학술정보, 2001.
김두헌, 『조선가족제도연구』, 서울: 을유문화사, 1948.
달레, 안응렬 외 옮김, 『한국천주교사연구』 상권, 왜관: 분도출판사, 1979.
바뇨니, 김기성 옮김, 『바뇨니의 아동교육론』, 성남: 북코리아, 2015.
백규삼, 「백주교의 사목서한」, 한국교회사연구소, 『순교자와 증거자들』, 서울: 한국교회사연구소출판부, 1982.
빤또하, 박유리 옮김, 『七克 - 그리스도교와 신유학의 초기 접촉에서 형성된 수양론』, 서울: 일조각, 1998.
오지석, 「한국교회 초기 혼인관(婚姻觀)에 대한 연구」, 『기독교사회윤리』 12, 2006, pp.75~96.
옥성득, 「초기 한국교회의 일부다처제 논쟁」, 『한국기독교교와 역사』 16, 2002, pp.7~34.
______, 『다시 쓰는 초대 한국교회사』, 서울: 새물결플러스, 2016.
윌리엄 베어드, 「중혼자에게 세례를 베풀 수 있는가?」, 이상규 옮김, 『한국기독교문화연구』 13, 2020, pp.207~261.
윌리엄 베어드, 이상규 옮김, 「중혼자에게 세례를 베풀 수 있는가?」, 『한국기독교문화연구』 12, 2019, pp.349~387.
육영수, 「서양 선교사와 19세기 후반 한국학의 (재)발명」, 숭실대학교 한국기독교문화연구원, 『한국기독교문화연구원 2020 제1차 학술대회 '선교사와 한국학' 대회보』, 2021.1.27, pp.67~107.

윤건차, 『다시 읽는 조선근대교육의 사상과 운동』, 이명실·심성보 옮김, 서울: 살림터, 2016.

이상규, 「교회는 중혼자(重婚者)를 받아들일 수 있는가?」, 『동서신학』 2, 2019, pp.11~39.

이숙진, 「기독교신여성과 혼인윤리-박인덕을 중심으로」, 『기독교사회윤리』 29, 2014, pp.345~375.

이숙진·양현혜, 「초기 기독교의 혼임담론: 조혼, 축첩, 자유연애를 중심으로」, 『한국기독교와역사』 32, 2010, pp.35~62.

전미경, 「개화기 축첩제 담론분석-신문과 신소설을 중심으로」, 『한국가정학회지』 19(2), 2001, pp.67~82.

정지영, 「조선후기의 첩과 가족질서-가부장제와 여성의 위계」, 『사회와 역사』 65, 2004, pp.6~40.

"Notes and Comments", *The Korean Repository* 3:12, 1896.12.

Baird, "Should Polygamists be admitted to the Christian Church? Part 1", *The Korean Repository* 3:7, 1896.7.

_____, "Should Polygamists be admitted to the Christian Church? Part 2", *The Korean Repository* 3:8, 1896.8.

_____, "Should Polygamists be admitted to the Christian Church? Part 3", *The Korean Repository* 3:9, 1896.9.

Daniel Lyman Gifford, *Every Day Life in Korea, A Collection of Studies and Stories*, 심현녀 옮김, 『조선의 풍속과 선교』, 서울: 한국기독교역사연구소, 1995.

W. L. Swallen, "Polygamy and the Church", *The Korean Repository* 2:8, 1895.8.

W. L. Swallen to F.F. Ellinwood, *Letters and Reports of The Korea Mission*, PCUSA. Philadelphia, Presbyterian Historical Society, 1895.9.25.

「논설」, 『독립신문』, 1899.7.20.

『제국신문』, 1901.1.31.

• 근대전환기 한국기독교의 "혼인론": 숭실대학교 한국기독교박물관 소장본을 중심으로

국사편찬위원회, 『유교적 사유와 삶의 변천』, 서울: 두산동아, 2009.

김경일, 『근대의 가족, 근대의 결혼-가족과 결혼으로 본 근대 한국의 풍경』, 서울:

푸른역사, 2013.
김은혜, 『포스트모던 시대의 기독교 윤리문화』, 서울: 대한기독교서회, 2015.
김정숙. 「조선후기 서학수용과 여성관의 변화」, 『韓國思想史學』 20, 2003, pp.35~82.
노세영(Rev. Cyril Ross), 『교인의 혼례론』, 경성: 조선예수교서회, 1922.
마르티나 도이힐러, 이훈상 옮김, 『한국의 유교화 과정-신유학은 한국사회를 어떻게 바꾸었나』, 서울: 너머북스, 2013.
마포삼열, 『혼례셔』.
문일평, 「간편과 절약을 주안으로」, 『신동아』, 1935.5, p.84.
박보영, 「근대이행기 혼례의 변화-독일 선교사들의 보고에 나타난 침묵과 언어」, 『지방사와 지방문화』 17(2), 2014, pp.189~271.
박지현, 「알폰소 바뇨니(高一志)의 『서학제가(西學齊家)』 「제부부」(齊夫婦)권-선교의 한 방식으로서의 부부윤리」, 『인문논총』 67, 2012, pp.511~550.
박혜미, 「초기 기독교 자료 해제: 『혼인론』(1914)과 『교인의 혼례론』(1922)」, 『한국기독교문화연구』 11, 2019, pp.225~243.
배주연, 「해제, 제가서학(齊家西學)」, 동국역사문화연구소 편, 『조선시대 서학관련 자료 집성 및 번역·해제』 1, 경인문화사, 2020, pp.388~417.
백종구, 「초기 개신교 선교부의 사회윤리 한국교회사학연구원」, 『敎會史學』, 1(1), 2001, pp.117~147.
버트란트 러셀, 이순희 옮김, 『결혼과 도덕(Marriage & Moral)』, 서울: 사회평론, 2016.
서울특별시 시사편찬위원회, 『서울 사람들의 혼인, 혼례, 결혼』, 서울: 서울특별시 시사편찬위원회, 2012.
신영숙, 「신식 결혼식과 변화하는 결혼 양상」, 국사편찬위원회 편, 『혼인과 연애의 풍속도』, 2005, p.198.
오지석, 「한국교회 초기 혼인관(婚姻觀)에 대한 연구」, 『기독교사회윤리』 12, 2006, pp.75~96.
______, 「해제-혼례셔」, 숭실대학교 한국기독교박물관 학예과 편, 『한국기독교박물관소장 기독교자료 해제』, 숭실대학교 한국기독교박물관, 2007, pp.236~237.
______, 「근대전환기의 기독교 혼인윤리 성립과정고찰」, 『기독교사회윤리』 49, 2021, pp.337~369.

이배용 외, 『우리나라여성들은 어떻게 살았을까』, 서울: 청년사, 1999.
이숙진, 「초기 기독교의 혼인담론-조혼, 축첩, 자유연애를 중심으로」, 『한국기독교와 역사』 32, 2010, pp.35~58.
______, 「기독교신여성과 혼인윤리-박인덕을 중심으로」, 『기독교사회윤리』 29, 2014, pp.345~375.
이영수, 「개화기에서 일제강점기까지 혼인유형과 혼례식의 면모양상」, 『아시아문화연구』 28, 2012, pp.151~184.
차옥승 편, 『기독교사 자료집 권1-타종교 및 전통문화의 이해를 중심으로』, 서울: 고려한림원, 1993.
판토하, 정민 옮김, 『칠극-마음을 다스리는 7가지 성찰』, 서울: 김영사, 2021.
한국기독교역사연구소 자료연구회 엮음, 『『신학월보』 색인 자료집』, 서울: 한국기독교역사연구소, 2006.
한국역사연구회, 『우리는 지난 100년 동안 어떻게 살아갈까』 1, 서울: 역사비평사, 1998.
한규무, 「초기 한국장로교회의 결혼 문제 인식(1890~1940)」, 『한국기독교와 역사』 10, 1999, pp.67~101.
한승곤 편, 『혼인론』, 평양: 광명서관, 예수교서원, 1904.
〈대개는 형식에 불과한 소위 신식 결혼식〉, 『동아일보』, 1925.11.17.
〈일제강점기 크리스찬의 결혼생활 지침서 〈혼인론〉〉, 『숭대시보』 1134, 2015.2.9.
http://www.ssunews.net/news/articleView.html?idxno=4329, 검색일: 2022. 7.14.
https://blog.daum.net/jidam55/16144914.
https://stdict.korean.go.kr/search/searchResult.do?pageSize=10&searchKeyword=%ED%98%BC%EC%9D%B8, 검색일: 2022.7.14.
https://stdict.korean.go.kr/search/searchResult.do?pageSize=10&searchKeyword=%ED%98%BC%EB%A1%80, 검색일: 2022.7.14.
https://stdict.korean.go.kr/search/searchResult.do?pageSize=10&searchKeyword=%EA%B2%B0%ED%98%BC, 검색일: 2022.7.14.
https://hrcopinion.co.kr/archives/18452, 검색일: 2022.7.14.

• 송인서의 『칠극보감』에 나타난 기독교 윤리의 변용 흔적

김승혜, 「『칠극』에 대한 연구」, 『교회사연구』 9, 1994.

노고수, 『韓國基督教書誌研究』, 부산: 예술문화사, 1981.
마포삼열박사전기편찬위원회 편, 『麻布三悅博士傳記』, 서울: 대한예수교장로회총회교육부, 1973.
문시영, 『교회됨의 윤리-하우어워스의 교회윤리 연구』, 서울: 북코리아, 2013.
______, 「건덕(建德)에서 덕 윤리로-덕 윤리의 한국기독교적 재론을 위한 조건과 과제」, 『기독교사회윤리』 44, 2019.
박천홍, 『활자와 근대-1883년, 지식의 질서가 바뀌던 날』, 서울: 너머북스, 2018.
백욱인, 『번안 사회-제국과 식민지의 번안이 만든 근대의 제도, 일상, 문화』, 서울: 휴머니스트, 2018.
빤또하, 송인서 역술, 『칠극보감』, 평양: 송인서 자택, 1918.
빤또하, 박유리 옮김, 『七克-그리스도교와 신유학의 초기 접촉에서 형성된 수양론』, 서울: 일조각, 1998.
숭실대학교 한국기독교박물관 편, 『한국기독교박물관 소장 기독교자료해제』, 서울: 숭실대학교한국기독교박물관, 2007.
신원하, 『죽음에 이르는 7가지 죄』, IVP, 2012.
오지석, 「동서 기독교 윤리학의 가교로서의 서학 윤리사상」, 『기독교사회윤리』 21, 2011.
______, 「서양선교사를 통해 이식된 기독교윤리사상」, 『기독교사회윤리』 44, 2019.
옥성득, 『첫 사건으로 본 초대 한국교회사』, 서울: 짓다, 2016.
______ 책임편역, 『마포삼열 자료집 2』, 서울: 숭실대학교 가치와 윤리연구소, 2017.
______ 책임편역, 『마포삼열 자료집 3』, 서울: 숭실대학교 가치와 윤리연구소, 2017.
육영수, 『책과 독서의 문화사-활자인간의 탄생과 근대의 재발견』, 서울: 책세상, 2010.
정민, 〈정민의 다산독본-대궐 안에 일찍이 침투한 천주교... 사도세자도 '성경직해' 읽었다〉, 『한국일보』, 2018.10.25. p.28.
조광, 〈하느님 중심의 새로운 윤리관-칠극(七克)〉, 『경향잡지』, 1993.5.
조선예수교장로회 총회 사기편찬위원회, 『조선예수교장로회사기』 上 개정판, 서울: 한국기독교사연구소, 2017.
蔡弼近, 『韓國基督教開拓者 韓錫晋牧師와 그 時代』, 서울: 대한기독교서회, 1971.

천정환, 『근대의 책 읽기-독자의 탄생과 한국근대문학』, 서울: 푸른역사, 2003.
최중복, 「천주교 서적이 초기 한국천주교회 순교복자들의 신앙생활에 미친 영향 연구-'요화사서소화기'」, 가톨릭대학교 대학원 석사학위논문, 2015.
판토하, 박완식·김진호 옮김, 『칠극-일곱 가지 승리의 길』, 전주: 전주대학교출판부, 1996.
판토하, 정민 옮김, 『칠극-마음을 다스리는 7가지 성찰』, 파주: 김영사, 2021.
한명근, 「한국기독교박물관 소장 근대 자료의 내용과 성격」, 한명근 외, 『한국기독교박물관 자료를 통해 본 근대의 수용과 변용』, 선인, 2019.
http://www.pckworld.com/article.php?aid=4661626031, 검색일: 2020.7.13.
https://blog.naver.com/cuidaifan33/100169643068, 검색일: 2020.07.13.
http://ihappy99.com/main/chhtry/roottxt18.html.

• 근대전환기 최초의 한글 논리학 교과서:
편하설(C.F. Bernheisel)**의 『논리략해(論理略解)』**

강영안, 『우리에게 철학은 무엇인가』, 서울: 궁리, 2003.
곽신환, 『편하설 片夏薛-복음과 구원의 글로벌화』, 서울: 숭실대학교 한국기독교문화연구원, 2017.
박영식, 「인문과학으로서 철학의 수용 및 그 전개과정-1900~1965)」, 『인문과학』 Vol.26, 1972.
박종홍, 『일반논리학』, 박영사, 1962.
숭실대학교 120년사편찬위원회 편, 『사진과 연표로 보는 평양 숭실대학』, 숭실대학교한국기독교박물관, 2018.
신후담, 김선희 옮김, 『하빈 신후담의 돈와서학변』, 사람의 무늬, 2014.
아리스토텔레스, 김재홍 옮김, 『정치학』, 서울: 길, 2017.
안재원, 「16~18세기 유럽에서 중국으로 온 책들과 중국에서 유럽으로 간 책들」, 『중국문학』 93, 한국중국어문학회, 2017.
알레니, G, 김기성 옮김, 『17세기 조선에 소개된 서구교육-『서학범』, 『직방외기』』, 서울: 원미사, 2001.
알폰소 바뇨니, 김귀성 옮김, 『바뇨니의 아동교육론-童幼教育』, 성남: 북코리아, 2015.
염정삼, 「'논리(Logic)'라는 개념어의 형성: 중국에서의 활용사례를 고찰하며」, 『인간·환경·미래』 3, 인제대하교 인간환경미래연구원, 2009.
오지석, 「한국 근대전환기 철학교육의 메타모포시스: 평양 숭실의 경험을 중심으로」, 『인문사회21』 11(4), 2010.
육영수, 「서양 선교사와 19세기 후반 한국학의 (재)발명」, 『2020학술대회보-선교사와 한국학』, 숭실대학교 한국기독문화연구원, 2021.1.27.
윤사순·이광래, 『우리 사상 100년』, 서울: 현암사, 2001.
조요한, 『관심과 통찰: 이경 조요한 선생 유고집』, 숭실대학교출판부, 2004.
조준영 편, 신창호 옮김, 『문부성 소할목록』, 우물이 있는 집, 2005.
최명관, 『논리학개론』, 숭전대학교출판부, 1985.
편하설, 김태완 역해, 『논리략해』, 숭실대학교 한국기독교문화연구원, 2017.
Hyslop, James H., *The Elements of Logic: Theoretical and Practical*, New York: Charles Scribner's Sons, 1892.
Kurtz, J., *The Discovery of Chiness Logic*, Leiden: Brill, 2011.

초출일람

제1부 한국근대전환기 기독교역사 이야기 속의 금칙어

• 같은 곳을 바라보며 다른 길을 걸어간 이들 : 김창준 그리고 정인과
『새생명』 2008년 여름호.

• 한국교회의 자존심 : 한국교회는 한국 사람의 힘으로 한석진 목사 이야기
『새생명』 2008년 가을호.

• 상생相生, '루테로'의 후예後裔 그리고 교황의 '종자從者'
『새생명』 2009년 겨울호.

• 게으름, 그리고 절제 : 한국교회의 불편한 진실
『새생명』 2009년 봄호.

• 위생衛生, 그 이데올로기의 양면
『새생명』 2009년 여름호.

• 메멘토모리(Memento mori) : 오늘 우리는 누구의 어떤 죽음을 기억해야 할까?
『새생명』 2009년 가을호.

• 내가 전쟁에 개입하면 그 전쟁은 모두 거룩한 전쟁이다! : 한국기독교의 전쟁개입, 그리고 그 초라한 辯
『새생명』 2010년 신년호.

• 기독교와 사회진화론의 부적절한 만남
『새생명』 2010년 봄호.

• 우리가 하는 기도를 하나님께서 들어주실까요? : 국가조찬기도회
『새생명』 2010년 여름호.

• 한국교회와 저작권에 대한 단상 : Copyright vs Copyleft에 대한 생각 들춰보기
『새생명』 2010년 가을호.

• 누가 욕欲하며, 무엇을 욕慾할까?
『새생명』 2011년 신년호.

- 내 자리는 어디일까?
  『새생명』 2011년 봄호.

- 난, 소중하다! 그래서
  『새생명』 2011년 여름호.

- 난 정치하는 돈 까밀로, 넌 누구냐 : '폴리스천'에 대한 단상
  『새생명』 2011년 가을호.

- 예수 믿고 복 받으세요! : 함께 더불어 사는 행복
  『새생명』 2012년 봄호.

- 난 하면 뭐든 세계 제일이라니까! : 임신중절과 인구정책에 대한 씁쓸한 추억
  『새생명』 2012년 신년호.

- 너는 나를 누구라 하느냐
  『새생명』 2012년 여름호.

- 난 괜찮은데 자식들이 걱정이야
  『새생명』 2013년 신년호.

- 태초에 '당신', 당신의 말, '말씀'이 있었다네! : 말은 그 흔적을 남긴다
  『새생명』 2013년 여름호.

- 돌아가고 싶지만 돌아갈 수 없는 그 곳, 한국 베이비부머들의 교회 : 눈 앞에 보이는 탕자를 품어주는 교회
  『새생명』 2013년 가을호.

- 힐링과 액티비즘의 사이 : 나의 고통, 상처만을 해결하고자 매몰되고 있는 한국기독교인들에게 우리가 누구에게 집중하고 누구와 함께 해야하는지
  『새생명』 2014년 봄호.

- 2014년 4월 16일 이후 우리가 서 있는 자리 : 모욕과 품위의 경계
  『새생명』 2014년 여름호.

제2부 한국근대전환기 기독교문화의 메타모포시스

- 근대전환기의 기독교 혼인윤리 성립과정 돌아보기 : 소안론과 배위량의 논쟁을 중심으로
  「근대전화기의 기독교 혼인윤리 성립과정 고찰-소안론과 배위량을 중심으로」, 『기

독교사회윤리』 49, 한국기독교사회윤리학회, 2021.

- 근대전환기 한국기독교의 "혼인론" : 숭실대학교 한국기독교박물관 소장본을 중심으로
「근대 전환기의 기독교윤리의 한 유형으로서의 '혼인론' 연구 - 숭실대학교 한국기독교박물관 소장본을 중심으로」, 『기독교사회윤리』 53, 한국기독교사회윤리학회, 2022.

- 송인서의 『칠극보감七克寶鑑』에 나타난 기독교 윤리의 변용 흔적
「송인서의 『칠극보감(七克寶鑑)』목차를 통해 본 기독교 윤리의 변용 흔적」, 『기독교사회윤리』 47, 한국기독교사회윤리학회, 2020.

- 근대전환기 최초의 한글 논리학 교과서 : 편하설(C.F. Bernheisel)의 『논리략히(論理略解)』
「편하설(C. F. Bernheisel)의 『논리략해(論理略解)』 연구: 근대전환공간의 최초의 한글 논리학 교과서」, 『현대유럽철학연구』 61, 2021.

찾아보기

ㅊ

ㅋ

ㅌ

ㅍ

오지석
숭실대학교 철학과 동대학원 석박사.
전, 숭실대학교 베어드교양대학 겸임교수.
현, 숭실대학교 한국기독교문화연구원 HK교수.

논문 및 저서
「오랑캐에게 예절을 배우다」, 『소안론: 숭실을 사랑한 선교사』, 『유교와 종교의 메타모포시스』(공저), 『가치가 이끄는 삶』(공저), 『한국기독교박물관 자료를 통해 본 근대의 수용과 변용』(공저), 『한국기독교박물관 자료를 통해 본 근대의 수용과 변용(2)』(공저), 『근대 사상의 수용과 변용 Ⅰ』(공저), 『근대 사상의 수용과 변용 Ⅱ』(공저) 외.

숭실대HK+ 메타모포시스 인문학총서 15

근대전환기 금칙어 연구

2024년 4월 30일 1판 1쇄 펴냄

지은이 오지석
발행인 김흥국
발행처 보고사

책임편집 이경민
표지디자인 김규범

등록 1990년 12월 13일 제6-0429호
주소 경기도 파주시 회동길 337-15 보고사
전화 031-955-9797(대표), 02-922-5120~1(편집), 02-922-2246(영업)
팩스 02-922-6990
메일 kanapub3@naver.com / bogosabooks@naver.com
http://www.bogosabooks.co.kr

ISBN 979-11-6587-695-1 94710
979-11-6587-140-6 (세트)

정가 22,000원